贵州民族大学法学区域内一流建设学科建设成果

张 婷 向 鹏 ┃ 著

毒品犯罪
治理若干问题探析

DUPINFANZUI

ZHILIRUOGANWENTITANXI

中国政法大学出版社

2022·北京

图书在版编目（ＣＩＰ）数据

毒品犯罪治理若干问题探析/张婷, 向鹏著. —北京：中国政法大学出版社, 2022.6
ISBN 978-7-5764-0559-0

Ⅰ.①毒… Ⅱ.①张… ②向… Ⅲ.①毒品—刑事犯罪—研究—中国 Ⅳ.①D924.364

中国版本图书馆 CIP 数据核字 (2022) 第 121641 号

出 版 者	中国政法大学出版社
地　　址	北京市海淀区西土城路 25 号
邮寄地址	北京 100088 信箱 8034 分箱　邮编 100088
网　　址	http://www.cuplpress.com (网络实名：中国政法大学出版社)
电　　话	010-58908586(编辑部) 58908334(邮购部)
编辑邮箱	zhengfadch@126.com
承　　印	固安华明印业有限公司
开　　本	720mm×960mm　1/16
印　　张	18
字　　数	310 千字
版　　次	2022 年 6 月第 1 版
印　　次	2022 年 6 月第 1 次印刷
定　　价	76.00 元

■ 中篇　运输毒品类 ■

■ 下篇　其他类 ■

上　篇

调 研 类

青少年毒品犯罪的防范

摘　要：20世纪80年代以来，毒品在我国越来越泛滥，致使我国的毒品犯罪案件越发频繁，已经出现了波及面广、受害人多、犯罪行为隐蔽、持续时间长的特点，而青少年作为一个特殊的群体，正在受到毒品的无情毒害。因此，毒品犯罪已经转变成了一个复杂且急需解决的社会问题，这个问题值得每一个人的重视。研究青少年毒品犯罪的现状以及特点，有助于认清新时期毒品犯罪的发展动态，制定行之有效的措施和手段，对青少年毒品犯罪起到预防和治理效果。本文从未成年人犯罪的概念出发，考察了我国未成年人犯罪的现状及其发生的原因，并从社会、法律和个人三个层面提出了预防未成年人犯罪的各种措施和建议。

关键词：青少年；毒品犯罪；防范措施

一、青少年毒品犯罪概念界定

（一）青少年犯罪的概念

犯罪学通常把"青少年"定义为14周岁以上25周岁以下的人。青少年犯罪的概念涵盖两个阶段，即"未成年"和"青年"，14周岁以上和18周岁以下的人为未成年，18周岁以上和25周岁以下的人为青年。

我国法律中适用未成年人的司法制度，是指对14周岁以上不满18周岁的未成年人刑事案件的立案、侦查、强制措施、审查、处罚、纠正、改造等方面的措施。关于青少年犯罪的法律概念，一般用在对犯罪学的相关研究中，还有的用于我们的现实生活中，它是指未成年人以及青少年因为主观或客观原因而实施的各种犯罪行为。[1]

综合以上表述，青少年犯罪是指已经达到 14 周岁但是还不满 25 周岁的人实施的应当由刑法来规范的行为。

（二）毒品犯罪的概念

目前，我国对毒品犯罪的定义存在不同的观点，根据不同的角度和不同的界定标准，对毒品犯罪的定义也会截然不同。无论如何，这些评判的标准对我国在毒品犯罪领域的研究具有重要的意义和价值。从上述的角度可知，目前我国存在两种观点：第一种观点为，毒品犯罪与毒品之间是否存在一定的关系，或者制作毒品的原植物能否被评判为犯罪的对象；第二种观点为，毒品犯罪违反的是刑法和禁毒法，还是包括其他国际公约？或者两者都同时违反？要想弄清楚毒品犯罪的概念，掌握这两个观点是关键所在。总而言之，关于毒品犯罪的概念大致可以理解为：违反了有关毒品、易制毒植物和易制毒化学品管理的法律法规、危害药品管理秩序，依法应当追究刑事责任的行为。[2]

从上面的叙述中，我们可以总结出毒品犯罪需具备的两个特征：①阻碍禁毒工作。随着毒品犯罪行为不断更新，对毒品的评判标准改变不及时，这导致禁毒工作存在一定困难。但无论如何，不管是什么样的毒品，对社会的危害都可以归结为毒品的直接危害或者间接危害。②违反《刑法》分则第六章具体规定——妨害社会管理秩序罪。这是对毒品犯罪的刑事违法性的描述。

二、青少年毒品犯罪的现状

在毒品泛滥全球化的背景下，我国青少年毒品犯罪问题日趋严重，但超过 80% 的人不知道毒品的危害。[3]鉴于上述实践中遇到的困难，相关主管部门的工作难免存在困难和薄弱环节。从全国来看，毒品犯罪的现状可

---

〔1〕 王立明："青少年毒品犯罪防控模式探析——以荷兰毒品法律政策为视角"，载《预防青少年犯罪研究》2017 年第 1 期。

〔2〕 陈少丽："青少年毒品犯罪与家庭教育问题分析"，载《都市家教（下半月）》2017 年第 24 期。

〔3〕 王忠洋："沈阳市预防青少年违法犯罪对策研究"，大连理工大学 2016 年硕士学位论文。

以概括为：

（一）青少年涉毒人数总量较大

近年来毒品犯罪呈缓慢下降趋势，但总体形势还是很严峻。国家禁毒委员会办公室发布的《2018年中国毒品形势报告》统计，截至2018年底，全国现有18岁以下的吸毒人员1万人，占全部吸毒人数的0.4%；18岁至35岁的吸毒人员125万人，占全部吸毒人数的52%。[1]根据中国青少年犯罪研究学会2018年公布的统计数据，我国新增吸毒人员中，青少年占72.45%，其中25岁以下的占88.47%，这对社会造成了严重的危害。此外，在一些发达省份，未成年人的犯罪应当受到更大、更迫切的关注。

据广州市青少年犯罪协会于2018年的统计，广东省涉毒青少年数量逐年增加，部分地区（如广州、深圳等一线城市）甚至达到20%，最高达到30%，[2]由此引发的社会和家庭问题所产生的影响是根本性的，比如青少年也会在一定程度上携带毒品。值得关注的是，尽管女性青少年毒品犯罪比例相对较低，但其增长速度近年来也有不断加快的趋势。

（二）毒品种类增多

在毒品犯罪的过程中，毒品的种类不断增多，各种新型毒品在青少年群体中蔓延的情况较为严重。此外，根据《2018年中国毒品形势报告》提供的数据，中国国家药品检验所在2018年发现了新的精神活性物质，34个直接来自全国范围的测试样本，比2017年新增12种精神活性物质，全国共发现精神活性物质230余种。[3]有的毒品制造商从毒品包装上下手，变相、时尚地打破包装的禁锢，让毒品换一种新奇的面貌出现，使其对年轻人更有吸引力。青少年对新奇事物的好奇心理，导致他们根本没有意识到毒品所造成的危害性以及违法犯罪的严重性。

（三）毒品犯罪主体呈低龄化趋势

因为新型毒品具有很强的娱乐性、群众性，极易容易引人亢奋，所以

---

〔1〕 张岷山："浅谈农村学校青少年毒品犯罪原因及禁毒对策"，载《好家长》2019年第13期。

〔2〕 熊威、陶真："广州市青少年犯罪调查报告"，载《探求》2013年第6期。

〔3〕 张岷山："浅谈农村学校青少年毒品犯罪原因及禁毒对策"，载《好家长》2019年第13期。

其泛滥的场所一般都是在一些嘈杂、混乱的地方，而这也正好迎合了青少年好动、爱热闹的性格特点。所以，相对廉价和易得的新型毒品的供应已经导致毒品犯罪在青少年中有进一步蔓延的迹象。根据《毒品易感人群搜索大数据分析报告》，北京市药品数据库管理中心、互联网协会等单位调查显示，毒品在青少年容易聚集的娱乐场所蔓延的趋势明显。我国滥用新型毒品的主体主要是青少年，他们中的大多数都是在例如酒吧、KTV、慢摇吧等气氛热烈、深受青少年喜欢的场所接触到的毒品。

（四）涉毒犯罪人员从事其他犯罪行为的比例不断增加

就毒品犯罪而言，吸毒人数的增加会对社会稳定发展造成极大的威胁，同时吸毒人员还会存在其他难以预料的危险犯罪活动，比如斗殴、强奸等犯罪。此外，新型毒品的不断问世和犯罪手段的进一步提高，越来越掩盖了毒品犯罪的行为，由此造成毒品犯罪的比例节节攀升。

三、我国青少年毒品犯罪的成因

在写作工作的准备过程中，笔者从不同的渠道搜集材料，通过分析对比、总结各种情况，发现导致青少年毒品犯罪的因素是多方面的。本文从社会因素、法律因素和个人因素三个方面综合分析了导致青少年毒品犯罪的各种因素。

（一）社会因素

1. 毒品消费市场的扩大

毒品产生、发展的时间恰逢全球政治、经济、文化全球化的发展进程，这就导致了毒品在全球范围内的扩张。我国经过改革开放后，不同文化冲击着新一代年轻人的价值观、生活习惯等，这不可避免地对我国的社会生活产生了巨大的影响。氯胺酮等毒品于 20 世纪 90 年代在我国开始迅速扩散，从以前的西南边境扩张到我国全境，导致各地出现不同程度的生产、贸易、交通运输与毒品消费现象。[1]随着毒品消费市场的逐渐扩大，青少年毒品犯罪就成为必然的趋势。目前，毒品呈现出从国外到国内或者从国内到国外的双向流动趋势。在进口方面，对我国毒品市场具有巨大影

---

[1] 李炳辉："论大学生毒品犯罪的预防"，载《读书文摘》2016 年第 8 期。

响力的是周边的一些国家或者地区，其中"金三角"地区、朝鲜半岛、"金新月"地区等地区生产的毒品源源不断地流入我国。在出口方面，我国的毒品主要以欧美等需求量大的国家为走向。[1]由于双向需要及过境因素，双向贩毒的格局在国内外持续存在。

2. 不良文化的冲击

如今我国社会飞速发展，与国外的联系日益密切，同时也就导致各种文化的相互碰撞，形成新的文化，这些文化中有好有坏，如果一个人受到不良文化的影响较大，就容易导致他形成一种脱离正轨的人格形态。一旦这种人格形成，就会对个体的心理造成极大的困惑和矛盾。作为对自身身份的确认，这种人格形态已经成为一部分青少年所追捧的潮流，形成了具有一定特征的群体亚文化。由于亚文化的误导，吸毒者并不会因为自己吸毒而感到羞耻。而青少年正处于身心发展的阶段，没有形成完整的世界观，面对不良文化的冲击时，为了能找到自己的社会归属感，反而把这种文化当作一种时尚的生活方式，在这种生活方式中，快乐是常态，新奇是常态。

一些人在好奇心的控制下，跟随时尚、跟随潮流、寻求刺激，用身体来测试毒品，服用新型毒品来达到他们所追求的快乐。《毒品易感人群搜索大数据分析报告》显示，"90后""00后"青少年最关心的五大话题是："明星吸毒""大麻在中国合法化""什么是毒品""吸毒与减肥""毒品会上瘾吗"。[2]他们中有相当一部分人以娱乐的态度关注毒品问题，对大麻等毒品充满好奇，忽视了毒品对身体和精神的双重危害，这反映了当前多元文化和边缘文化对那些对毒品问题态度模糊和模棱两可的年轻人的负面影响。如果没有坚定的正义感和公正的人生观念，他们极易受到毒品犯罪群体的感染，从而沾染毒品。

（二）法律因素

法律规定的不足也是引发青少年毒品犯罪的重要因素。目前，我国现

---

〔1〕 刘璐："对青少年毒品预防教育的再思考"，载《现代交际》2016年第23期。

〔2〕 林洋："论青少年吸毒原因及预防措施"，载《青少年犯罪问题》2016年第2期。

行的法律之中很少有相关的法律法规。其中《禁毒法》[1]对青少年毒品犯罪就不存在具体而细致的法律规范。因此，也就导致对于一些毒品犯罪行为的处罚力度相对比较弱，一些毒品犯罪分子明知其行为违反我国法律，但是还是一再地挑战法律的底线。

法律最突出的一个特点就是其本身具有的滞后性，即它只有在犯罪的行为发生时才能发挥它的作用。而毒品犯罪的各方面一直都在发生变化，所以法律对其的管控在时间和效率上都存在一定的滞后性。从制裁的角度来看，也存在着制裁不平衡的问题，这主要表现在：在群体犯罪案件中，青少年毒品犯罪明显不那么严重。同时，在不同的地方由于缺少法律的准绳，容易导致判决结果有一定的差别，进而在一定程度上，行政执法部门对待新型毒品的处罚显得较为消极。而行政主管部门对毒品目录的更新比较慢，原卫生部制定的《麻醉药品品种目录》《精神药品品种目录》更新频率较低，自 2008 年以来已有十多年没有更新。例如，近年来在一些城市的酒吧、KTV 受青少年欢迎的"笑气"（长期过量使用"笑气"会导致身体以及精神受到极大的伤害）目前并未被列入《麻醉药品品种目录》《精神药品品种目录》，而只是作为普通的化学品被列入《危险化学品目录》（2015 年版）。[2]因此，"笑气"虽然对人体有极大的伤害，但是在其出现的早期时候只能将其作为一种行政处罚的对象，没有相关的法律法规对吸食和贩运的行为人进行刑事处罚。

（三）个人因素

如前所述，大多数与毒品有关的犯罪人明显较年轻，这种现象的产生与青少年在发展阶段的生理和心理不成熟有关。网络传递的信息不佳，青少年识别信息的能力弱，使青少年容易因为好奇进入毒品网络。导致毒品滥用的个人因素很多，具体包括以下几个方面：

第一，青少年对毒品的主观认识极为片面，明显不足，由于心理和生理的发展不完善，他们对事物的分析和评价能力还没有得到充分的发展。

---

[1]《禁毒法》，即《中华人民共和国禁毒法》，为表述方便，本书中涉及我国法律，直接使用简称，省去"中华人民共和国"字样，全书统一，后不赘述。

[2] 许梦诗、叶慧奇："W 市法院近三年未成年人毒品犯罪情况分析"，载《法制博览》2015 年第 26 期。

青少年群体存在着一种盲目认同和群体趋同的心理，如果群体中有吸毒者，其他成员很可能参与吸食毒品。他们被自己的好奇心和欲望所驱使，通过探索空虚和不适的感觉，以避免挫折和困难，或是为了团结同伴，在其他人或自己的迫使下尝试毒品，最终陷入吸毒的泥潭。

第二，影响青少年毒品犯罪的客观环境方面主要分为家庭环境和学校环境。如果一个人和他的家庭，特别是他的父母联系较少，对其依赖程度较低，他就更有可能成为毒品犯罪中的一员。这一因素也反映在大多数的毒品犯罪案件中。一些学者的调查数据显示，吸毒群体的家庭整体健康水平较低。由此可见，家庭教育的缺乏和不足，可能导致青少年缺乏与家庭的联结，更容易发生"脱轨"行为。在现实生活中，家庭问题导致青少年形成不良行为习惯，甚至可能引发毒品犯罪。经过深入调查，笔者发现涉毒青年被告人家庭离异的比例非常高。在人格发展的过程中，年轻人更容易受到外部负面因素的影响。

四、我国青少年毒品犯罪的防范措施建议

（一）社会层面

1. 加大宣传教育的力度

如上所述，由于青少年处于身心发育的特殊时期，尚未形成完全正确的世界观，而当前不良文化的蔓延，导致一些涉毒青年认为，他们可以服用"摇头丸"和其他毒品作为自身财富和品位的象征。从具体的宣传因素来看，毒品危害宣传在社会上还不够全面，甚至很多人还不知道什么是毒品，一些人认为吸毒是时尚和身份的象征，以至于会毫不犹豫地吸毒。而媒体夸张的报道或片面的叙述，又使一些曾经的吸毒者重返社会、正常工作遭受歧视，很难开始新的生活，在这种压力下，戒毒者复吸的可能性会大大增加。

当前青少年更喜爱视觉冲击，一些老旧的宣传方式也就无法得到良好的收效，因此，要想宣传工作卓有成效地开展，应改变形式，加强宣传，利用新的网络媒体加强宣传的力度。具体来说，可组织"国际禁毒日"线下活动，通过广告牌、交通节点、无线电等方式开展宣传教育工作，让全社会的人对毒品有一个全而细的了解。在网上，我们可以通过创建一个微

信公众号、微博号等来宣传有关毒品的一系列知识，这样不仅可以利用不同的资源达到宣传的目的，而且还能收集到有关于涉毒的不同案件，方便以后对毒品犯罪进行研究。

2. 完善戒毒服务领域的工作

与毒品犯罪有着密切联系的就是禁毒工作。毒品对于青少年来说，伤害尤其严重，只要吸食毒品成瘾，就难以戒除。因而，戒毒工作就显得尤为重要，戒毒工作能帮助青少年摆脱毒品，消除其再次吸食毒品的可能。但是，现在我国的戒毒工作还存在一些问题：一是戒毒工作领域经费不足。例如，在劳教戒毒、强制性戒毒、社区戒毒的工作中，因为没有充裕的资金作为支撑，导致缺少必要的戒毒设备和人员投入，无法进行有效的实施。二是因为我国人口基数比较大，吸食毒品的人数众多，戒毒的场所问题也给禁毒工作出了一个很大的难题。

另外，目前我国对于吸食毒品者的治疗侧重药物治疗。但是因为毒品对于人体的依附程度较高，在漫长的吸毒过程中，吸毒者的身心各方面都发生了重大的变化，这些变化会导致吸毒者对毒品药物治疗的成功采取漠不关心的态度。侧重药物治疗而忽视心理治疗也是阻碍我国禁毒工作推进的原因之一。

此外，我国现行相关司法制度还存在一些不足。例如，《禁毒法》对戒毒人员的基本康复组织没有明确规定，[1]这就导致戒毒工作人员对社会以及国家禁毒工作难以发挥应有的作用。综上所述，我国对吸毒者的康复治疗工作目前仍然存在不容小觑的问题。

因此，在青少年毒品犯罪的预防和监测方面，我国的戒毒服务仍需得到更好的改善和改良，同时还需要结合国情，整合现有资源，结合实际环境进行戒毒治疗，加大对戒毒服务和人员的投入，做到上述这些，方能有力改善我国戒毒服务的不足之处。

（二）法律层面

1. 强化新型毒品犯罪相关立法

近年来，新型毒品在我国境内大肆泛滥，涉毒犯罪数量急速增长，犯

---

〔1〕 张鹏等："毒品犯罪的现状与原因"，载《法制博览》2018 年第 6 期。

罪数量居高不下，总体形势不容乐观。在装备齐全之后，贩毒者之间的国际合作日益加强。只有分析毒品犯罪的实际原因，才能找到相应的解决办法，从立法的角度来看，有必要找出新型毒品犯罪不断增多的原因。在毒品快速蔓延、新型毒品不断更新换代的时代，国家司法制度也需要不断地完善，但是法律制度也不是完美的存在，难以全面地对现在所发生的事件进行有效的约束。目前我国施行的相关法律法规对新型毒品还没有具体的定义。《刑法》规定的新型毒品只含有甲基苯丙胺，除此之外并无明文规定。而且，《刑法》条文之中并未对新型毒品和特殊精神型药品进行区分，这就使得有关的执法部门在实际的执法过程中很难对新型毒品进行有效的认定和区分，从而导致违法犯罪行为发生。虽然《禁毒法》明确规定服用新型毒品是违法行为，但是其并没有明确界定何为新型毒品，对新型毒品触犯刑法的标准未作出细致的规定，对犯罪的数量也没有给出具体的衡量标准，导致这一规定在具体的案件中的可操作性有限。

就目前来说，禁毒工作是一项需要很长时间而且没有硝烟的"战争"，需要大家的共同行动与支持，要想打赢这场"战争"，就需要依靠国家的良好宣传和禁毒工作的不断推进，以此来提高全民禁毒意识。在当前形势下，我国禁毒宣传力度不够，尤其是在学校教育中，禁毒宣传较少。据调查，部分学生对禁毒法规没有什么了解。所以，社会和学校必须为青少年指明方向，引导青少年形成正确的人生观、价值观。例如，可以通过不断地宣传，让青少年知道毒品对社会以及自身的危害程度。

在法律层面，《刑法》和相应的司法解释缺乏明确界定，受管制的麻醉品和精神型毒品物的转变也导致了"匿名型毒品物"的定义的出现，又因为没有具体的法律依据，只能从管制型药品入手研究新型毒品。刑事立法的滞后导致《刑法》对毒品犯罪的惩罚令人不快，要想解决这样尴尬的局面，需要发挥法律的预见功能，对新型毒品的界定提前立法，将新型毒品的蔓延扼杀在摇篮里。通过阐述新型毒品的定义以及新型毒品与传统型毒品物的区别，并对其类型作出明确的规定。同时通过司法解释根据新型毒品的性质和特点，界定新型毒品的定义。这一概念也可以在法律中明确界定，以避免出现新的毒品违法行为。此外，违法性也是毒品的一个重要法律属性，这就要求生产的一部分麻醉品、精神型毒品物等因可能成为毒品，要受法律管制。首先，要明确新型毒品犯罪的刑事标准，消除没有具体实用的新型毒品犯罪量刑转换公式的现象，其次，建立以活性物质含量为基础的复合定罪；最后，将生产、提取和服用新型毒品等毒品犯罪纳入法律制裁体系。

2. 加大对毒品犯罪的刑事打击力度

在当前毒品犯罪形势复杂多变的情况下，我国在打击惩治毒品犯罪方面还存在一些问题。与传统毒品相比，新型毒品更容易转移，执法机关需提高自身的执法能力，尽量保证在取证过程中信息的完整性、正确性。因为刑法对新型毒品没有明确的界定，所以毒品监测部门对新型毒品也认识不深。[1]制作毒品的一些原料同时也是重要的化学原料，但对于购买原料提取新型毒品的行为，我国目前的立法没有明确规定，这也给执法部门带来了很大的不便。

针对上述问题，可从国内和国际两个角度全面处理青少年毒品犯罪的问题：一是应加大打击此类犯罪的力度，尤其应大力开展专项调查和专项斗争，以打击新的毒品犯罪。国际禁毒斗争的两大战略是减少毒品需求和降低毒品的非法供应，这两项原则也应成为我国禁毒的基本指导原则，通过运用这两项原则，来减少毒品的生产、销售和贸易联系。切断新的毒品生产渠道，一方面要彻查国内新型毒品厂，严格控制与新型毒品原料挂钩的化工厂；另一方面要加强国际合作、边境管制。二是严格控制和查清贩毒活动，加强对吸毒人员的严格控制，加大对酒吧等娱乐场所贩毒等违法行为的处罚力度，严格控制毒品交易。切断新的毒品销售渠道，只有严格控制新的毒品走私渠道，特别是通过网络平台，才能从源头上遏制新型毒品的流动。禁毒需要的是全球性的努力，只有联合国际社会的力量，才能从源头上减少甚至阻止毒品在我国的流动。需要指出的是，我国对于毒品犯罪的防治工作应当把重点放在部分地区，例如广东、云南等省。通过与周边国家合作，借鉴国外的有效办法，打击毒品犯罪。虽然我国的毒品预防控制总体上比泰国好得多，制度上也有很多优势，但泰国的一些禁毒措

---

〔1〕 吴先超等："青少年吸食新型毒品成因个案研究"，载《中国青年研究》2015年第2期。

施也值得我们借鉴。例如，在减少毒品来源方面，泰国政府已初步将安非他明等新型毒品纳入毒品范畴，消灭了贩毒分子的武装力量，销毁了毒品加工设施，以从源头上禁止毒品流出；建立了更多的戒毒康复服务点，投入了大量的宣传力度等。

（三）个人层面

1. 全面开展校园禁毒教育活动

在我国目前的形势下，要创造禁毒宣传教育的平台，就要始终坚持以学校教育为主导，加强校园禁毒宣传教育平台建设，积极落实禁毒教育措施。同时教师要根据不同年龄段学生的特点和毒品的性质、危险性，简明扼要地对学生进行教育，让学生全面了解毒品及相关违法犯罪行为的后果。为达到学校禁毒宣传教育的目的，应采取以下措施：

第一，严格禁止在校园内使用毒品。首先是禁止在校园内使用新型毒品。新型毒品源源不断产生的一个主要原因就是它的生产过程较为简单、容易，许多不法分子从非法网站上获取制造新型毒品的方法，并在隐蔽的地方制售。其次，新型毒品的销售价格高，但成本低，许多新型毒品生产利润丰厚，从而吸引了大量想一夜暴富或失业的人，使得他们投资更高利润的毒品贸易，而且新型毒品便于携带和储存，小心隐藏后，其在抓捕过程中就很难被发现。为此，应注意对以上情形的防范以防止校园毒品问题的发生。

第二，校园禁毒斗争。要进一步保护青少年，实现青少年毒品防控，教育主管部门会同执法机关，起草、提交有关保护青少年的文件，在没有相关文件的情况下，可以扩大保护范围。例如，服用摇头丸的人受法律限制，但实际处罚相对较小，很多人服用摇头丸并不惧怕法律，但文件可以把青少年纳入规制范围，依法限制青少年的行为，达到预防的效果。但是，对于新型毒品尚无专门的规定，使得法律对非法吸食新型毒品群体不构成威胁，这进一步促进了新型毒品的出现。而行政主管单位的毒品目录更新速度相对较慢，对我国的禁毒工作起不到实时有效的参照作用。

2. 强化家庭教育的作用

第一，我们应该提倡积极健康的家庭教育。过度关注，极度宽大、漠不关心，家庭教育方法的不力将导致儿童在青年时期行为能力、思维能力和性格的有限发展，导致其精神空虚。因此，家庭教育必须符合儿童的个性特点，营造宽松安全的家庭氛围，促进儿童更广泛的个性和分析能力的发展。

第二，在家庭环境中，父母要履行自己作为家长的职责，关心孩子的成长，引导孩子参加一些有益于身心健康的活动，特别是在生活中，要起到榜样作用，做到不抽烟、不酗酒、不吸毒。家庭教育的重点应当放在对青少年的思想意识的引导上，错误的意识形态，有可能会导致青少年把吸食诸如甲基苯丙胺和摇头丸之类的新型毒品作为兴趣。在家庭环境方面，要尽量避免贩毒分子的煽动，避免青少年精神空虚，积极采取不同方式，防止青少年陷入心理困境，进而进入毒品构建的虚拟世界。为此，父母必须更加关注和关爱青少年，为青少年提供正确的引导，让他们远离毒品。

五、结语

青少年是社会的未来和方向，然而，这些年来青少年毒品犯罪的问题愈发严重，掀起了一系列的社会问题。制定必要有效的措施和法规，对青少年毒品犯罪的行为进行有效预防，为青少年的成长保驾护航，同时为遏制毒品的泛滥，创建美丽和谐的社会环境已经成为目前社会所面临的一项紧迫任务。本文从我国青少年毒品犯罪的现状出发，分析了就目前而言我国青少年毒品犯罪的具体原因，并结合我国相关法律制度，提出了家庭教育和学校教育对于青少年毒品犯罪的重要性以及制定、完善司法制度的可行性；明确了要提高青少年自身的思想文化修养，培养法律思维，提高抵制不良思想和行为的能力，同时制定有效规章，加强行政执法部门的执法能力。多方面推进，方能为青少年毒品犯罪的防范起到切实有效的作用。

青少年毒品犯罪成因及预防对策研究

摘　要：近年来我国一直深受毒品危害，毒品案件以及吸毒人数不断增加，其中青少年毒品犯罪案件的数量也不断上升，这对社会秩序与民众的身体健康和生活品质造成了很大的危害。青少年毒品犯罪问题早已不可忽视，青少年的健康成长与国家社会的进步是密切联系的。青少年毒品犯罪不断蔓延的原因主要是青少年法治意识薄弱，好奇心较强，模仿心理较重，从而导致其容易走上毒品犯罪这一错误的道路。为此，我们应当在有效遏制青少年毒品犯罪的同时加强禁毒普法教育工作。本文将结合青少年毒品犯罪的相关案例，归纳青少年毒品犯罪的因素，分析其特点及现状，并以现有的预防对策为基础阐述完善青少年毒品犯罪的防范措施的必要性。本文第一部分是对毒品犯罪的概述，通过对毒品概念的介绍从而引出毒品犯罪的特征；第二部分通过引用相关案例以具体分析青少年毒品犯罪的现状以及特点；第三部分根据青少年毒品犯罪的特点总结分析了青少年毒品犯罪的原因；第四部分将国内和国外的毒品犯罪防范措施进行了对比，以完善我国的毒品犯罪防范措施；第五部分介绍的是我国青少年毒品犯罪的防范措施，涉及多个层面。

关键词：青少年；毒品犯罪；成因；预防对策

一、毒品犯罪的概述

（一）毒品的定义

毒品是指可以让人产生瘾癖的药物，具体是指毒品吸食人员滥用的天然或化学合成的与一般医疗用药有所不同的物品，如鸦片、冰毒、海洛因等。有些毒品是可以天然获得的，如鸦片是未成熟的罂粟果切割而成的不需要加工的一种天然制品。但绝大多数的毒品必须经过人工合成的方式才能获得。

根据中国禁毒网的权威发布，毒品分为传统毒品、合成毒品、新精神活性物质（新型毒品）。其中大麻类、鸦片类和可卡因类的毒品比较常见。[1]但是毒品的种类和范围很多也很广，进而分类方法也是各式各样的。

根据毒品的来源不同，可分为天然毒品、半合成毒品和合成毒品三大类。天然毒品、半合成毒品、合成毒品三者因为获得的方式不同，因此能以其来源不同进行分类。鸦片属于典型的天然毒品，而海洛因则是半合成毒品，冰毒是合成毒品。

根据对人体中枢神经的作用不同，可分为抑制剂、兴奋剂和致幻剂等。抑制剂对中枢神经系统具有抑制作用，兴奋剂对中枢神经系统具有刺激作用，致幻剂能使人产生无意识的错觉。

根据自然属性的不同，可分为麻醉药品和精神药品。麻醉药品并不直接作用于中枢神经系统，而精神药品则直接作用于中枢神经系统。

根据毒品流行的时间顺序，可分为传统毒品和新型毒品。就现在的形式来看，传统毒品是在市面上流行较早的一类毒品，例如鸦片。而新型毒品相对传统毒品而言，是在上世纪末、本世纪初才流行起来，风靡一时的一类毒品，例如摇头丸。

（二）毒品的特征

毒品是能够使人形成瘾癖的药品，其对人体具有很大的危害性，同时还会使人上瘾从而对其产生依赖。另外，吸食毒品是违法行为，违反了《治安管理处罚法》，而毒品的吸食必定会造成毒品的贩卖和走私，这就违反了《刑法》的规定，属于非法行为。因此，毒品具有依赖性、耐受性、非法性和危害性四个特征。

1. 依赖性

毒品的依赖性主要表现为生理依赖和心理依赖两个方面。生理依赖性也称身体依赖性、躯体依赖性，是指在某一段时间内不断地使用某种能使人产生瘾癖的药物所带来的生理上的变化，需要继续使用该药才能维持机

---

〔1〕 张金萍：“拉曼光谱法在甲基苯丙胺检测中的应用”，华东师范大学 2011 年硕士学位论文。

体的生理功能，否则会产生一系列功能紊乱反应（戒断反应）。心理依赖性是指由于用药使人产生一种特殊的令人愉悦的内心体验，在精神上促使用药者表现出需要定期用药的迫切渴求和强迫性用药的行为，以获得心理上的满足和避免精神上的不适。

2. 耐受性

耐受性是指连续多次用药后产生对药物的反应性降低的状态，随着连续的反复用药，机体对原有剂量药物变得不敏感，个体需要获得原有药理作用或心理体验，不得不增加剂量。耐受性是一种生物学现象，是药物应用的自然结果。

3. 非法性

非法性是毒品的法律特征。毒品的非法性表现在它是受国家法律管制的、禁止滥用的、特殊的精神活性物质，它们的种植、生产、运输、销售、使用等各个环节都受到国家相关法律、法规的管制。我国对毒品的管控是很严格的，无论是持有毒品还是贩卖毒品都是非法的，其行为性质都可以定性为犯罪行为。

4. 危害性

毒品的危害性主要表现为对国家、个人以及家庭的危害。毒品的流入甚至是泛滥对我国的社会秩序和经济秩序都会造成极其严重的影响；对吸毒者个人而言，毒品对其身体健康的危害是最为严重的，长期吸食毒品会造成其死亡；另外，吸毒还会对家庭造成巨大的危害，导致家庭破裂，任何一个幸福美满的家庭在沾染上毒品后都会被破坏得不忍直视，甚至会落个妻离子散、家破人亡的下场。

毒品的特征之间是相互关联的。依赖性是毒品的物质特征，耐受性是毒品的药理特征，危害性是毒品的后果特征，非法性是毒品的法律特征。这四个特征相互联系、缺一不可。

（三）毒品犯罪的特点

1. 犯罪性质国际化

无论是在国内还是国外，毒品犯罪问题都是一个十分严峻的问题。毒品犯罪从国外蔓延至我国，对我国的社会秩序产生了严重的影响。由此可见，毒品犯罪是一种国际化的犯罪，具有较为鲜明的国际化特征。

（1）我国绝大部分毒品都是从境外流入的。主要是从我国的边境地区慢慢地向内地渗透。因此，周边国家的毒品以及毒品犯罪对我国都构成了很大的威胁。

（2）我国被当成境外毒品犯罪的毒品中转地。毒品犯罪集团将毒品流入我国境内，然后再将毒品蔓延分散至其他国家。毒品的流通速度是十分迅速的，因此，毒品在我国境内很快就泛滥了。而毒品犯罪集团的这一行为致使了全球毒品犯罪的一体化。

（3）毒品的流入使得毒品在我国不断地扩散，使接触毒品的人群越来越多，对毒品的消费需求越来越大。境外的毒品犯罪集团不断地向我国境内运输毒品，使我国成了一个毒品消费地。

2. 共同犯罪突出

共同实施毒品犯罪行为是毒品犯罪的一大特征，毒品从制作到贩卖和运输是存在很多环节的，而一个人实施完成这一整套犯罪程序是不太现实的，因为其中的风险很大。特别是专门从事走私贩毒的犯罪集团，他们实施毒品犯罪大多经过精细的策划和指挥，有严密的分工，各团伙之间相互配合。

3. 犯罪手段现代化

随着科学技术的不断发展，毒品犯罪的手段也随之更新，他们利用当今社会人们所熟悉的现代化工具，以更加快捷、隐蔽的方式实施毒品犯罪行为。同时又与传统的毒品犯罪手段相结合，形成更全面的毒品犯罪手段。为了达到犯罪目的，任何新奇的犯罪手段，毒品犯罪分子都能想到。

二、青少年毒品犯罪的现状与特点

（一）青少年毒品犯罪的现状

国家禁毒委员会办公室发布的《2018年中国毒品形势报告》显示，截至2018年底，全国共有240.4万名吸毒人员（不含戒断三年未发现复吸人数、死亡人数和离境人数），同比下降5.8%。这也是中国现有吸毒人数首次出现下降。另外，2018年新发现吸毒人员同比减少26.6%，其中35岁以下人员比前一年减少 31%，有 30 个省（区、市）的毒品违法犯罪人员中未成年人所占比例有所减少，青少年毒品预防教育成效继续得到巩固。从年龄结构看，在现有吸毒人员中，35 岁以上为 114.5 万人，占 47.6%；18 岁到 35 岁为 125 万人，占 52%；18 岁以下为 1 万人，占 0.4%。[1]

我国青少年毒品犯罪的问题主要还是集中在吸毒和贩毒上，青少年通常会出现的犯罪行为是以贩养吸、以盗养吸、以抢养吸等，他们中的一部分人为了吸食毒品还会引发财产型犯罪，这对我国的社会秩序造成了严重的影响。

2017 年 8 月 9 日 15 时许，小翔与同案犯田某、李某（均已判决）等人为筹毒资，以办银行卡业务为由，将被害人章某骗至南昌县莲塘镇某宾馆进行控制，期间，小翔等人用雨伞、皮带抽打被害人，并劫取手机一部。后被害人趁机逃走。当晚，小翔等人使用被害人手机微信钱包消费 200 元，并将手机以 200 元价格销赃。2018 年 11 月 29 日，南昌县人民法院以抢劫罪判处小翔有期徒刑 1 年 10 个月，并处罚金人民币 1000 元。[2]

上述案例中的小翔等人为了筹集毒资而引发了青少年毒品犯罪行为，从案情可以看出，小翔同其他两个成年犯罪分子一起实施了犯罪行为，其呈现出来的毒品犯罪表现形式主要是毒品犯罪分子之间相互合作，相互分工。青少年在犯罪过程中独立完成整个犯罪行为是存在一定难度的，因此，青少年需要同其他的成年犯罪分子相互合作、相互分工。

现如今，青少年毒品犯罪的数量还是比较多，青少年毒品犯罪分子的年龄呈低龄化，因为其年龄小，心智不成熟，极其容易被人利用。很多的青少年因为辍学而过早地接触社会，进入不良场所，结交不良朋友，受不良风气的影响，经贩毒人员引诱、利用，沾染毒品致瘾并走上犯罪道路。

小王与小张是青岛市一所中学的学生，一个偶然的机会两人结识。相互熟悉后，小王问小张是否想试试"溜粉"，小张欣然同意，于是两人结为"毒友"。因为零花钱不足以支撑吸毒的花销，两人便筹划"以贩养

---

〔1〕 "2018 年中国毒品形势报告"，载《人民公安报》2019 年 6 月 18 日。

〔2〕 "南昌县人民法院少年家事审判团队整理的青少年毒品犯罪案例之一"，载 https://mp. weixin. qq. com/s/mZvEFaY_ -6zJji6ZfI5wHw，2020 年 2 月 25 日访问。

吸"，通过倒卖冰毒赚取金钱买毒，并在倒卖过程中克扣部分冰毒供自己玩乐。两人先后分三次贩卖冰毒共计 1.2 克，后被公安机关抓获。经查，小张和小王涉嫌贩卖毒品 1.2 克，被分别判处有期徒刑 9 个月和有期徒刑 7 个月。[1]

在本案中，小张和小王因为抵挡不住毒品的诱惑而沾染上了毒品，因为零花钱不足以支撑吸毒的花销，为了吸毒的资金不惜铤而走险，走上了贩卖毒品的不归路。青少年的辨别能力比较差，但是好奇心和逆反心理又比较重，而这一点往往容易被别有用心的成年犯罪分子利用，让青少年听从成年犯罪分子的指示，而成年犯罪分子就利用青少年去实施毒品犯罪，从而获得利益。

由于科学技术的不断发展，近些年的毒品犯罪形式变得多种多样，毒品犯罪分子采用越来越多的方式完成毒品犯罪，利用更加快速、隐蔽的方式来实施毒品犯罪活动。

被告人张某军，男，1998 年出生，汉族，在校大学生。2018 年 8 月左右，被告人张某军以每张人民币 300 元的价格向潘某文（另案处理）购得毒品 LSD（俗称"邮票"）5 张，后将 5 张 LSD 对半剪成 10 小张予以出售。同年 9 月 25 日晚，张某军通过微信与购毒者王某某约定以 850 元的价格出售 1 小张 LSD，通过微信收取毒资后，当晚 23 时许，张某军通过跑腿业务让送货员将 1 小张 LSD 送至王某某住处。次日凌晨 1 时许，张某军经微信联系再次通过跑腿业务将 1 小张 LSD 送往王某某处时被抓获，公安机关从送货员和张某军处查获 8 小张 LSD。经鉴定，均检出麦角二乙酰胺成分。[2]

本案中的在校大学生通过微信来与毒品贩卖商联系，完成毒品交易和收取毒资，在网上订购"跑腿业务"运送毒品，其与购毒人员互不见面，属于"互联网+物流"的贩毒形式。目前，对于新型毒品的危害认识，一些大学生还不能清楚地意识到，其法律意识还是比较薄弱，他们中的一部

---

〔1〕 "青岛市人民检察院发布未成年人毒品犯罪典型案例"，载 http://www. nanchangqyp. jcy. gov. cn/xmjjsa/201902/t20190211_ 2485185. shtml，2020 年 4 月 22 日访问。

〔2〕 "浙江省高级人民法院微信公众号发布毒品犯罪九大典型案例之一"，载 https://mp. weixin. qq. com/s/xadziXGFIlbPpgDw1uROjQ，2020 年 2 月 25 日访问。

分人甚至为了牟取暴利竟然不顾自己的安危，铤而走险，想尽一切办法和手段，逃避法律的监控实施毒品犯罪行为。

（二）青少年毒品犯罪的特点

1. 犯罪主体呈低龄化趋势，文化程度普遍偏低

由于现在青少年毒品犯罪案件数量不断增加，青少年正渐渐成为毒品犯罪的主体。近几年来，国内登记在册的吸毒人员中青少年大约占四成，且文化水平普遍偏低，以初中、小学文化程度居多，部分为文盲。因为青少年对毒品还没有具体的概念，不能清楚地认识到毒品的危害，很多时候他们就是缺乏对毒品的认识但因为好奇心而染上毒品，最终踏上了毒品犯罪这一道路。

2. 以贩养吸现象为主，参与贩毒的案件增加

在很多青少年毒品犯罪案件中，参与贩毒的青少年常常是从吸毒开始转变的，一开始吸毒上瘾，花费的金钱越来越多，经济收入不足以支撑其购买毒品，他们便开始走向贩卖毒品的道路，参与了更多的贩毒案件。以贩养吸的后果只会让他们愈发不能自拔，形成一种恶性循环。

3. 团伙性涉毒犯罪明显

随着吸毒人员的增多，吸毒人员开始结伙聚集在一些固定场所甚至公共场所进行吸毒。青少年也由于其个人的经济能力、反侦查能力以及犯罪经验等很难实现个人单独作案，而需要依附其他成年犯罪分子进行团伙性犯罪。

4. 手机社交软件成为毒品犯罪的主要沟通工具

随着手机社交软件的兴起，微信、QQ 等社交软件成了最主要的聊天工具。利用这些社交软件，毒品犯罪所涉及的人员比较广泛，因此受到毒品迫害的人数也就比较多。并且现如今利用互联网交易的方式也比较广泛、比较快捷，毒品犯罪分子就利用这一特点更加快速地实施毒品犯罪。

5. 藏匿方式花样百出

通常情况下，为使毒品顺利通过公安机关的检查，贩毒者、运毒者采取各种方式隐匿毒品。如采用密封袋伪装成食品（燕麦核桃粉、薯片、豆瓣酱等）、吞食毒品体内藏毒、行李箱夹层夹带、大件电子产品、木制品

掏空混杂藏匿等方式。

三、青少年毒品犯罪的原因

青少年毒品犯罪案件的数量居高不下，从中可以分析出青少年毒品犯罪的多种原因。

（一）客观原因

1. 家庭的负面影响

家庭所产生的不良影响与青少年踏上毒品犯罪道路有着密不可分的联系。家长对孩子的溺爱，不能及时地教育孩子形成正确的人生观和价值观，或者家庭成员之间不和睦、家长本身品质低劣，都会让孩子养成许多不良的习惯，导致心里产生阴霾。

2. 学校教育的缺失

青少年毒品犯罪呈低龄化的趋势，他们的文凭普遍不高，大都存在辍学的状况，因为文化水平低而不能对毒品有正确系统的了解，意识不到毒品的危害性。

（二）主观原因

1. 寻求刺激

有的青少年由于各种原因，过早离开了校园或者缺少家庭的温暖，又感受不到社会的温暖，这使他们产生了逆反心理和自暴自弃的心理，在厌倦了日常的生活后，通过吸毒来寻求心理上的满足感和刺激感。

2. 好奇心强，易冲动

不少青少年第一次接触毒品大多是由于好奇心促使的。青少年正处于生长发育阶段，好奇心强，极易受到毒品的诱惑，对毒品往往抱着试一试的想法，染上毒瘾后便一发不可收拾。

3. 极易被利用

青少年处于懵懂还不太会处事的阶段，往往有很多毒品犯罪分子利用他们不会拒绝，施以所谓的"人情"，而利用他们进行毒品交易，这使得青少年极易被诱骗从而走上毒品犯罪这一道路。

4. 交友不良的影响

交友不良对青少年犯罪的影响很大，因为结交了品行习惯不良的朋友导致染上了恶习，在交往过程中又不断地被教唆，很容易就同流合污，在朋友的伙同下形成团伙性犯罪。

5. 青少年对毒品的认识不足，缺乏法治观念

青少年的心智不成熟，对什么事都没有防范的心理，不太能独立地对事物进行判断，很难对毒品形成正确的认识，因而不少毒品犯罪分子抓住青少年的这一弱点，利用多种手段引诱青少年沾染毒品，然后使其走上毒品犯罪的道路。

（三）其他原因

1. 特殊行业人员法律意识淡薄，唯利是图

一些公共场所的经营者为了金钱利益而无视行业的规定，藐视法律，钻法律的空子，对吸毒犯罪行为不但不制止、不举报，反而以赚钱为由，以贩养吸，为吸毒人员提供场所、容留他人吸毒。

2. 盲目追星，效仿明星行为

青少年群体普遍存在追星的现象，而明星涉毒的现象也不在少数，涉毒明星作为公众人物、青少年群体的偶像，他们的一言一行都会被无限放大，他们的影响范围大多指向青少年群体。而明星的涉毒行为，会让一些盲目追星，对毒品危害缺乏认识的青少年效仿，最终导致青少年沾染上毒品，造成不可预估的后果。

3. 互联网的飞速发展加快了毒品的蔓延速度

互联网的快速发展使得毒品犯罪的手段更新升级，贩毒人员通过互联网来实现毒品犯罪行为，顾客与贩毒人员不需要见面，仅通过互联网就能完成交易。这种方式会使毒品犯罪行为越来越难以控制，治理形势更加严峻，局面更加复杂。

四、防范青少年毒品犯罪的对策

青少年毒品犯罪是影响我国社会秩序的一个重要问题，为了我国的社会秩序和经济发展，同时也为了青少年的健康成长，我们必须对青少年毒

品犯罪问题制定一定的预防对策。

预防青少年毒品犯罪是一项长期且复杂的工作。由于各类青少年毒品犯罪案件的原因各有不同，所采取的措施及预防政策也应各有不同，因而面对各类毒品犯罪案件时需要采取最适合、最有效的对策。

在预防青少年毒品犯罪的过程中，学校以及家庭依然是不能缺少的，但是并不能单一地以某一种为主要的防范模式，需要结合多个方面来治理青少年毒品犯罪问题。

（一）加强法治宣传

普及法律文化知识，增强青少年法律意识。很多青少年毒品犯罪分子其实法律意识很薄弱，他们往往不知道自己这样做会带来什么危害。学校应该专门开设一门关于毒品犯罪的课程，让青少年能清楚地认识毒品犯罪、远离毒品犯罪，做一个守法的好公民。同时，社区也应该积极地做好禁毒教育宣传工作，定时向公民普及毒品犯罪的危害，组织大家学习毒品犯罪的相关法律文化知识，争取做到全民知法、全民守法。

（二）加大管理力度

加大对娱乐场所的管理，净化生活环境。娱乐场所往往鱼龙混杂，很容易混入毒品，从而造成毒品犯罪，另外娱乐场所的管理松懈，很多青少年都能出入这些娱乐场所，从而容易在这些娱乐场所沾染毒品。因此，政府应该加强对娱乐场所的管理，对青少年进出娱乐场所进行严格的控制，对娱乐场所里面的物品等要严格检查，对违禁物品要严厉打击。

（三）严厉打击犯罪

适当加大对毒品犯罪的打击力度，加强国家的社会建设。毒品犯罪对国家的社会秩序会造成很大的影响。随着毒品犯罪案件的增多，我国打击毒品犯罪应当适当加大力度，对毒品犯罪绝不姑息，深入各个地方，采取多种方式手段严厉打击毒品犯罪。加强对毒品的管制，严厉打击制造毒品等违法犯罪活动，不断加强和改进毒品的管理工作方式，从源头上防止毒品流入非法渠道。

（四）出台良好政策

为了青少年的健康成长，我国应当出台良好的戒毒政策。青少年是祖国的未来，应防范青少年毒品犯罪，出台良好的戒毒政策，以帮助青少年戒掉毒瘾，及时地回归正常的生活和学习环境。青少年在戒毒回归正常生活后，政府应当关心他们的身心健康，并对他们戒毒以后的生活状况进行追踪，保证他们尽快地回归到正常生活。

五、结语

从根本上解决毒品犯罪问题是十分必要的，随着国家的发展和社会的进步，我国的进出口贸易不断地增加，而随之增加的就是我国毒品犯罪的发生率中青少年毒品犯罪的比例，这对我国的社会秩序有很大的影响。因为国际毒品犯罪问题比较泛滥，受境外毒品犯罪的影响，产生了很多诱发青少年毒品犯罪的不利因素，因此，加强对青少年毒品犯罪的预防是势在必行的，加大对毒品犯罪的打击力度也是必然的。而青少年毒品犯罪的预防对策需要我们社会各方的努力合作才能有效进行，针对青少年毒品犯罪的原因，学校、家庭、社会、政府都应该共同发挥其重要作用，对青少年毒品犯罪进行有效的全方位管理。

青少年毒品犯罪问题如果得到了有效的控制，那么我国的毒品犯罪率自然也会随之降低。这就解决了我国的一大难题，我们国家的社会秩序就能够稳定地发展。为了国家的未来，为了青少年的未来，预防毒品犯罪的工作落到了我们每一个公民的肩上，学校预防、家庭预防、社会预防应同时抓，不给毒品犯罪可乘之机。务必要让青少年充分地认识到毒品的危害，减少毒品犯罪。

所以，为了青少年的健康成长和打击毒品犯罪，我们每一个人都有责任有义务坚决抵制毒品，做好禁毒防范。

黔东南地区毒品犯罪调查研究

摘　要：谈到毒品，相信绝大部分的中国人都不会感到陌生。历史上，清朝末年的两次鸦片战争，西方列强利用武力迫使清政府割地赔款、开放通商口岸，利用鸦片侵入控制当时中国的经贸，使得毒品在中华大地上蔓延，从此，中国也走向了半殖民地半封建社会，中国人也曾被嘲笑为"东亚病夫"。反思这些惨痛的历史，我们不难发现：鸦片充斥在整个屈辱的近代历史中。吸毒的危害性显而易见，因为毒品而导致的悲剧触目惊心。自 1949 年中华人民共和国成立以来，毒品问题受到国家的高度重视，打击毒品犯罪、消灭毒品危害成为当时的治国对策之一，毒品问题在中华大地上慢慢地消失。从 20 世纪 80 年代开始，毒品问题又在我国死灰复燃，从新型合成毒品海洛因的出现开始，吸毒、制毒、贩毒现象突发，涉毒群体逐年增加，新型毒品不断被发现，部分地区甚至因为地缘问题变成毒品重灾区。就目前统计数据来看，毒品问题成为威胁我国社会稳定、经济文化健康发展的因素之一。毒品泛滥成灾，不仅危害了人类的身心健康和家庭幸福，而且还严重干扰了社会安宁与发展，成了人类生存与发展的一大威胁。

本文通过对黔东南地区 2016 年至 2019 年毒品犯罪形势的深入调查，总结出该地区毒品犯罪的主要特点，并在此基础上分析其形成的原因，以此来准确把握该地区毒品犯罪的具体情况，进一步探索符合该地区的防控毒品犯罪的方法和对策，为该地区的禁毒斗争提供针对性意见，以提高禁毒工作的效率 。

关键词：黔东南地区；毒品犯罪；治理；对策

毒品犯罪问题一直以来就是制约我国政治经济文化高速稳定发展的重

要因素之一。从贵州省高级人民法院禁毒报告和中国裁判文书网上搜集到的贵州省各级人民法院对毒品犯罪的审判数据来看，自2016年以来，贵州省各级人民法院所受理的涉毒案件出现了很明显的下降趋势，该省近几年的禁毒形势得到了极大的好转。不可否认的是，经过多年的努力，贵州省的禁毒工作是取得了显著成效的，贵州省的毒品犯罪形势发生了积极变化，总体形势稳步向好向善发展。在以往禁毒形势严峻的地区，毒品犯罪问题的严重状况已经改变，毒品犯罪对社会发展的损害得到了极大的缓解，我们的缉毒队伍为维护和谐稳定的社会发展作出了积极的贡献。与此同时，一个需要我们认真对待的问题逐渐显现出来：虽然贵州省各级人民法院所受理的涉毒案件数量处于逐年下降的趋势，但是，涉毒案件的总数依旧占据该省所有刑事案件数量的15%左右；从数字上看，15%或许不是显得很有分量，但是这些都是刑事案件，那就相当可怕，是必须重视的。如此这般的毒品犯罪总数也显示出，该省涉毒人群的基数还是比较庞大，要想全面打赢这场禁毒战争还需要更加努力，而且针对个别高发地区应因地制宜、深化处理，必须严格按照规定加大对毒品犯罪行为的惩处力度。

一、调研概况

（一）选择黔东南地区作为调研对象的理由

笔者在查阅资料的过程中发现，就毒品犯罪而言，这个话题一直是国内外学者研究的热门；无论是研究毒品犯罪的构成的文章，还是某某地区打击毒品犯罪的对策，又或者是缉毒部门针对当前形势提出的看法，相关报道、期刊，数不胜数。不过，笔者在查阅关于贵州省内的毒品犯罪的研究资料时所得到的信息却是比较少的，尤其是针对作为贵州"东大门"的黔东南地区毒品犯罪现状的研究极为缺乏。作为一个来自黔东南地区的学子，笔者也想通过论文选题与调研，利用自身所学，为家乡的建设尽自己的微薄之力。特别是从当前的禁毒形势来看，毒品犯罪和毒品吸食问题在黔东南地区还是十分突出的，解决毒品危害问题已成为当前该地区刻不容缓的一件大事，这也是笔者本次调研报告的一个重要目标。

黔东南地区位于贵州省东南部，与湖南和广西相连，地缘条件极佳。

黔东南地区的全称为"贵州省黔东南苗族侗族自治州"，是一个苗族、侗族等少数民族占据人口主体的民族自治地区；[1]相较于全国其他地方来说，该地区民族文化比较丰富。从政府统计的地理地图册看，黔东南地区的土地面积共为 30 337 平方千米，总人口为 481.17 万人（2019 年户籍人口）。这些资料充分地证实了，黔东南地区地域宽广、人口基数大，具有多地结合的优势和少数民族文化风气浓郁的特点。也正是由于黔东南地区如此特殊的地域条件，又加上如今越来越发达的交通条件，使得该地区成为东南亚"金三角"地区毒品过境云南、而后流入我国内地的转运通道和潜在犯罪市场。

另外，在浏览中国裁判文书网搜集相关材料时，笔者查找并统计了贵州省各个地区法院有关"毒品犯罪"的卷宗，并重点了解了黔东南地区所辖法院的相关数据，统计结果表明，当前黔东南地区毒品犯罪的"毒物"主要是海洛因，这是一种破坏性极大的精神"毒物"，它的特点就是容易导致吸毒复发，自然也就容易导致毒品犯罪的频发。2016 年至 2019 年贵州全省共裁判毒品犯罪相关卷宗 1750 件，其中黔东南地区共 278 件，占据全省当时"毒品犯罪"卷宗的 15.89%，位于各地区案件数量第二。此外，黔东南地区有关毒品犯罪的卷宗 2016 年为 77 件、2017 年为 103 件、2018 年为 45 件、2019 年为 49 件；从 2018 年和 2019 年的数据来看，毒品犯罪的治理进步很大，取得了很大的成效；虽然毒品犯罪案件的数量逐年在减少，但是呈现一种屡禁不绝的状态，想要根治这一顽固问题，还是需要将这场禁毒战争持之以恒地打下去。所以，笔者认为选择黔东南地区调研具有一定的代表性。

（二）研究目的

就黔东南地区毒品犯罪问题的实证研究及治理对策分析来说，笔者认为毒品犯罪问题除了它的行为复杂化和吸毒人员年轻化之外，其产生和发展及规律也与所处的区域环境有关。简单来讲，如果一个地区的毒品犯罪情况比较严重的话，那么它的地区治安环境肯定也是非常恶劣的；反过来

---

〔1〕 潘年志："苗侗民族文化在高中生物教学有效性中的应用研究"，贵州师范大学 2015 年硕士学位论文。

看，如果一个地区的治安环境非常恶劣，往往也最容易滋生毒品等相关犯罪活动；要做好一个地方的缉毒工作，就得弄清楚它与当前区域环境的关系。现在不管是交通条件，还是缉毒队伍的稽查力量，都得到了巨大改善，所以不能像过去稽查条件不好的时候那样，只是把工作重心放在交通方便、人员密集的市区、城区，忽略掉广大的城乡接合部和农村地区，以致针对当前地区的打击毒品犯罪缺乏针对性的技术和政策。因此，笔者作为一名法学学生，希望能够通过自己深入了解的本次调研地区的实际情况，将数据资料与平日积累的学识结合起来，为黔东南地区的禁毒工作带来高效、有针对性的对策，也希望这一次的调研总结，能够对本地区乃至该省其他地区在打击毒品犯罪的工作上起到积极的司法实践助益。

（三）研究方法

为了能够更好更全面地调研到黔东南地区的毒品犯罪问题相关资料，笔者主要搜集该地区有关毒品犯罪的构成要件、现状和原因，以得到可信数据，并以此提出针对性的建议和政策。因此，笔者的研究方法主要有以下两种：

1. 文献研究法

此次调研报告主要搜集了有关黔东南地区的年鉴、地区政府两会报告、政府部门的统计数据，并通过期刊、中国知网以及报纸，以"毒品犯罪"为检索核心，检索出所需要的理论报告，进而摘取本文需要的相关资料进行整合分析。

2. 案卷调查法

笔者利用在法院实习期间的办公条件，在得到实习指导老师的允许之后，登录法院办公系统查询与黔东南地区有关的档案资料以作为数据积累。在实习结束后，笔者又利用中国裁判文书网继续进行相关调研，通过搜集到的 2016 年至 2019 年四年的 278 个卷宗资料，从个人籍贯、职业、年龄阶段、文化水平、判决情况来全面分析黔东南地区"毒品犯罪"实况。

二、黔东南地区毒品犯罪问题主要状况

(一) 毒品犯罪案件发展动向

1. 毒品犯罪案件统计数据

表1　2016 年至 2019 年贵州省毒品犯罪案件统计数据

类别＼年份	2016 年	2017 年	2018 年	2019 年
全省收录刑事案件数	44 146 件	40 715 件	40 120 件	37 375 件
全省毒品犯罪案件数	6622 件	6107 件	4518 件	4106 件
黔东南地区中级人民法院毒品犯罪案件数	1059 件	916 件	677 件	616 件

从表1所呈现的数据我们可以看出，在贵州省收录的刑事犯罪案件数中：2016 年全省收录的刑事犯罪案件 44 146 件，2017 年全省收录的刑事犯罪案件 40 715 件，2018 年全省收录的刑事犯罪案件 40 120 件，2019 年全省收录的刑事犯罪案件 37 375 件。该省收录的刑事案件数当中涉及毒品犯罪的案件数也是十分庞大的：2016 年全省毒品犯罪案件数 6622 件，2017 年全省毒品犯罪案件数 6107 件，2018 年全省毒品犯罪案件数 4518 件，2019 年全省毒品犯罪案件数 4106 件。该省收录的刑事案件数当中涉及毒品犯罪的与黔东南地区有关的案件中：2016 年黔东南地区中级人民法院毒品犯罪案件数 1059 件，2017 年黔东南地区中级人民法院毒品犯罪案件数 916 件，2018 年黔东南地区中级人民法院毒品犯罪案件数 677 件，2019 年黔东南地区中级人民法院毒品犯罪案件数 616 件，可见黔东南地区毒品犯罪案件数量明显减少。就笔者得到的统计结果而言，这四年该省的刑事案件发生次数显著降低，涉毒案件更是阶梯式下降，该省的禁毒工作积极向好发展。

2. 毒品犯罪主体性别基本情况

表 2　2016 年至 2019 年黔东南地区毒品犯罪主体性别基本情况

类别＼年份	2016 年	2017 年	2018 年	2019 年	总数
男性	851 人	1137 人	873 人	768 人	3629 人
女性	133 人	216 人	165 人	168 人	682 人
女：男	15.6%	19.1%	18.9%	21.9%	18.8%

从表 2 所得到的数据来看，黔东南地区近四年毒品犯罪案件所涉及的犯罪总人数如下：男性：2016 年为 851 人，2017 年为 1137 人，2018 年为 873 人，2019 年为 768 人。女性：2016 年为 133 人，2017 年为 216 人，2018 年为 165 人，2019 年为 168 人。从统计数据我们可以得到一个结论：在黔东南地区当前的毒品犯罪案件中，犯罪人员基本上是以男性为主，但是也不难发现，女性毒品犯罪人员在近四年有上升趋势。特别是在查询资料时，笔者在卷宗内发现，有关女性毒品犯罪的案件中，存在一个特殊点：女性中孕妇和哺乳期妇女占据相当多一部分。从查阅的相关法律法规看，我国《刑法》第 49 条对适用死刑的对象的限制规定，怀孕期间的妇女不适用死刑，另外司法机关也不能对怀孕期间的妇女采取人流措施。[1] 得因于此，一些为了利益全然不顾道德与人性的犯罪分子，为了逃避缉毒部门的雷霆打击和严厉的刑罚处理，丧心病狂地网罗怀孕和处于哺乳期间的妇女使其进入毒品犯罪活动当中，这使得怀孕和处于哺乳期间的妇女从事毒品犯罪的案件逐年增多，并占据毒品犯罪案件数中的一大部分。由上可见，黔东南地区有必要针对性地对该地区所有组织、利用怀孕期间的妇女、哺乳期间的妇女从事毒品犯罪的情况进行严惩。

---

〔1〕　参见胡康生、郎胜主编：《中华人民共和国刑法释义》（第 2 版），法律出版社 2004 年版。

3. 毒品犯罪主体年龄基本情况

表3   2016 年至 2019 年黔东南地区毒品犯罪主体年龄基本情况

年份 \ 年龄	不满 14 周岁	14 周岁至 18 周岁	18 周岁至 40 周岁	40 周岁至 60 周岁	60 周岁以上
2016 年	0	1.8%	68.6%	29.6%	0
2017 年	0	1.83%	82.23%	15.94%	0
2018 年	0	1.4%	81.2%	17.4%	0
2019 年	0	2.51%	77.3%	20.19%	0

从表 3 所统计出来的数据看，在黔东南地区法院这四年间所审理的毒品犯罪案件中，犯罪主体年龄分布最广的阶段是 18 周岁至 40 周岁：2016 年为 68.6%，2017 年为 82.23%，2018 年为 81.2%，2019 年为 77.3%；其次是 40 周岁至 60 周岁：2016 年为 29.6%，2017 年为 15.94%，2018 年为 17.4%，2019 年为 20.19%；最少的是 14 周岁至 18 周岁：2016 年为 1.8%，2017 年为 1.83%，2018 年为 1.4%，2019 年为 2.51%。目前没有不满 14 周岁的年龄段的毒品犯罪分子以及 60 周岁以上年龄段的毒品犯罪分子。

4. 毒品犯罪主体文化程度基本情况

从图 1 所统计出来的数据看，在黔东南地区法院这四年间所审理的毒品犯罪案件中，毒品犯罪分子文化程度普遍偏低，文盲、半文盲、初中文化占绝大多数。在 2016 年至 2019 年四年间，在黔东南地区各级法院审理判决的毒品犯罪案件中：黔东南地区毒品犯罪主体人群文化程度为文盲、半文盲的人有 1051 人，占据总体毒品犯罪人数的 46%；黔东南地区毒品犯罪主体人群文化程度为初中文化的人有 800 人，占据总体毒品犯罪人数的 35%；黔东南地区毒品犯罪主体人群文化程度为高中文化的人有 388 人，占据总体毒品犯罪人数的 17%；黔东南地区毒品犯罪主体人群文化程度为大学及以上文化的人有 45 人，占据总体毒品犯罪人数的 2%。在国民教育问题上，我国一直以来都在全国推行"九年义务教育"政策，保证人人都有初中及以上文化水平，所以说，初中文化或者以下的人群，应属于低

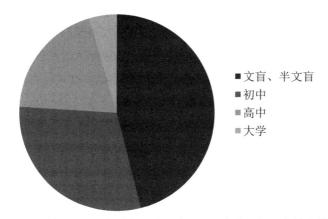

图例：
■ 文盲、半文盲
■ 初中
▨ 高中
▨ 大学

图1 2016年至2019年黔东南地区毒品犯罪主体文化程度基本情况

文化程度人群。而在2016年至2019年四年间，在黔东南地区各级法院审理判决的毒品犯罪案件中，黔东南地区毒品犯罪分子的文化程度主要是初中文化或者以下的人群，文化程度普遍偏低。对此笔者认为，区域人群文化程度的差别，也是造成毒品犯罪行为的诱因之一。特别是低文化人群，其年轻的时候受教育程度不够，知识面不够丰富，对毒品的危害性认识不足，对毒品犯罪需要承担的法律责任缺乏敬畏，从而容易在巨大诱惑面前铤而走险，走上犯罪道路；另外就是他们缺乏对毒品、毒物的认识，而导致对其所贩卖、运输、制作的物品是否为毒品认识不足。

5. 毒品犯罪主体职业分布情况

在黔东南地区法院这四年间所审理的毒品犯罪案件中，毒品犯罪分子中以农民和无业者为主。从图2可以看出，在2016年至2019年四年间，职业为农民的犯罪分子占总体毒品犯罪人数的41%，职业为无业人员的犯罪分子占总体毒品犯罪人数的43%，职业为个体劳动者的犯罪分子占总体毒品犯罪人数的15%，职业为公职人员的犯罪分子占总体毒品犯罪人数的1%。之所以会出现这样的情况，与过去黔东南地区的民生经济发展和人文教育是密切相关的，文化水平不高、无生存技能又无稳定的收入来源从而导致生活贫困，加之毒品的高额利润诱惑以及国际国内毒品形势的影响，极

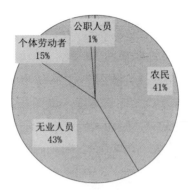

图 2　2016 年至 2019 年黔东南地区毒品犯罪主体职业分布情况

易导致农民和无业者走上毒品犯罪的道路。[1]

（二）毒品犯罪的特点

从各方面搜集调研到的数据来看，黔东南地区毒品犯罪的特点主要有以下几个方面：

1. 毒品犯罪案件呈下降趋势，但"大案"较多

就笔者得到的黔东南地区近四年毒品犯罪的统计结果而言（见表 1），这四年该省的刑事案件发生次数显著降低，涉毒案件更是阶梯式下降，全省的禁毒工作积极向好发展，禁毒形势持续改观向好。就以 2016 年和 2019 年这两年相比较，2019 年的案件数量大为好转，比 2016 年下降了41.8%。但是，如果只看 2018 年和 2019 年所取得的治理成果的话，案件数量只是下降了 9%，禁毒工作陷入突破难的困境。与此同时，黔东南地区毒品犯罪案件也在减少，但案件发生的规模和危害性却发生了一些改变，大案凸显。例如，①2016 年 11 月中旬，黔东南地区警方经过缜密部署，在凯里市小高山附近抓获了犯罪嫌疑人 3 人，当场一共查获 3 千克的海洛因和 80 多万元的涉案毒资；[2]②2017 年 7 月初，黔东南地区公安机关破获一件跨省贩毒案，一共抓获犯罪嫌疑人 4 人，缴获毒品麻古疑似

---

〔1〕　韩其昌："青少年毒品犯罪成因思考及预防对策——以山东省菏泽市开发区人民法院近十年涉毒案件为例"，中国青年政治学院 2017 年硕士学位论文。

〔2〕　吴如雄："黔东南破特大贩毒案　缴毒 3 公斤"，载 http://www.gywb.cn/content/2016-11/18/content_ 5381884. htm，2020 年 2 月 23 日访问。

物55包，净重31.2公斤；[1]③2019年10月中旬，黄平县公安机关破获一例贩卖运输毒品案，抓获犯罪嫌疑人沈某、潘某等，查获毒品3千克。[2]笔者深知，做调研报告不能仅凭案件数量和个案情况来评估黔东南地区当前的涉毒形势，但是就目前所搜集到的信息而言，黔东南地区的禁毒工作还是需要加大力度的。

2. 贩毒主体集中在青壮年中

相关数据表明（见表3），在2016年至2019年四年间，黔东南地区毒品犯罪案件中的大多数犯罪嫌疑人都是18周岁至40周岁的年轻人，可想而知，年轻人已成为该地毒品犯罪案件的主体，人数占比为：2016年68.6%、2017年82.23%、2018年81.2%、2019年77.3%。大量的青壮年人群流入毒品犯罪群体，很大程度上会造成黔东南地区社会劳动力的缺失，制约该地经济的发展；大量的青壮年人群参与毒品犯罪活动，也会在很大程度上引发各种违法犯罪活动，扰乱公共秩序，对社会稳定构成威胁。18周岁至40周岁的年纪，正是一个人长知识、增见识、积累最丰富的阶段，也是生命最富活力的阶段，是本该为自己、为家庭、为国家创造财富的黄金年龄，若是这个阶段葬送在犯罪的道路上，真的太可惜。另外值得警惕的是，2017年14周岁至18周岁的青少年犯罪分子突然增多。青少年是国家的生力军和后备力量，代表着祖国的发展和延续。但是，处于身心不成熟阶段的他们，特别容易因为周边环境的变化，影响到自身的健康成长。犯罪嫌疑人往往利用青少年的无知、无聊、需求刺激，引诱他们吸食毒品，进而一步一步，让这些风华正茂的年轻人从涉毒走向贩毒、制毒等罪恶的深渊。贵州省雷山县人民法院刑事判决书［2016］黔2634刑初104号卷宗就记录了一个未成年人涉毒的案子：2016年6月下旬的一天，被告人王某在其租住的雷山县丹江镇老菜场租房内容留未成年吸毒人员杨某吸食冰毒，并提供吸毒工具与其一起吸食。由此可见，必须严厉打

---

[1] "净重31.2公斤：黔东南破获该州建国以来缴获量最大毒品案"，载http://fzgz.gog.cn/system/2017/07/15/015894659.shtml，2020年2月23日访问。

[2] "黔东南州人民检察院受理沈某、潘某等贩卖、运输毒品案"，载www.12309.gov.cn，2020年2月23日访问。

击和预防青少年犯罪。

3. 武装性贩毒或已成常态

在黔东南地区毒品犯罪案件中，涉及走私、运输的案件有迹可查：105件案子中有34件的犯罪嫌疑人都涉及或曾涉及携带管制刀具乃至枪支参与违法犯罪，涉及武装毒品犯罪案件占普通案件的32%。仅仅是在2017年黔东南地区公安机关抓捕的毒品犯罪嫌疑人中，被黔东南地区镇远县人民法院起诉判决的犯罪嫌疑人向某和被黔东南地区凯里市人民法院起诉的王某、张某均在被逮捕前的贩毒过程中有出现携带管制刀具和枪支进行毒品犯罪的情况。他们害怕公安机关的执法打击以及同行犯罪分子的竞争寻仇，通过携带枪支以伺机暴力抗法违法。这样的武装常态，也给公安机关的禁毒工作带来了巨大的危险、危害。

4. 特殊群体从事毒品犯罪现象越来越突出

2016年至2019年四年来，黔东南地区开始出现非法利用残障人士、重症患者、绝症患者、怀孕期间的妇女和处于哺乳期间的妇女参与毒品犯罪活动的情况。最为明显的就是近些年大范围的有病残、重症犯罪人员和怀孕期间的妇女和处于哺乳期间的妇女犯罪分子被抓获；这些人因自身的缺失，加上收容病残涉毒人员的特殊场所的不完善，以及社会的同情，产生了远超普通人的对法律的漠视态度，涉毒犯案，更具危害性。举一个影视作品中的例子：美剧《绝命毒师》就讲述了一个名叫沃尔特的高中化学老师因癌制毒、犯毒的故事。他本有体面的工作和身份，但因"癌"造成心态失衡，利用自身的化学知识制"药"并到处贩卖，一步步走向违法犯罪的深渊。另外，女性参与毒品犯罪的案件占比也呈逐年增加趋势：2016年占毒品犯罪总人数的15.6%，2017年占毒品犯罪总人数的19.1%，2018年占毒品犯罪总人数的18.9%，2019年占毒品犯罪总人数的21.9%。针对这种情况，笔者认为黔东南地区应采取有效打击和预防女性毒品犯罪产生的举措，以及制定相应的收容特殊贩毒群体的办法。

5. 毒品犯罪成员多为外出打工的农民、无业人员以及低学历人员

从笔者搜集到的黔东南地区人员的毒品犯罪案件看，外出打工的农民、无业人员以及低学历人员成为黔东南地区毒品犯罪案件的主体。一部

分外出务工人员，本身没有什么专业的谋生技能，加上好逸恶劳的性格习惯，极易受到诱惑，走上犯罪道路。在黔东南地区，因自然环境的制约，加上经济水平在省内各地区间整体处于落后梯队，大部分涉毒人员在涉毒以前，仅仅完成了义务教育（更多的人员连义务教育都没有完成），便踏入社会，跟随同村的年长者外出务工。受限于没有文化，他们在外地务工大多从事体力劳动，不仅辛苦，薪酬也不是很理想，再加上身处大城市或沿海，时刻受着"花花世界"的冲击，又有外地涉毒人员的引诱，或主动、或被动地就走上了涉毒的犯罪道路。离笔者家乡最近的，也是黔东南地区有名的"涉毒"地——天柱县江东镇，其犯罪主体便主要是这种有外出务工身份的人员，占据江东镇涉毒人员的80%左右。

三、黔东南地区毒品犯罪问题的成因

（一）自然环境方面

1. 地理环境

黔东南地区的全称为"贵州省黔东南苗族侗族自治州"，是一个苗族、侗族等少数民族占据人口主体的民族自治地区，土地面积共为 30 337 平方千米。它位于贵州省东南部，与湖南和广西相连，地缘条件极佳，一向被称为"贵州省的东方大门"，从云贵两省通往祖国腹地与沿海的公路和航线，很多都要经过黔东南的地域范围。也正是因为黔东南的这种地缘位置的特殊性，不可避免地让其成为"金三角"地区的毒品运输重要中转站和犯罪市场。举个例子来说，如果一个毒贩想要从西南边境往中国内陆和沿海贩运毒品，就要从产毒地"金三角"地区出发，偷越云南入境，而最重要的一条交通要道——320 公路，就横贯黔东南的三穗、台江、凯里、麻江等四个县市。

2. 气候环境

黔东南地区属于中亚热带季风湿润气候区，具有冬无严寒、夏无酷暑、雨热同季的特点，平均气温为 14 摄氏度至 18 摄氏度。[1] 最冷月（1月）的平均温度为 5 摄氏度至 8 摄氏度；最热月（7月）的平均温度为 24

---

〔1〕 王勇等："黔东南州引种油用牡丹栽培研究初报"，载《种子》2015 年第 2 期。

摄氏度至 28 摄氏度。尽管温度因地理位置和地形的不同而略有差异，但总体水平是大同小异的。年日照时间为 1068 小时至 1296 小时，无霜期为 270 天至 330 天，降雨量为 1000 毫米至 1500 毫米，相对湿度为 78% 至 84%。如此和边境地区相似的气候，使得该地区部分交通险阻、山高林密的地方，适宜种植毒品植株——罂粟。

（二）历史文化原因

1. 历史政策

翻开历史纪实，黔东南地区甚至整个贵州省都曾是毒品重灾区。特别是第二次鸦片战争结束以后，清政府"寓禁于征"政策的实行，使得鸦片贩卖和种植以征收高额捐税的方式得到官方支持、默许；并企图靠这种"绥靖"政策来达成保护本土经济，打击帝国主义列强鸦片倾销的目的。但是，这种"绥靖"政策是治标不治本的，甚至完全就是倒行逆施，是一种政府错误施政，遂造成黔东南地区乃至整个贵州省逐渐形成一种吸毒、贩毒不被禁止，种植鸦片、制毒变成合法的怪异景象；这种错误的施政方针不仅使得黔东南地区的鸦片种植面积空前广泛，也导致该地区吸毒者剧增。基于此"毒品文化"，黔东南地区涉毒人员最初接受、接触毒品的心理承受能力比其他地区的人员要强。

2. 民族构成

根据最新的人口统计，黔东南地区的土地面积共为 30 337 平方千米，下辖 16 个县市，总人口达 481.17 万人。因为黔东南地区是一个少数民族自治州，所以该地区少数民族人口占据总人口的 80%，其中苗族人口 202 万人，占据总人口的 42%，侗族人口 140 万人，占据总人口的 29%。[1]而苗族、侗族及其他少数民族人群受到汉文化的影响相对较低。所以说，在以往历史传统中，该地区文化较封闭，容易出现"涉毒"文化不易根除的状况。

---

〔1〕"苗疆行纪"，载 https://mp.weixin.qq.com/，2020 年 2 月 25 日访问。

（三）经济原因

表 4　贵州 2019 年前三季度各市州 GDP 排名

总量排名	地区	GDP 总量（亿元）	增速
1	贵阳	3002.50	10.49%
2	遵义	2485.42	11.09%
3	毕节	1519.62	8.57%
4	六盘水	1076.72	9.39%
5	黔南	992.13	9.55%
6	黔西南	888.32	11.67%
7	铜仁	800.26	9.80%
8	黔东南	711.64	10.99%
9	安顺	644.03	9.78%

黔东南地区是贵州省处于扶贫标准以下的人口最多的一个地区，2014年初有贫困人口 147.74 万人，贫困率为 38.97%；有天柱、锦屏、剑河、三穗、岑巩、从江、施秉、麻江、台江、黄平、榕江、雷山、黎平、丹寨等 14 个贫困县和舟溪、旁海等 146 个贫困乡镇和 1775 个贫困村。虽然2018 年 11 月，黔东南地区进入了 2019 年大城市文旅产业新引力排名榜，排第 90 余位；地区内也采掘出了矿产资源 20 多种，尤以重晶石储藏量最大，有着"我国重晶石之乡"之称，并以开发设计自然资源作为经济发展的重要方式。但是，采矿业毕竟只是带动了具有资源优势的一部分人富裕起来，在大张旗鼓采掘自然资源以外，服务业却比较落后，人均纯收入较低。另外，黔东南地区大多数属于四川盆地向东南丘陵的衔接地区，海拔高度大部分在 1200 米至 1400 米之间，本地广大少数民族地区人民群众又有依靠开荒的梯田耕地以及形成放排（运用河堤运送售卖木料资源）的生活方式。但是长期以来对梯田耕种和放排贩木的依赖，该地区对经济作物的重视程度不足，到了后期剩下的只是一些无法开垦和缺少水源的旱地，当地人口又不停地增多，家庭收入增加就变得较为困难，甚至重新成为贫

困人口；这些自然条件都不利于黔东南地区的广大少数民族地区人民群众的生活生产发展。这种情况下，大多数的劳动力就会向外流失，走向沿海大城市，进行辛苦的体力劳动；或者是个别人员好逸恶劳、心理扭曲，面对社会的各种诱惑，踏上违法犯罪的不归路。

（四）以贩养吸的原因

毒品犯罪销售市场中的海洛因价格可与金子对比，而吸毒者每日要耗费 0.4 克至 0.45 克毒品，因而每个月平均用在购取毒品的花费超出 4500元，某些"毒瘾成疾"的吸毒分子花销更加恐怖。因此，吸毒分子为了保证自身毒品的消费，加上自身涉毒经常接触到毒品犯罪活动，就极易从一个吸毒者走上自己熟悉的贩毒道路；或根据偷盗、打劫、卖淫等方式得到购取毒品的花费。在黔东南地区抓捕的许多吸贩分子中，不少便是绞尽脑汁危害别人、发展新的吸毒人员，通过贩卖毒品来挣钱供自身吸食毒品，也便是"以贩养吸"。有要求才有交易，从社会经济学的视角考虑，这类畸形的消费会反作用于毒品的生产制造和市场销售。毒品市场的需求加快扩大，必定会造成生产、制造及销售毒品的个人行为的加快，从而造成贩毒形势严峻，毒品发案率不断上涨的状况。这类畸形扩大的毒品市场需求，也是造成黔东南地区毒品犯罪持续增加的直接原因之一。

四、黔东南地区毒品犯罪的治理对策

（一）加强职能部门之间的协调配合，从重从快打击毒品犯罪

在打击毒品犯罪的整个过程中，应当依法严厉惩处毒品犯罪嫌疑人，保持严厉缉查和惩治毒品犯罪的高压态势，如此才能对毒品犯罪产生威慑作用。[1]司法机关必须保持意识一致，并能够在区域管辖范围内进行融合和互助，并直接收集证据，及时报告他们掌握的毒品犯罪情况，以利于公布调查结果，进行相应的逮捕、诉讼和审判，而且司法机关要确保罪犯被定罪并及时受到惩罚。同时要适当地加强对与毒品犯罪有关的犯罪嫌疑人的逮捕、起诉，公开审判和判决，并加大打击毒品犯罪的力度和普及度。

---

〔1〕 乔方："对毒品犯罪呈现的新特点的认识、防范和应对策略"，载 http://china.findlaw.cn/lawyers/article/d291758.html，2020 年 2 月 26 日访问。

同时要对于屡屡发生的贩运毒品（包括向未成年人贩运毒品）以及因为涉及毒品造成严重伤害的其他形态犯罪，也必须严惩，阻止毒品的扩散。

（二）完善戒毒措施

在打击毒品犯罪的过程中，对于可以"挽救、教育、感化"的群体，我们应该积极地给予帮助：

1. 创建方便的管理系统

针对旧的戒毒中心的管理方法，明确提出改进措施。对于实行强制隔离戒毒所的吸毒者，经过定期体检，以及初步的戒断培养后，将其安排在戒毒所康复中心医院，实施24小时跟踪管理。经治疗后，再次对病情较重的戒毒人员进行治疗，将病情明显改善的戒毒人员立即转移到戒毒中心进行专业心身康复治疗、个人行为训练与社会发展适应纠正文化教育。另外，对于感到不适或生病的吸毒者一旦发现就要将其立即送往康复中心医院进行治疗，从而达到科学、标准、高效和顺畅的治疗效果。

2. 建立内部的就医系统

制作戒毒人员健康状况的每日报告，完善入院体检和每季度常规体检规章制度，确保对患病吸毒者及时管理；建立每周病房管理系统并坚持不懈地为危重病人进行专家咨询；对药物治疗中心的特殊疾病患者制定监控规章制度，以确保对其及时治疗或立即转诊。另外，简化医疗过程，将发病到医疗期间的门诊时间严格控制在30分钟以内，提高医疗效率。

3. 建立重返社会系统

在对身体排毒和心身康复进行个性化教育之后，大多数吸毒者对毒品的危害有了新的认识，形成了必要的戒断自信心，有成功戒毒和重新融入社会的可能性。但他们因为过去吸毒的原因，一时还无法完全融入社会发展中，因此在融入社会发展之前，还必须教授他们融入社会的方法和一定的生存专业技能。为此，建立一个重返社会系统是必不可少的。强制隔离排毒中心根据管理应建立和改善经验库，将在排毒中心达到规定期限的排毒人员区分开来，最好能成立一个有利于他们的"自我管理委员会"；中心同时应建有休闲区、矫治区、培训区和生活区。这一系列举措，有利于那些有改过自新希望的戒毒人员，使其真正"重生"。

（三）利用大数据加强精准打击

笔者在查阅黔东南地区近些年依法查处的毒品犯罪实例，仔细观察了毒品犯罪的步骤和依法查处难的缘故后发现：毒贩子铤而走险从当地毒品制作者或异地毒贩子那边买来毒品卖给当地毒贩子，当地毒贩子再卖给吸毒人，这中间毒品将会被转让数次，由此形成了一个"上线毒贩子——下线毒贩子——吸毒人——容留吸毒者"条状的买卖互联网，宛如"九连环解法"。每次毒品买卖都有上线和下线，贩毒人员中间单线联络，贩吸链条上下游互不相识，交易者的身份不易确认。打掉其中任何一环，另外几环都会闻风而匿，直到风声过去，才会伺机而动，死灰复燃。对于毒品交易的条状特点，笔者认为应提升大数据分析、云服务平台对毒品犯罪的严厉打击幅度，创建一个毒品犯罪数据库，将每一个毒品案件中涉及的嫌疑人的外号、交易毒品经历等各种材料都进行录入，以便于今后核对确定和抓捕。在以往禁毒过程中，相关部门及人员容易忽略数据采集、归纳、梳理、剖析等基本工作；事实上，在毒品案件的侦查和惩罚中，有很多数据信息，如毒品使用人的组成、交易毒品的种类、交易规则和毒品案件的本年度总数等，这种看起来不相干的事情在一些特殊条件下有着重组阐释有效消息的概率。在禁毒工作中，假如对这种基础数据信息持续予以丰富，将能使它们在互联网时代具备新的主要用途和实际意义，从而达到准确的缉毒目的，如根据掌握的毒品情况和毒品犯罪趋势做出预测，为案件的侦查和处理提供有效的指导。此外，使用大数据进行毒品犯罪动向检测，可以提高警察部署的针对性和准确性。

（四）加大对外来人口的管理

伴随着黔东南地区经济条件的发展，持续涌进的外来人员在对该地区社会经济发展作出贡献的同时，也给社会治安事件的应对处理带来了挑战，特别是毒品犯罪案件中的外来务工人员占比呈现持续升高的趋势。为此，改进对外来人员的管理方法及创建外来务工人员的内控管理机制至关重要。首先，要充分利用新式网络化管理方法，完成对外来人口的动态性管理；根据需要创建一支外来人口管理方法团队，创建一整套动态性管理模式，搞好对外来务工人员信息内容备案工作。其次，要重视与异地来黔工作人员的沟通交流，协助创建和管理异地来黔工作人员的同乡会、社团活动等机构。运用外来务工人员之间容易沟通交流、联络紧密的特点，选择声望高的外来务工人员开展内控管理，创建外来务工人员的自管机构，加强其内部的管理方法与互相制约，以达到杜绝和打击外来务工人员毒品犯罪的情况。

（五）加强缉毒队伍建设，健全缉毒警员保障机制

毒品带给人类的危害绝不亚于自然界的任何一种灾难。近些年来，涌现出了一大批有关打击毒品犯罪的优秀影视作品。其中知悉率较高的有《暗战》《破冰行动》《卧底归来》等。作品中有关描述缉毒警察的部分最是令人惊心动魄的，缉毒警察作为和平时期最具风险的警种，是置身于尖刀上的勇士，用自己的牺牲为人们搭起安全的堡垒。在 2019 年 9 月 11 日《一站到底》的综艺节目解题演出舞台上，中国优秀缉毒警李浏华，在节目播出的过程中，讲述了颠覆传统和谐映象的真实缉毒情况，描绘了缉毒警察的铁血生活、危险关系：他们冲锋陷阵、义无反顾地冲向缉毒一线，在生与死之间选择，一次次迎难而进、挺身而出，但是因为身份不能公开，他们即便牺牲了生命，也只能以悄无声息的方式"远行"。比较直观的数据就是，全国缉毒警察的牺牲率是一般警种的 4.9 倍。相应的情况下，就黔东南地区当前严禁的禁毒形势而言，缉毒警察在办案过程中一定要增强安全保护意识与危机评估意识，办理案件全过程要遵守安全性查控的规定，要依据打击犯毒工作中的有关要求来配置本人的防护用品、武器装备。缉毒过程就是缉毒警察和贩毒分子之间面对面的较量，在查缉的现场存在着很多难以预料的危险，因此缉毒警察需要强化安全意识，注意做好安全防范。一方面要保证对贩毒分子准确及时地进行抓捕；另一方面又要把抓捕过程的危险降到最低，既要保护好周围群众的安全，也要保护好自身的安全。还有一点要注意的是，在现实工作中，合理安排办案干警的工作和后续保障也是十分重要的。做到这些，能在很大程度上避免缉毒警察因心理压力过大导致疾病甚至猝死事件的发生，杜绝这种可以避免的"牺牲"。

五、结语

通过此次对"黔东南地区毒品犯罪问题"的调研分析，笔者进一步了解了黔东南地区毒品犯罪的现状和最新动态，也知道了当前该地区的禁毒工作和预防工作的严峻性和紧要性。本文是笔者借助中国法律文书网、论文期刊等网站，以及走访咨询了解到的数据信息，运用犯罪学思维，简单总结的黔东南地区毒品犯罪问题的"五方面数据""五方面特点""四方面成因""五个惩治对策"的相关内容。严格来说，本文还存在一些不足之处，希望能够得到各位读者的指正。特别是书写本文之时，正值神州大地受疫情困扰，笔者积极响应党和国家的号召，参与抗疫行动，利用自我"隔离"之余，奋笔疾书；但因"疫情"出行不便，本文在调研之时，遇到了极大的困难，撰写过程中也由于结构的偏离一度陷入停滞状态，幸好在随后的过程中得到导师、同学及亲朋好友的支持、指导，从而在后面的调研、撰写过程中有了相对清晰的思路与面对困难的勇气，最终完成了此篇调研论文。当然，因受到所收集资料数量、现阶段知识面的限制，笔者未能更进一步深入对黔东南地区的毒品犯罪问题研究，但希望通过本文能够给实务中打击毒品犯罪的工作带来助益。

黔西南州女性涉毒案件调研报告

摘　要：清末民初中国饱受毒品鸦片的迫害，国家衰败，无数家庭妻离子散，所以中华人民共和国成立以来对毒品犯罪的打击力度一直都非常大，对待毒品的态度更是零容忍。贵州省因地理位置特殊常常成为贩毒不法分子的聚集地，以前由于社会因素的影响女性涉毒案件未引起社会关注，导致许多不法分子利用女性身体进行毒品运输，而随着社会的发展以及女性社会地位的提升，女性涉毒也渐渐成为一种社会问题。黔西南州作为贵州比较偏远的地区，贫困县众多，人民文化水平相对不高，法治观念相对薄弱，毒品犯罪问题突出，制约着该地区的社会发展，影响着人民的生活。本文通过对黔西南州女性涉毒案件的调研分析，增强人民对毒品犯罪的防范意识，具有一定的理论意义。

本文从黔西南州中级人民法院及黔西南州各县市级人民法院涉毒案件出发阐述当前黔西南州女性涉毒犯罪的特点和现状，从中分析女性涉毒的危害，接着从社会因素和家庭因素出发剖析女性毒品犯罪的原因，最后针对黔西南州女性涉毒案件的成因，提出社会层面和司法层面的防控对策。

关键词：女性；涉毒案件；调查研究；分析对策

一、黔西南州女性涉毒犯罪的特点及危害

（一）女性涉毒犯罪的概念

女性涉毒犯罪是指以女性为主体进行的走私、贩卖、运输、非法持有毒品等一系列与毒品有关的犯罪行为。[1]

---

〔1〕　白迎春："女性毒品犯罪问题研析"，山东大学 2015 年硕士学位论文。

（二）黔西南州女性涉毒犯罪的特点

1. 地域特点

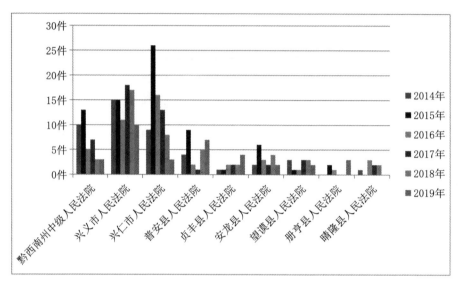

图 1　黔西南州九个法院 2014 年至 2019 年六年间女性涉毒案件数量情况

从图 1 可以看出，黔西南州九个法院 2014 年至 2019 年女性涉毒案件共 275 件，其中黔西南州中级人民法院为 41 件，占总案件数的 16.7%；兴义市人民法院为 86 件，占总案件数的 35%；兴仁市人民法院为 67 件，占总案件数的 27.3%；普安县人民法院为 22 件，占总案件数的 8.9%；贞丰县人民法院为 13 件，占总案件数的 5.3%；安龙县人民法院为 19 件，占总案件数的 7.7%；望谟县人民法院为 12 件，占总案件数的 4.9%；册亨县人民法院为 6 件，占总案件数的 2.4%；晴隆县人民法院为 9 件，占总案件数的 3.6%。2015 年各县市女性涉毒案件数量总体较高，2019 年各县市女性涉毒案件总数较之前有明显降低。

2. 审理程序

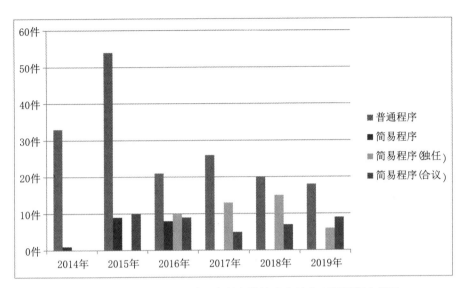

图 2 2014 年至 2019 年黔西南州女性涉毒案件审理适用程序情况

从图 2 可以看出，黔西南州九个法院 2014 年至 2019 年审理毒品案件 275 件，其中普通程序审理案件占大部分为 172 件，占总适用程序的 62.5%；简易程序审理案件（不包含独任制和合议制）占小部分，为 6.5%；近年来逐渐启用简易程序（独任）和简易程序（合议），且总体呈上涨趋势，2018 年涨幅较高。

3. 犯罪类型

从图 3 可以看出，黔西南州女性涉毒案件近六年来犯罪类型单一，这与黔西南州地形结构有着密切的关联，主要以走私、贩卖、运输、制造毒品罪为主，共有 275 件，占毒品犯罪案件总数的 93.5%，但犯罪总数在不断下降，其中 2015 年最高，2015 年兴仁市破获特大运输毒品案，斩断了一条从云南到湖北的贩毒链。非法持有毒品罪共有 14 件，有持续上涨趋势；非法种植毒品原植物罪与非法买卖、运输、携带、持有毒品原植物种子、幼苗罪共 5 件，相对比较稳定；女性多从事运输类毒品犯罪，在犯罪集团中处于附属地位。

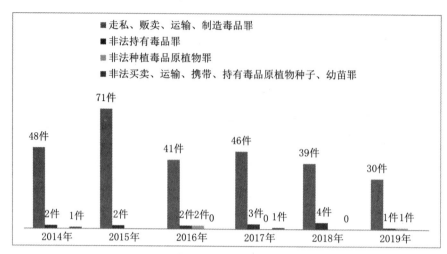

图3 黔西南州女性涉毒案件类型

4. 主体年龄

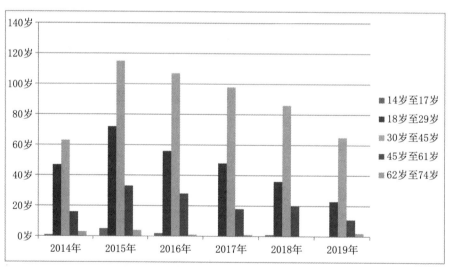

图4 黔西南州女性涉毒案件年龄分布阶层

从图4可以看出，在黔西南州女性涉毒案件中，主要年龄分布在30岁至45岁之间，合计534人，占总人数的1/2以上；其次是在18岁至29岁之间，为282人；再者是45岁至61岁之间，为126人。可见，黔西南州女性涉毒案件的主要年龄阶层为中青年。另外，年龄分布在14岁至17岁的未成年人和62岁至74岁的老年人所占比例不多，犯罪年龄阶层较为正常。

5. 文化程度

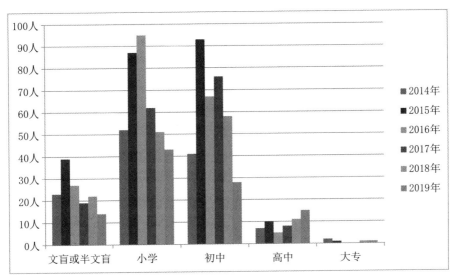

图5 黔西南州女性涉毒案件主体文化程度

从图5可以看出，黔西南州涉毒案件的女性文化程度普遍不高，2014年至2019年文盲或半文盲的人数在逐步减少，这与近些年来黔西南州经济水平的提升、义务教育的普及以及扶贫所取得的成绩有着密不可分的关系。黔西南州涉毒案件女性的文化程度集中在小学和初中，共计753人，约占总人数的2/3以上；高中和大专文化程度的人数极少，共计61人，不到总人数的7%。由此不难看出，女性犯罪主体的文化程度都偏低，小学文化贩毒主体较多。

6. 民族构成

从图6可以看出，黔西南州涉毒案件女性的民族主要是布依族，共计506人，占涉毒案件民族结构的一半以上；其次是汉族，共计311人，约占涉毒案件民族结构的32%；再次为苗族，共计122人，约占涉毒案件民族结构的12.6%；最后是彝族为15人、回族为10人、壮族仅3人，三个

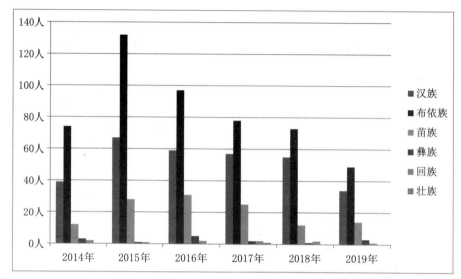

图6 黔西南州涉毒案件女性民族结构（两人及以下民族未列入表中）

民族加一起不足涉毒案件民族结构的一成，其他民族也有一小部分。值得注意的是，黔西南州是布依族苗族自治州，汉族占其总人口的 57.5%，布依族占 30%，苗族占 7.5%，彝族、回族、壮族加起来占总人口数量的 3%，其他民族若干。[1]这表明女性毒品犯罪民族主体多元化。

二、女性涉毒犯罪的危害

（一）影响家庭和谐和孩子成长

女性在家庭中扮演的是一个母亲的角色，母亲在家庭中的地位显著突出，孩子一出生就深受父母的影响，其行为大都受其父母影响，[2]如果一个家庭中母亲涉毒，那她势必就没有时间精力去约束管教自己的孩子，这就使得其小孩的健康成长难以得到保证。且毒品大都会使一个家庭迅速支离破碎，失去往日的和谐，这无疑会对孩子的心理产生消极的影响。

---

〔1〕 刘敏："浅论布依族服饰艺术视角研究与非物质文化保护必要性——以黔西南州布依族服饰为例"，载《当代旅游》2019 年第 8 期。

〔2〕 包头市昆区总工会："女职工课堂——母亲在家风传承中的作用无可替代！"，载 https://www.sohu.com/a/132625537_ 645183，2021 年 6 月 20 日访问。

（二）影响身体健康

女性若长期吸毒会导致免疫力下降，精神紊乱，各种疾病尤其是妇科病的得病率上升，若其怀孕，必然会影响新生儿的健康，使新生儿大脑受到影响，脑部发育不足，导致智力低下、行为呆滞等结果，甚至死亡。而女性在参与走私、运输毒品时，大多采用的方式是将毒品藏于体内，蒙混过关后再服用药物将其排除，但医学研究表明，一旦海洛因在身体内发生泄露，会迅速导致死亡，只需要 1 克的毒品，就足以剥夺一个人的生命，而其他毒品一旦在腹中破裂，能活下来的概率不超过 1%。[1]

（三）增加疾病传播风险

在女性涉毒犯罪中，"以淫养吸"的方式十分常见，而性病和艾滋病主要就是通过性行为、体液、母婴这三种传播方式传播的，卖淫、共用针头注射等方式无疑提高了艾滋病和性病的感染风险。[2]在我国的艾滋病感染者中，约有七成是吸毒人员，且根据疾控中心的数据，在新增的艾滋病患者中，男女比例由 1990 年的 5∶1 上升到现在的 2∶1，局部地区更上升为1∶1，据此可以得出，女性涉毒不仅仅影响自己的身体健康，还增加了艾滋病、性病的传播风险。

三、黔西南州女性涉毒犯罪的成因

（一）社会因素

黔西南州地处偏远，经济水平总体较低，有一些待业女性时间空闲且无所事事，生活相对贫困，而毒品犯罪所拥有的巨额利润非常容易使她们中的一部分铤而走险，走上贩毒的道路，以此来获得大量金钱。

在社会变迁的过程中，贫困是导致女性涉毒的重要原因。涉嫌毒品犯罪的女性主要是低收入、无收入的人员，她们大部分都是无业游民，在生活相对困难、尝试合法获取收入而看不到明显增长的情况下，一些人就会走向犯罪道路。

---

〔1〕 "盘点全球千奇百怪的贩毒方式"，载 https://wenku.baidu.com/view/08789544336c1eb91a375d14.html，2020 年 8 月 30 日访问。

〔2〕 白迎春："女性毒品犯罪问题研析"，山东大学 2015 年硕士学位论文。

（二）文化因素

人的行为方式与价值观是由文化程度决定的。近些年来，随着人民生活水平的不断上升，人们的思想观念、人际交往方式、生活方式都在不断变化，在追求高端的与众不同的东西时，人与人之间的交往渐渐与利益的关系越来越紧密，在这样的社会环境中，一些人的攀比心理越来越重，也恰巧是因为这种思想观念的变迁使得其因结识一些行为不端的人而走上犯罪道路。大环境利益驱使下一些不良文化开始大量传播，一些无良商家为了抓住大众的眼球，获取流量，宣扬各种低俗文化，使得有些女性受到这些低俗文化的感染，与一些不良人士交往，久而久之就会深陷其中。信息时代的今天，我们可以通过网络结识五湖四海的朋友，但网络是虚拟的，我们无法完全了解这些人，导致所相处的人良莠不齐，有的女孩受到带着不法目的的网友的影响很容易走入犯罪。而信息如此发达，最容易受影响的就是心智尚未完全成熟的青少年，面对这些不良的诱惑他们更容易误入歧途。

在东西方文化的碰撞中，"性"观念的文化冲突显得比较突出，在中国的传统思想中，性观念传统要求女性对自己的贞操十分重视，而在西方思想中，他们崇尚自由，讲究女性有性自主权和选择权，在东西方思想的碰撞下越来越多的女性思想发生了变化，对性的观念也发生了变化，黔西南州也是如此。

（三）家庭因素

家，是一个基本单位，一个人最初的行为大都来源于家庭成员的影响，在一个好的环境中，人能够身心健康地成长，如果家庭环境不好则可能产生畸形的思想，所以，家庭也是导致女性走向毒品犯罪的重要成因。

在当今社会，家庭教育与学校教育同样重要，家庭教育对孩子成长的影响具有相当大的作用，影响孩子的一生。[1]适当的教育可以使孩子产生健康的心理，能够拒绝诱惑，而过多或过少的关心都会使孩子心理不健康，容易受到别人的影响。

---

〔1〕"家庭教育重要性研究"，载 https://www.21ks.net/lunwen/jtjylw/75506.html，2021 年 7月 25 日访问。

父母是孩子的第一任老师，父母的行为直接影响着孩子成长，若父母的行为不当，就会给孩子留下坏的影响。母亲作为孩子的行为模仿的对象，如果涉毒，影响更为恶劣，容易使孩子加以模仿，在不知不觉中走上毒品犯罪的道路。

黔西南州由于经济水平较低，有较多的父母会选择到外地打工，把自己的孩子留在家中，由爷爷奶奶或外公外婆抚养，但老人毕竟年事较高，或比较宠溺孩子，或放任不管，这都会对孩子产生不利影响，在此情况下，有的孩子因跟同学攀比，父母、老人不能满足其需求，他们就会不择手段地实现自己的目的，寻找来钱较为快速容易的方式，毒品犯罪就是其一。

黔西南州某些地区思想较为落后，尤其是农村地区，还存在男尊女卑的思想，重男轻女观念仍占据一席之地，很多家庭只重视对男孩的教育而忽视对女孩的教育，认为女孩既然都是要嫁人的便没必要读这么多书，不如早点出去工作补贴家用，从而剥夺了女孩受教育的权利，这就导致这部分女性的文化水平落后于男性，这也就是黔西南州女性涉毒主体文化程度偏低的原因。

（四）法律因素

我国现行法律规定，审判时怀孕的妇女不适用死刑，对怀孕或者处于哺乳期的妇女可以采取取保候审、监视居住等强制措施；怀孕或者正在哺育不满 1 周岁婴儿的妇女吸毒成瘾的，不适用强制隔离戒毒。这些相关的法律法规本是为了保护妇女儿童的合法权益，但却被很多毒贩利用，他们用怀孕或哺乳期的妇女进行毒品交易活动，达成其不法目的。

目前，我国吸毒的女性数量也在大量增加，但是法律对吸毒的处罚力度仍显较轻，因其仅被视为一种违法行为而只作行政处罚，并未被纳入我国《刑法》处以刑事处罚。我国《治安管理处罚法》规定，吸食、注射毒品的，处 10 日以上 15 日以下拘留，可以并处 2000 元以下罚款；情节较轻的，处 5 日以下拘留或者 500 元以下罚款。[1]正是由于对吸毒者的处罚力度较轻，导致女性吸毒者大量增长，有需求就会有市场，也导致了贩毒案

---

〔1〕《治安管理处罚法》第 72 条。

件的增加。

四、黔西南州女性涉毒犯罪防控对策

（一）社会层面

黔西南州位于我国的西南部，属云南、贵州、广西三省结合部，运输业比较发达，县县通高速，沪昆高速、汕昆高速贯穿整个黔西南州地区，且毗邻世界毒品生产工业区之一的"金三角"地区，由于此特殊条件，黔西南州走私、运输毒品犯罪占该地区犯罪案件的九成以上。为此，要遏制这样的情况，必须尽力阻止外毒流入，找出藏于黔西南州的贩毒网络及路线，采取及时有效的措施对其进行截断，尽可能地消除导致女性涉毒的诱因，建立健全相关机制。

加强制度保障是遏制女性毒品犯罪的重要途径，目前黔西南州女性就业困难，待业失业人员较多，男女收入差距较大，女性就业得不到充分保障，促使女性通过违法途径谋求赚钱的机会，因此黔西南州应完善就业机制，加大对女性创业的扶持，对那些缺乏工作经验、学历低的女性进行免费的技术培训，为女性提供就业机会，从减少消除贫困上来遏制女性毒品犯罪。

（二）文化层面

学校也是青少年成长发展中的重要阶段，青少年女性可以在学校学到知识，这就要求黔西南州各县市的所有学校都应加强禁毒宣传工作，每学期至少一次，增加青少年女性对毒品危害的认识，以起到预防作用。且在学校教育中，老师应当给学生树立正确的观念，及时发现并纠正青少年女性的错误观念，引导青少年女性正确认识自身。黔西南州女性犯罪主体的文化程度普遍偏低，故加强其素质教育也是抑制黔西南州毒品犯罪的方法之一。

随着社会的发展，女性在社会中扮演的角色越来越重要，女性不再是附属品，而是一个个独立的个体，在社会中承担着特殊的责任，因此我们要打破传统的思想观念，平等对待家庭成员，尊重她们的权利，使她们有平等的受教育和工作的机会，引导女性正确地融入现代社会，这样一来，女性就会被社会更好地接纳，从而避免走上毒品犯罪的道路。

另外，应提高女性自身的素质，坚持对女性的生理知识的教育，让女性能正确认识到男性与女性的生理差异，把握自身的发育情况及生理特征，防止因缺乏生理常识而导致出现心理问题。在教育的过程中引导女性充分认识自己，让女性能用正确的态度处理好因生理期或更年期出现的心理方面的异常而对其正常生活产生的不利影响，从心理层面遏制女性涉毒犯罪。

(三) 家庭层面

家是女性精神的港湾，应保持女性家庭结构完整，为女性提供健康的有助于形成正确的人生观、社会观、价值观的生活环境，防止孩子因父母离异无人约束而走向犯罪。黔西南州农村地区女性无法受教育情况较多，因而应在农村地区加强男女平等宣传，让女性能与男性一样正常接受教育，以有效防止女性因无法受到教育，没有一技之长而找不到工作，产生毒品犯罪想法。

父母是孩子的榜样，妥善地处理好家庭关系、夫妻关系，能在很大程度上避免因家庭的原因给女性带来重大压力而使女性走上毒品犯罪的道路。在家庭中应提倡男女平等，做一个守法的好公民。父母应以身作则，尤其是母亲对孩子的影响最大，更应该举止文明、言行有礼，为更好地教导孩子起到积极的作用。

(四) 法律层面

我国目前还没有专门针对特殊女性如孕妇、处在哺乳期的妇女等女性涉毒的法律法规或条文，立法机关应根据当前女性涉毒的特殊形势，制定相关的配套法律法规，在毒品犯罪方面将女性与男性区分开来，尤其针对特殊女性，以对女性涉毒的防控起到积极作用。

没有需要就没有买卖，处罚太轻容易导致有的吸毒人员屡教不改，不惧怕处罚。为此，我国应尽快将吸毒纳入刑法，从而减少毒品犯罪的发生。

在女性涉毒案件中，由于女性在生理层面有一定的特殊性，导致其在法律地位上比较特殊，对处于哺乳期或孕期的妇女通常不采用强制手段，这样无法有效惩罚这类女性，对此我们可以采取改善羁押场所、保障医疗措施等手段对特殊女性进行分管羁押。

五、结语

每年缉毒战线上都有不少缉毒警察牺牲，他们也有小孩和父母，有的甚至到死连坟墓都不能拥有，这无法不令人难过。毒品让一个又一个的家庭支离破碎、妻离子散，"不积跬步无以至千里，不积小流无以成江海"，拒绝毒品应该从自己做起，以自身之力去影响身边的人。

本文通过对黔西南州九个法院 2014 年至 2019 年女性涉毒案件的资料进行分析、整合，从现状、成因、对策等方面展开写作，但本文还存在许多不足，撰写过程中也遇到了许多的困难，希望本文能对黔西南州治理毒品犯罪有所助益。

贵州省威宁县毒品犯罪现状及防控对策研究

摘　要：毒品犯罪问题是当前影响威宁彝族回族苗族自治县（以下简称"威宁县"）法治进程的一大障碍，同时也是威宁县长期的治安难题。纵观威宁县，自1954年建立以来治安问题就一直困扰着相关部门及当地群众。这也是威宁县经济发展缓慢和整体发展滞后的原因，而这些因素又会诱发毒品犯罪。此外，威宁县的西面、北面、南面三面均与云南省交界，地理位置特殊。因此，威宁县是云南、四川等地毒品犯罪活动向外扩张的最佳选择地，这是威宁县毒品犯罪多发的原因之一。据调查，自2016年来，三年多的时间，在6000多平方千米、140多万人口的威宁县，禁毒大队缴获各类毒品数量多达2450克，破获毒品犯罪案件27件，抓捕毒犯达21人，其中第一次犯罪或吸毒人员占少数，累犯占绝大多数，缴获巨大毒资数额，打掉多个犯罪团伙，捣毁制毒窝点11个。在依法治国和打击黑恶势力政策的支持下，威宁县的毒品犯罪现状有所好转，但相比国外毒品犯罪，威宁县的毒品犯罪率仍然呈上升趋势，因此禁毒工作仍然是威宁县禁毒干警的工作重点和难点。要在威宁县做好禁毒工作，应该从发展教育，提高当地适学人群的受教育程度，完善就业机制，提高就业率，加强各部门间配合，提高禁毒力度，增强公众对毒品犯罪危害后果的认识，加强社会监督，完善相关法律法规等方面来防控毒品犯罪，改善威宁县毒品犯罪现状，从而促进法治社会的建设。

关键词：毒品；毒品犯罪；现状；防控对策

一、毒品的概述

（一）毒品的概念

根据《刑法》第 357 条，毒品是指鸦片、海洛因、甲基苯丙胺（冰毒）、吗啡、大麻、可卡因以及国家规定管制的其他能够使人形成瘾癖的麻醉药品和精神药品。[1]根据《麻醉药品品种目录》《精神药品品种目录》，毒品有的属于精神药品有的属于麻醉药品，[2]而这两类毒品在我国毒品犯罪中都有涉及，其中以鸦片、海洛因、冰毒、吗啡、可卡因等用大麻、罂粟等"毒品原植物"制作而成的毒品为主。

（二）毒品的类型

我国理论界大多数学者将毒品分为传统型毒品、合成型毒品和新型毒品。

1. 传统型毒品

在我国毒品犯罪中，常涉及的传统型毒品主要是吗啡、鸦片、大麻、海洛因、古柯、杜冷丁、可卡因。鸦片也称阿片，即通常所说的大烟；吗啡有的无色，有的为白色，有的呈粉末状，有的呈结晶状；海洛因，由吗啡制作而成，俗称"白粉"；大麻，有的有毒，有的无毒，有毒的大麻植株比较矮小，大麻还是大麻烟、大麻脂、大麻油的原料；杜冷丁，是典型的麻醉药品，性状为白色结晶性粉末；古柯，为热带灌木，主要生长在美洲大陆、亚洲东部及非洲等地，主要成分为可卡因；可卡因是一种生物碱，是从古柯中提取出来的白色晶体。此外，可待因、那可汀、盐酸二氢埃托啡等也被列入传统型毒品。

2. 合成型毒品

完全通过人工化学有机合成的毒品叫作合成型毒品。世间万物都具有相对性，毒品也不例外，那么合成型毒品就是相对于传统型毒品而说的。合成毒品主要作用于人体中枢神经系统，主要有对中枢神经起兴奋作用的

---

〔1〕 王作富主编：《刑法》（第 5 版），中国人民大学出版社 2011 年版，第 473 页。

〔2〕 "'健康人生，绿色无毒'主题班会教案"，载 https://www.xzbu.com/6/view-2648312.html，2020 年 6 月 20 日访问。

兴奋剂，以及对中枢神经起抑制作用的麻醉剂和致幻剂。最常见的合成毒品有冰毒和摇头丸。

3. 新型毒品

社会经济不断发展提高了人们对生活质量的要求，因此，歌舞娱乐等消费方式进入了人们的生活，与此同时，新型毒品也相继进入，并流行起来。其与传统毒品，主要是从作用和成分来区分的。从作用上来看，新型毒品主要作用于中枢神经，对中枢神经起致幻和兴奋作用，而传统型毒品主要起镇静作用；从成分上来看，新型毒品主要有兴奋剂和致幻剂，而传统型毒品成分单一。常见的新型毒品有冰毒、摇头丸和麦角乙二胺、麦司卡林和分离性麻醉剂（苯环利定和氯胺酮）和氟硝安定。[1]

（三）毒品对人类的危害

无论是哪一类毒品，都可能对人体的精神心理、身体以及社会功能造成损害。对精神心理的危害：毒品是一种精神活性物质，会导致吸食者出现兴奋、幻觉甚至抑郁、自杀等精神心理障碍，严重的可能对他人生命健康造成威胁，从而涉及其他犯罪；对人体健康的危害：首先损伤人的身体器官，如对胆囊、心脏等的损伤，其次会出现一些身体疾病，如溃疡性膀胱炎、扩张型心肌病、腹痛等，有的还会出现牙齿疾病，导致人体的消化系统受到损伤，从而使之失调，有的也会破坏人的内分泌系统，导致人出现反应迟钝和神经衰弱甚至失眠的现象，[2]更严重的是人的生殖系统功能遭到破坏，当然如果过量吸毒还会中毒以致死亡；对社会功能的危害：吸食者在获取毒品的过程中，很多正常的社会功能会受影响，从而导致其走上包括毒品犯罪在内的犯罪道路，因此对社会稳定造成了威胁。

二、犯罪的现状

（一）威宁县毒品犯罪的总体情况

据调查，自 2016 年来，三年不到的时间，在 6000 多平方千米、140

---

〔1〕 "新型毒品的种类"，载 http://www.wenshubang.com/huiyifangan/146426.html，2020 年 5 月 20 日访问；袁忠民："对毒品问题的公共政策选择"，载《公安学刊（浙江警察学院学报）》2009 年第 3 期。

〔2〕 郝冬婕："毒品犯罪的现代发展与防控对策研究"，大连海事大学 2012 年博士学位论文。

多万人口的威宁县，公安局破获毒品刑事案件 27 件，每年平均至少 8 件，查处毒品犯罪嫌疑人 21 人（次）；追缴各类毒品数量达 2450 克；追捕逃犯 1 名；查获吸毒人员 121 人（次）；收容隔离戒毒 71 人；缴获巨大毒资数额，打掉多个犯罪团伙，捣毁制毒窝点 11 个。尽管威宁县公安局的缉毒力度在不断加强，但该地的毒品犯罪率仍呈上升趋势，因此禁毒工作仍然是威宁县禁毒干警的工作重点和难点。

就整体来看，威宁县的毒品犯罪多以男性为主，年龄主要集中在 19 岁到 35 岁之间，文化程度基本较低，大多是初中文化，甚至是小学文化或者未上过学，且基本上属于未就业状态；就区域来看，毒品犯罪主要集中在下坝回族聚居地，多分布于哲觉、黑石、金斗等与云南接壤的地区。随着经济的发展，运输方式也不再局限于人体藏毒、动物体内藏毒等传统方式，如今，有的对车辆改装后直接将毒品藏匿于改装部位进行运输；有的基于物流公司管理的疏忽，对毒品进行"化妆"后邮寄，运输方式多样化和毒品犯罪地分散化是当前威宁县毒品犯罪的特点。虽然运输方式和毒品犯罪形式已经新型化，但威宁县毒品犯罪所涉及的毒品仍然以上文所说的传统型毒品和新型毒品为主。

（二）威宁县毒品犯罪中毒品的类型多样化

笔者在贵州省威宁县调研得到的近三年的毒品犯罪案件中发现，毒品既有鸦片等传统型毒品，又有冰毒等合成毒品和其他新型毒品。其中主要为新型毒品，因为新型毒品从作用上来看，综合性更强，有起致幻作用的，有起兴奋作用的，还有兼具致幻和兴奋作用的。而传统型毒品主要起镇静或镇痛作用。因此，在吸毒人员看来，新型毒品更能满足他们的需要。从成分上来看，新型毒品成分更复杂，与吸食传统型毒品相比更合算，同样的量，能满足吸食者更多身体需求。从携带方面来看，新型毒品更具有隐蔽性，便于携带，更受毒品吸食者喜欢。综上，在吸毒人员看来，传统型毒品的效果没有新型毒品明显，因此，在威宁县毒品犯罪案件中，贩卖新型毒品的次数和数量明显比贩卖传统型毒品多。另外，鸦片等传统型毒品通常夹杂在卷烟中吸食或通过注射器进行注射，容易暴露、不便于携带和运输；而冰毒等新型毒品有的为片剂，其性状与普通片剂药片相似，吸食者可以直接口服；有的为粉末状，吸食者通过鼻嗅式吸食即可。可见新型毒品因更具隐蔽性，无论携带、运输还是吸食都不易被发现，更受贩毒分子或吸毒人员喜爱。从毒品的作用来看，威宁县毒品犯罪涉及的毒品既有起兴奋作用和致幻作用的新型毒品，又有合成型毒品。虽然毒品犯罪危险性高，但受毒品犯罪高额利润的诱惑，威宁县毒品犯罪中毒品的类型仍然呈多样化。

（三）威宁县毒品犯罪中毒品的来源地集中化

威宁县是贵州省直管县级地区，近年来交通发展速度较快，因此毒品的来源也随之多样化且分散，不仅来源于省内的其他城市，还来源于省外的周边城市，甚至来源于国外。但是随着威宁县禁毒工作"六大措施"的开展，威宁县毒品犯罪多发生在贵州省内和与贵州省相邻的几个城市，很少有以前的跨境作案。具体而言，威宁县毒品犯罪案件中毒品的来源相对集中，有来自云南的、有来自四川的、有来自广西的、有来自贵州其他城市的，还有来自越南和其他东南亚国家的，但几乎没有毒品来自美国等欧洲国家。

（四）威宁县毒品犯罪的主体特定化

威宁县毒品犯罪主体从年龄上看多集中于 19 岁到 35 岁，年龄跨度较大；从性别上看多为男性；从就业情况看多为无业或待业状态；从民族上看多为回族和彝族；从地域上看多集中于威宁县县城郊区的下坝村和与云南省接壤或相邻的黑石头镇、麻炸乡和金斗乡。综合来看，犯罪主体呈年轻化、男性化和区域化。

（五）威宁县毒品犯罪具有地域性

威宁县毒品犯罪具有地域性，主要体现为县城郊区的回族聚居地下坝村，与云南省接壤的金斗乡和与云南省相邻的黑石头镇和麻炸乡。这些地方毒品犯罪多发的原因首先是与云南省接壤或相邻，容易获取毒源；其次，这些地方多为少数民族集中生活区，受少数民族文化和野蛮的生活习惯影响，执法难度较大。此外，黑石头镇、麻炸乡和金斗乡距离城区较远，交通比较闭塞，为毒品犯罪提供了隐蔽性。上述原因是导致威宁县毒品犯罪具有地域性的关键。

（六）威宁县毒品犯罪管理制度化

自 2016 年 6 月份开展"夏季严打"专项行动以来，威宁县公安局投入大量警力对全县毒品违法犯罪活动进行打击，从"打击、防守、管理、控制"入手，采取"六大措施"，有效控制了毒品违法犯罪活动，萎缩了毒品市场。"六大措施"具体：

开展打击零包贩毒行动。坚持"打零包、破大案"的工作方法，打零包被作为威宁县相关部门打击毒品犯罪的主战场，并且将其作为一项长期任务来完成，常抓不懈，萎缩本地毒品消费市场。[1]

投入更大力量对毒品进行公开缉查。充分运用堵源截流工作机制，有效发挥威宁县毒品检查站牵头作用，在全县范围内不定点、不定时全天开展公开缉查工作。截至 2019 年年底，通过公开缉查的方法破获毒品犯罪案件 27 件；缴获各类毒品 2450 克；抓获犯罪嫌疑人 21 人。

开展容易用来制造毒品的化学品专项整治工作。坚持严打严防的工作思路，以组织进行容易用来制造毒品的化学品和精神药品、麻醉药品的专项整治工作为重点，加强对易制毒化学品和精神药品、麻醉药品的政府管理力度，进一步规范和加强易制毒化学药品和精神药品、麻醉药品从生产到流通各个环节的管理。

加强对境外流入贩毒分子的打击和外流贩毒环境整治。通过与外流贩毒流入地的长期协作和配合，并在两地建立合作机制，互通情报信息，共同打击整治外流贩毒问题。

严打互联网涉毒违法犯罪活动。威宁县禁毒部门与网络安全部门相互协作，互借经验，紧密联合，共同打击，加强对互联网信息资料的收集与研判。

大力排查、收容教育、管理控制吸毒人员。在全县组织开展吸毒人员大排查登记，加强与司法戒毒部门的沟通，提高了收容教育戒毒的数量，尽可能地将吸毒严重成瘾人员送戒收治教育。深入开展了对贩毒严重乡镇的整治，通过采用从禁毒部门及相关派出所抽调警力到毒情严重乡镇开展线索摸排、蹲点排查的工作方法，加大了对毒品犯罪严重乡镇的整治力度。

〔1〕 谢朝武主编："禁毒缉毒工作"，载《米易年鉴》2005 年，第 205 页。

自 2016 年威宁县采取"六大措施"整治当地毒品犯罪问题以来，威宁县对毒品犯罪整治有了制度依据。

三、威宁县毒品犯罪率高的原因

（一）历史原因

改革开放以前，威宁县曾经是毒品犯罪高发地，尤其是中华人民共和国成立初期和威宁县建立初期吸食鸦片的人占当时总人口的 25%。改革开放初期，一些国际性贩毒组织和贩毒分子趁机经过各种非法运输方式将大量毒品运至我国境内。又因为"金三角"地区和"金新月"地区与我国云南、新疆等地濒临，而威宁县又与云南省接壤这一特殊的地理位置导致境外的毒品向贵州省境内无止境地输入，出现多方涌入的现象。[1]这些历史原因都是威宁县毒品犯罪频率至今仍然高发的原因。

（二）经济原因

威宁县是贵州省的第一人口大县，也是贵州省面积最大的县，还是贵州省平均海拔最高的县。但人口基数大、海拔高等原因导致威宁县本土产业落后，农民经济收入偏低，贫富差距较为悬殊，农村基础设施建设难以完善，加上威宁县海拔高，地势崎岖，交通不便，与外界缺乏联系，因此威宁县农村地区基本还处于自给自足状态。正是落后的经济原因导致威宁县贫困地区的农民冒着风险去从事贩毒这种犯罪活动。同时，在威宁县下坝村等经济发展较好地区，也有人为了精神需要或获取更大的经济利益而吸食甚至贩卖毒品。[2]地区经济发展的差异是影响威宁县毒情严重的主要原因。随着"县县通高速"发展目标的实现，威宁县的城区发展迅速，而农村地区依然相对落后，一些人受教育程度较低，找不到适合工作，收入又低，加上法律意识淡薄，容易被贩毒分子利用，这样一来二去就走上了毒品犯罪道路。

---

〔1〕 刘占磊："毒品犯罪问题研究——以贵州省 P 县调查分析为视角"，贵州民族大学 2017 年硕士学位论文。

〔2〕 刘占磊："毒品犯罪问题研究——以贵州省 P 县调查分析为视角"，贵州民族大学 2017 年硕士学位论文。

（三）现代化原因

随着现代化进程的到来，威宁县毒品犯罪也不断呈现出犯罪方式现代化、手段现代化和运输现代化。具体体现为毒品交易的现代化，过去必须见面交货再交钱，如今钱货分离，货由"化妆"邮寄，钱由网络转账；藏毒手段现代化，以前是人体藏毒（孕妇除外）、动物体内藏毒，如今不仅孕妇体内藏毒，车底改装也可藏毒。随着"4G、5G"的到来，网络发展进入新时期，毒品犯罪分子开始抓住网络贩毒证据难收集这一弊端进行毒品犯罪活动。2019 年 9 月 3 日宾阳县人民法院审理被告人陆某东与吸毒人员李某云进行冰毒、大麻、麻古毒品交易案就是典型的利用互联网进行的毒品犯罪。可见，现代化在促进经济发展的同时，也为毒品犯罪创造了机会。

（四）文化原因

上文提到，威宁县毒品犯罪案件中犯罪主体的文化程度在初中以下的占总人数的 25% 左右，占毒品犯罪人数的 60% 左右。威宁县大部分农村地区的青壮年出身贫苦，导致受教育程度低、就业很困难。一些不甘贫穷的人又极想致富，因此，这些人往往会选择从事毒品犯罪活动。另外，威宁县法律工作者的法治宣传工作不到位是导致这类人群法律意识淡薄的主要原因。毒品犯罪的巨大利益诱惑和其他毒品犯罪分子的引诱，很容易让无知而又想马上致富的农民走上犯罪道路。随着科技的发展，社会对人才的要求提高，威宁县大多低文化者失业和待业情况增多，他们整天无所事事，没有经济来源，从而难以拒绝毒品的巨大诱惑，这些因素导致他们走上了毒品犯罪的道路。总之，待业、失业、贩毒都是没有文化，没有适应社会发展的需求所致，因此，威宁县解决毒品犯罪问题最关键的是要提高农村人口的受教育程度。

四、威宁县毒品犯罪防控的完善对策

（一）发展教育，提高受教育程度

威宁县涉毒人员基本上文化程度较低，有的是小学文化，有的上过初中但未毕业，还有的未上过学，又因为威宁县是少数民族自治县，因此，在不去除少数民族文化的同时，大力发展符合少数民族文化的其他教育，提高少数民族受教育程度，从而提高威宁县人民群众整体受教育程度，减少辍学人员，提高受教育率，是遏制该地毒品犯罪的有效防控措施之一。威宁县是贵州省深度贫困县，像哲觉镇、金斗乡、麻炸乡等距县城较远的偏远村镇村民因为经济条件差，教育条件有限，没有机会或者没有受到相应的文化教育。因此，威宁县要大力发展文化教育，提供双语教学，即实行汉语与少数民族语言结合的形式进行教育，将法律知识带进课堂，提高文化素养的同时也提高人们的法律意识，[1]使人们从思想上敬畏法律，尊重法律，从行为上遵守法律，[2]同时多举行民族活动，增强民族凝聚力和民族团结，使各民族文化得到相互交流和相互借鉴。自 2010 年起，在威宁县县委和县政府及其他文化艺术部门的相互结合努力下，每年的 11 月 11 日威宁县庆，以艺术形式基本实现了民族文化的交流，这不仅促进了民族文化的发展，也为遏制毒品犯罪创造了机会。

（二）发展民族特色经济，提高就业率

经济因素是诱发毒品犯罪的主要原因之一，发展经济要提高就业率，提高就业率最好的办法是发展民族特色经济。政府农业部门要积极研发当地特色经济发展策略，吸收当地待业青壮年和失业人员就业，提高他们的经济收入，解决他们对物质生活的需求，以减少毒品犯罪。威宁县位于云贵高原，地势较高，日照时间长，早晚温差大，适宜马铃薯、辣椒、荞麦等农作物和苹果、梨、西瓜、核桃等水果和坚果生长；贵州省最大的淡水湖——草海位于威宁县，草海是国家级自然保护区。因此，威宁县应该以草海为开发对象，以民族文化和民族特色产业为支撑，大力发展少数民族文化和旅游业，打造民族特色产业，促进经济发展，提高就业率。另外，相关部门应着力吸引外商投资，扩大经营规模，从而满足失业人员的就业，增加农民收入，促进经济发展。

（三）各部门相互结合，加强禁毒力度

公检法三机关应当完善自身建设，提高内部人员的素质。公安机关应

---

〔1〕 王丽丹："贵阳市花溪区毒品犯罪现状及防控对策研究——以花溪区人民检察院为视角"，贵州民族大学 2017 年硕士学位论文。

〔2〕 任双："严景耀犯罪学思想研究"，湘潭大学 2015 年硕士学位论文。

从硬件设施及干警配备上加强对毒品犯罪案件的侦查力度；检察院公诉部门应增加公诉部门工作人员，完善诉讼制度；法院应提高工作强度，按照法律规定及时审结毒品犯罪案件。公检法三机关应当相互配合，开展对毒品犯罪专项打击活动。三机关应当在侦查、起诉到审判阶段都围绕证据收集、讯问犯罪嫌疑人、技术侦查等方面紧密合作。建立新型联合工作关系。针对威宁县当前毒品犯罪的现状及防控对策的研究，笔者认为公检法三机关应选取典型案例进行编撰，以对当地今后工作作指导，同时应联合开展对毒品犯罪案件的防控的专题研讨会，定期组织司法工作人员进行实务培训，增强司法工作人员的法律理论素养和实务素养，选取工作能力强，理论基础过硬的优秀司法人员对毒品犯罪防控对策进行专题讲座和总结交流会，形成专门的指导案例。三机关既要形成工作上的配合，又要形成工作上的监督，最终形成以诉讼为中心的制度。三机关要进行信息共享，并且要加强与戒毒机构的合作，完善对毒品犯罪人员的教育和打击。威宁县公安局、威宁县人民法院都在阳光大道西段，而检察院位于滨海大道，看守所位于环城路和建设东路，笔者认为这几个机关应当集中办公地点，从距离上提高打击毒品犯罪案件的效率，以为资源共享提供便利。

（四）增强公众对毒品犯罪危害后果的认识，加强社会监督

为了有效遏制威宁县的毒品犯罪，法院在公开审判毒品犯罪案件时，应召集毒品犯罪多发地和有条件参与旁听的社会民众参与到庭审中来，增强民众参与度，激发社会活力，让民众认识到法律对毒品犯罪行为的严厉打击以及毒品犯罪对社会的危害性，加强社会监督。另外，要加强对举报贩卖毒品行为人员的保护，保护其姓名、住址、联系方式等个人信息不外漏，鼓励他们对毒品犯罪行为进行监督举报。

（五）完善相关法律法规，增强处罚力度，弥补法律空缺

中华人民共和国成立以来，毒品犯罪一直都是我国重点打击的对象，但是我国《刑法》没有将吸毒行为列为犯罪，故笔者建议在以后的立法中予以完善，从源头上切断毒品犯罪。从威宁县毒品犯罪的现状及打击力度来看，我国《刑法》规定的十几个罪名不能完全包含当前的毒品犯罪行

为。可见，当前打击毒品犯罪最重要的是增加毒品犯罪的罪名，修改毒品犯罪的量刑幅度和量刑情节，并且将吸毒行为列入犯罪，填补法律未将吸毒列为犯罪的空缺。在保障人权的同时，增强处罚力度，使毒品犯罪重刑化。

中　篇

运输毒品类

论运输毒品共同犯罪

摘　要： 毒品犯罪在当今的社会经济下呈蔓延趋势，随着经济全球化的高速发展，毒品的消费市场不断扩大，从东南亚"金三角"地区扩散至全球各个角落。其中毒品犯罪中的运输毒品共同犯罪问题也凸显出来，因销售毒品的高利润诱惑导致越来越多的人铤而走险去运输毒品，多以团伙或组织形式犯罪。从近年来打击毒品犯罪的案件报告分析，毒品运输共同犯罪在毒品犯罪中居高不下，加上毒品共同犯罪的运输方式和手段各式各样，这给我们打击毒品犯罪带来不少困难。所以，重新讨论运输毒品共同犯罪就十分有必要，将运输毒品共同犯罪的理论和司法实践划分出合理范围就有很大意义，也是当今社会所需要的，对更好打击毒品犯罪有所裨益，这正是本文研究的初衷。为此，笔者分为以下部分进行相应阐述：

第一部分首先从理论层面对运输毒品犯罪的来源历史，以及运输毒品共同犯罪的发展历程和相关概念进行界定。从国外相应国家对运输毒品共同犯罪的立法规定再到我国对运输毒品共同犯罪的相关规定进行比较研究，阐述运输毒品共同犯罪的本质，从而得出运输毒品共同犯罪的理论依据，分析运输毒品犯罪的构成要件，为后文的司法实践提供理论基础。第二部分主要论述了毒品运输共同犯罪的类型，重点剖析了毒品运输共同犯罪的行为，例如毒品运输行为、毒品运输共同犯罪的种类，其中主要剖析了运输毒品罪的主观共同故意和客观共同犯罪。第三部分讲解了共同犯罪中主从犯责任的区分，首先剖析何以区分主从犯责任的必要性，得出自己的见解，其次对如何认定主从犯进行说明。第四部分是对运输毒品共同犯罪现存问题提出解决建议。综上分析，笔者认为应明确运输毒品共同犯罪的概念，明确行为认定标准，增设运输毒品共同犯罪相应罪名。

关键词：运输毒品；共同犯罪；主从犯

一、运输毒品共同犯罪概述

毒品运输犯罪在我国毒品犯罪中占有重要地位。随着我国经济的不断发展，药品消费市场不断扩大，导致运输成为药品生产和消费的必要环节。过去一段时间贩毒基本上是一个单一的行为，随着国内打击毒品犯罪手段的加强，运输毒品共同犯罪兴起，但运输毒品共同犯罪的理论概念存在争议。

（一）运输毒品共同犯罪的发展沿革

早在 20 世纪，国际就开始对毒品犯罪进行打击，但是 1912 年《海牙鸦片公约》并没有将运输毒品行为单独进行规定，毒品运输在世界上的立法趋势还是和我国一样并未单独定罪。例如，一些欧美国家将运输毒品和走私、贩毒行为规定为一条。此外，日本刑法将毒品运输行为规定为贩毒罪，包括非法运输毒品和运输毒品两种行为。马来西亚打击毒品犯罪是当今世界最为严厉的，对携带毒品数量达到法定数额的处以死刑。新加坡刑法将运输毒品行为明确规定为运输毒品罪。我国《刑法》第347 条规定了走私、贩卖、运输、制造毒品罪，明确了运输毒品的种类和方式。[1]由此可知，运输毒品罪的相关规定还存在一定争议，运输毒品共同犯罪只不过是运输毒品的行为人主体数量变化和主观上有共谋的区别。

（二）我国运输毒品共同犯罪的概念

运输毒品共同犯罪是以运输毒品罪的概念为基础的共同犯罪。这只是把毒品以某种形式一起运送的行为。在我国，运输毒品罪没有单独的罪名。只有在《刑法》第 347 条中，走私、贩卖、运输、制造毒品罪才是选择性罪名，运输毒品只是行为方式之一。有学者认为，在认定某一犯罪是否为运输毒品犯罪时应主要考虑行为人对运输的物品是否为毒品有主观认

---

[1] 参见张明楷：《刑法学》（第 5 版），法律出版社 2016 年版。

识，只要行为人知道运输的货物是毒品，就无需考虑其目的。还有学者认为，运输毒品罪是指为他人运送毒品，犯罪人对此了如指掌。交通工具包括航空、火车和其他交通工具。交通区域只限于国内，不能跨越国外。但是这样并没有解决刑法理论界对此概念的争议。笔者认为，第一种观点不考虑行为人的主观目的，是存在问题的，因为在运输毒品犯罪中，运输往往只是手段，行为人的目的一般多为走私、贩卖毒品，并没有侵犯多个法益。第二种观点强调必须在我国境内实施运输行为，对此笔者无异议。笔者认为，运输毒品罪应当界定为 16 周岁以上具有刑事责任能力的个人或者单位，为了运输的目的，且知道要运输的货物是毒品，通过各种途径在我国境内将毒品由此地运输到彼地的行为。由此可以推断出，运输毒品共同犯罪是指年满 16 周岁的自然人或者单位，负有刑事责任，在明知毒品运输的情况下，出于相同的运输意图，通过各种交通工具在我国境内将毒品由此地运输到彼地的行为。就共同运输毒品罪的构成要件而言，运输毒品行为需要具备下列条件：

1. 主体要件

在共同犯罪中，依照《刑法》规定，一般有两个以上的主体，即可以承担刑事责任的自然人和单位。运输毒品共同犯罪自然也不例外，其需要行为主体为两人及以上，并都能够承担相应的刑事责任。例如，甲是年满 16 周岁的具有刑事责任能力的人，乙是一个有限责任公司，双方协商从云南昆明运输毒品至贵阳，乙指使甲进行实际运输，其则在贵阳接收毒品，收益均分。此时，他们双方共同运输毒品的行为构成共同犯罪。

2. 主观要件

共同运输毒品罪与运输毒品罪最大的区别在于，共同运输毒品罪在主观上需要具备共谋的条件，即行为人之间存在实施运输毒品行为时协商、谋划的意思联络，并且犯罪目的是一致的，对犯罪结果的发生都持有希望和积极的态度，并对实施的运输毒品的社会危害性明确知道。正确区分运输毒品共同犯罪的行为，需要对共同犯罪问题进行分析，运输毒品犯罪如今多为集团犯罪，多人多次犯罪现象突出，因此需查明同谋之间是否有犯意的联络，具体而言，既需要考察共同犯罪故意的联系，也需要考察共同犯罪故意的内容紧密联系。

3. 客观行为和客体法益

在运输毒品犯罪实际操作中，共同犯罪行为是指行为人在共同犯罪故意下实施的运输行为，具体可分为两种：一种是分工明显的毒品共同运输行为，此外需要区分行为人的实际分工，以便准确认定各自的责任；另一种则是没有明显分工，各个行为人都直接实施运输、贩卖毒品的行为，并且承担的后果也没有区别。此外，在客观行为上还需要认定在共同犯罪中的作为犯与不作为犯情形，并严格区分。虽然运输毒品犯罪一般为作为犯罪，但是不作为犯也可以成为运输毒品共同犯罪人。运输毒品是出于走私、贩卖和制造的目的，假如行为人仅为了吸食，毒品数量达到法定标准时也构成运输毒品犯罪。另外，运输毒品共同犯罪侵害的法益是国家的毒品药物管制系统。

二、运输毒品共同犯罪的现状

当前运输毒品犯罪存在快速增长的趋势，毒品的运输方式也在不断增多。毒品运输共同犯罪的社会危害性比一般毒品运输更为严重。随着社会经济的不断发展，当前人们的精神文明生活多元化，但一部分人的精神世界空虚需要刺激，加上毒品生产方式的不断更新，新型毒品的制造方式更为简便易得，制造的地点更为隐蔽，毒品的消费市场也不断扩大，毒品的需求更大，而运输毒品是生产和消费毒品之间的必经环节，从而导致越来越多的人走上运输毒品的犯罪道路。具体而言，运输毒品的特点表现在以下方面：

1. 运输毒品共同犯罪在毒品犯罪中的比例不断增加

从最高人民法院、最高人民检察院公布的毒品案件数量来看，毒品运输共同犯罪的比例持续上升，运输毒品共同犯罪的组织能力增强，单一的运输毒品行为升级到有组织、有预谋的运输毒品共同犯罪，单一运输毒品行为通过单人的运输方式因缺乏掩护容易被发现和侦查，并且运输毒品的数量一般较少，而运输毒品共同犯罪有着严密的组织谋划，从规划路线和应对司法侦查的措施各方面都有所提高，并且运输毒品的数量也大大增加，甚至还有的出现了专门的运输毒品的集团或团伙，形成了运输毒品生产线，这无疑加大了司法机关的打击难度。[1]

2. 运输毒品共同犯罪行为方式多元化

单一的运输毒品方式多为单人携带，并且运输工具落后。随着国家交通工具的飞速发展以及交通道路网的不断完善，汽车、飞机、船舶、高铁、火车等交通工具不断发展，目前运输毒品的方式也多面发展，物流和快递的普及，让毒品被运输出去的可能性增加，并且更加隐蔽和快捷，从而导致毒品产生的社会危害性更大。

三、目前运输毒品共同犯罪的类型

(一) 运输毒品共同犯罪中的事前通谋

判定预谋运输毒品的共同犯罪可以依照《刑法》第 349 条的规定，为运输毒品的犯罪分子窝藏毒品或者犯罪所得，而且相互包庇者在犯罪前就有过串通的，应当成立共同犯罪，依照运输毒品同伙的刑罚定罪。事前通谋与共同故意的概念不是完全一样的。事前通谋多指共同故意的形成经过，并不一定导致共同故意形成，因此不能把它等同于共同犯罪。但是共同故意的实质会轻易被事前通谋所混淆。

(二) 上下线关系行为的认定

一般来说，集团间的大多数违法毒品运输不应存在串通关系。对此需要讨论的是，随着毒品犯罪的增多和我国打击毒品的深入，犯罪分子对单纯的群体犯罪并不满意，毒品犯罪逐渐演变为群体犯罪。[2]在集团的毒品犯罪中，例如墨西哥那些毒品犯罪的主要领导者通常只负责制定犯罪计划，领导犯罪的发生，实际上并不参与毒品的运输。因此，对于团伙犯罪的下线成员来说，他们不仅要进行毒品运输，可能还要联络统筹整个运输毒品犯罪。此时需要断定集团犯罪中的下线成员是否相互构成共同犯罪。

---

[1] 黄祥青："浅析贩卖、运输毒品罪的既遂和未遂"，载《政治与法律》1999 年第 3 期。

[2] 参见聂慧苹："运输毒品罪的法律辨析"，载《山西警官高等专科学校学报》2009 年第 1 期。

第一种假设是，不要求运输毒品犯罪集团所有成员都具备直接的犯意联络沟通，只需要领导者之间就犯意进行沟通就可以了。互相联络对于实施毒品的运输是有危险性和不必要的，下线成员甚至可以不用知道到底有多少人参与整个犯罪。第二种假设是，犯罪前上下线犯罪集团之间存在着共同的意图或分工，因此只有成员才需要参与共同犯罪的任何环节，他们可以被认定为运输毒品的同伙。但是，如果行为人仅实施贩毒等毒品运输以外的故意犯罪，不参与毒品运输的，不应认定为毒品运输共同犯罪。为了在共同犯罪中确立运输毒品共同犯罪，毒品集团犯罪的上下线成员必须共同参与运输行为的实施。虽然上下线成员之间可能没有必要的犯罪联系，但必须具备运输毒品的主观故意。

换言之，假定犯罪集团成员之间的行为超过了犯罪集团共同故意的内容，那么就这部分的作为应该单独量刑定罪。如果犯罪成员之间的犯罪故意包括了共同故意，那么他们的做法就属于犯罪集团犯罪活动中的一个环节，可以认定为共同犯罪。

（三）买卖行为人之间的行为认定

对于司法实践中，贩卖者将毒品从买者指定的地方运送到买者手中的行为，且认为运送的这些毒品仅仅是买者的吸食这种行为，《全国部分法院审理毒品犯罪案件工作座谈会纪要》（以下简称《大连会议纪要》）并没有进行明确的规定。有的学者认为该种行为应当定性为运输毒品犯罪，买者和贩卖者都应成立运输毒品犯罪，且为共同犯罪。主要原因为：首先，当事人将毒品交付于贩卖者的举动虽然无法证实其具有贩卖的主观犯罪，但是能够表现出其具备运输毒品的主观要件，符合运输毒品罪的构成要件。其次，要想契合运输毒品罪的客观要件，贩卖者必定需求进行毒品运输的实施行为，转而将毒品从原定地方送达到买者手上。不然毒品不可能凭空移动位置，由此可以断定贩卖者和买者之间构成运输毒品共同犯罪的事实。我国没有将吸毒的行为定为犯罪，而是交由《治安管理处罚法》，规制吸毒人购买仅仅为自己吸食的毒品超过了规定的数量时，其携带、运输毒品的行为也不构成犯罪。[1]进而，针对买者协助贩卖者运输毒品的做

---

[1] 参见李静然："非法持有毒品罪的司法疑难问题探析"，载《法律适用》2014 年第 9 期。

法，不能完全断定为运输毒品罪，需要结合买者运输毒品行为的目的来进行总判断，若买者和贩卖者只是出于吸毒或者协助他人吸毒的目的而没有其他的毒品犯罪目的，则因未达到《刑法》规定的数量标准，不构成犯罪。

四、运输毒品共同犯罪人责任的划分

在犯罪人的共同活动下，每个人都必须承担不同的刑事责任，受到不同的惩罚。因此，有必要按照一定的标准对共同犯罪人进行区分，这样才能更准确地认定每一个共同犯罪人的刑事责任，更好地定罪量刑。根据不同的分类标准，共同犯罪可以分为不同的类型。根据行为人在共同犯罪中的作用，可以分为主犯和共犯。安排、指使的共犯起次要作用。制定犯罪计划、组织策划、提供犯罪资金和其他在共同犯罪中起主要作用的人，通常被认定为主犯。在判断被教唆、胁迫实施毒品犯罪的人是主犯还是共犯时，可以根据共同犯罪中行为人的具体行为效果来确定。

法学界的一些学者认为划分主犯或者从犯不是必要的。然而，在司法实践中，也有一些案件无法明确判断每个犯罪人的责任大小。[1]在这种情况下，如果仍然划分主犯和从犯，则不利于细化案件的定罪量刑。但在共同犯罪中，我们必须以具体行为来惩罚每一个行为人，而不是一味判断谁是主犯谁是从犯。持这种观点的学者认为，在大多数犯罪中，犯罪分子对犯罪的影响可以根据各种原因来确定。但这只是"柏拉图式"想法下的分析，在共同犯罪中，每个行为人不仅是行为上的合作关系，而且是心理上的合作关系，他们会起到相互鼓励的作用，形成相互支持的关系。那么在司法实践中，如果要认定每个行为人所参与的全部犯罪行为，就不能对其所犯罪的部分承担责任和处罚。还要考察犯罪分子之间是否存在相互配合、相互利用的关系。因此，如果没有明确的证据证明共同犯罪人在整体犯罪中的作用，就认定每个行为人对共同犯罪的所有有害事实承担责任，那么，目前认定主从犯罪就失去了必要性。笔者认为有必要按照一定的标

---

[1] 参见熊选国、任卫华主编：《刑法罪名适用指南——走私 贩卖 运输 制造毒品罪》，中国人民公安大学出版社 2007 年版。

准对共同犯罪人进行分类。因为共同犯在共同犯罪中的作用是区分主犯和从犯的重要依据，有利于司法机关明确共同犯罪的刑事责任。共同运输毒品罪，应当分为共同犯罪和集团犯罪，后者应当按照不同的标准分为主从犯罪。根据罪犯的主观恶意和对社会的危害性，将其逐一确定为定罪量刑的重要依据，以确保公平正义。

（一）运输毒品共同犯罪主犯的认定

在共同毒品犯罪中，主犯积极组织、参与犯罪，实施特定的犯罪行为，其行为与犯罪结果有着直接的因果关系。这些罪犯的定罪量刑，应以其详细参与执法为依据。根据《刑法》第26条的规定，主犯可以分为两类：第一类是在共同犯罪中起主要作用的人；第二类只能以集团犯罪和其他特殊共同犯罪的形式出现，如组织、领导犯罪集团的首要分子是主犯。一般来说，毒品犯罪的主体是毒品犯罪的策划人，是事后能够获得最大利益的人。因此，主犯负责整个毒品犯罪的组织、领导和策划，在整个毒品运输犯罪中发挥着重要作用。具体而言，毒品共同犯罪的主犯通常可以从以下几个概念来确定。首先，区分犯罪人在共同犯罪中的地位和作用。一般来说，可以从犯罪故意的产生、行为事实和犯罪后利益的分配几个方面来考察。在整个过程中，主犯都拥有较大的话语权和主导权，主导着毒品犯罪的过程，起着类似领导的作用。因此，在司法过程中，可以通过确定谁是多个共同犯罪人的领导者来确定谁是主犯。其次，谁是犯罪过程的推动者和犯罪故意的产生者，也是决定谁是主犯的一个重要因素。当犯罪人的犯罪故意与其他犯罪人的犯罪故意相联系时，可以形成共同犯罪故意，从而构成共同犯罪。在毒品运输共同犯罪中，可以认定第一个故意提出毒品运输，并积极联系其他犯罪分子的人，是主犯。为了把自己的犯罪思想贯彻到整个共同犯罪中去，他们中的大多数人都会有意识地、积极地以各种方式向其他犯罪分子灌输犯意并且对其他犯罪人产生较大的影响力，从而对直接推动犯罪的进程和犯罪的结果起到决定性作用。

对于主犯的另一个认定因素就是犯罪利益的分配问题，毒品犯罪的领导组织者以及主要犯罪行为的实施者对整体犯罪的发生和结果付出多，且在所有犯罪人中处在领导地位，在完成犯罪后会获得更大的利益。并且由于这些人对于完全的犯罪行为和其他犯罪人有着更大的支配力和控制力，因此事后获得的利益也更加丰厚。另外，虽然主犯处在共同犯罪的核心地位，但是仍可进一步划分，对犯罪结果较重的主犯和犯罪结果较轻的主犯进行划分，然后执行刑罚。

（二）运输毒品共同犯罪从犯的认定

在毒品共同犯罪中，起到辅助作用或者处于从属地位的参与者被认定为从犯，其中主要划分可以从量刑中体现出来。《刑法》第27条第1款规定，从犯在共同犯罪中起次要或者辅助作用。[1]受雇并被指派从事贩毒活动的人通常是那些从事犯罪活动的人，他们对犯罪结果的获利以及犯罪的出资明显少于主犯，应被视为辅助，不适用死刑。尤其是此类罪犯的目的是要获得较低的报酬，因此其犯罪的主动性较弱，应给予较轻的惩罚。假设可以找到证人的证词、交易记录、通讯记录等证据来证明这类罪犯的行为是被命令的行为，与主犯形成雇用和被雇用的关系，则可以确认其是共犯。因此，如果雇用或命令他们的罪犯没有被逮捕并绳之以法，甚至他们的身份不明，同样不会影响判决。多人分段运输同一批毒品的，即使受同一人的指使、雇用实施违法行为，假定彼此之间没有联系、合作，各分段的毒品运输人仍然不构成共同犯罪，但是毒品运输人各段指挥员可以单独设立毒品运输联合犯罪。如果没有证据证明每一段的运输人是由他人雇用或指示的，则有必要分析犯罪分子之间是否有相互合作或故意接触，断定是否构成共同犯罪，并根据各自的主观恶性，以及对危害后果的作用大小等断定谁是主犯谁是从犯。

从犯中也是存在次要的实行犯与帮助犯的，依据《刑法》对从犯的定义，我们可以把共犯分为两类：罪犯和帮手。犯罪人在共同犯罪中起次要作用，帮助人在共同犯罪中起辅助作用。共同犯罪中每个共犯的分工是不同的，虽然辅助犯和未成年执行人在共同犯罪中所起的作用很小，但二者之间还是有很大的区别。帮助人不一定参与具体犯罪，而是通过创造便利条件如提供工具来完成犯罪自己不参与、把监管财务的监管者或所有者引

---

[1] 参见马岩："毒品特殊案件中共同犯罪的认定与处罚"，载《中国审判》2009年第2期。

开来实施帮助、为主犯承诺窝藏、销毁赃物等一系列行为。[1]具体是指在共同运输毒品罪中，为直接参与运输行为或者整个运输毒品罪提供便利，帮助其他共同犯罪分子侦查运输路线，提供便利的运输工具。

---

[1] 参见姜兴国："认定毒品案件共同犯罪的几个问题"，载《人民检察》2002 年第 8 期。

运输毒品罪与非法持有毒品罪之辨析

摘　要：随着我国经济的迅速发展，毒品犯罪也日益突出，部分人将吸食毒品当作生活中必不可少的一部分，这是我国目前应当竭尽全力阻止的一项重要工作。在我国现行刑法的规定以及司法实践当中，毒品犯罪种类繁多，其中毒品运输罪和非法持有毒品罪是最常见、最重要的犯罪。因此，本文从两罪的概念出发，主要论述两罪的不同以及因行为人的主体主观方面、行为的方式或者毒品的数量以及种类的不同等原因而构成的不同毒品类犯罪，有针对性地对运输毒品罪与非法持有毒品罪进行论述与辨析，且对两罪在立法上的不足提出相应的建议。

关键词：毒品犯罪；运输毒品罪；非法持有毒品罪

一、运输毒品罪与非法持有毒品罪的概念

（一）运输毒品罪的概念

运输毒品罪在各个教材中都没有明确的定义，但是大致方向是一致的，概念简短精练，且有些含糊不清。不同学者对运输毒品罪的定义不同，包括以下几种观点：其一，运输毒品罪是指用快递邮寄、行为人携带、唆使其他行为人或者使用公共交通工具等不同的措施在我国境内将鸦片、大麻等能够使人上瘾的毒品从一个地方转移到另一个地方的行为。[1]其二，运输毒品犯罪所侵犯的对象是吸食毒品人的生命，涉及一个人的身体健康以及一个国家严格的管理制度。大多数毒品会使人形成瘾癖，犯罪分子往往利用这一特点，从中牟取利益。所以，运输毒品罪是指行为人明

---

〔1〕　蒋筑君主编：《新刑法与毒品犯罪》，西苑出版社 1998 年版，第 56 页。

知该物是能够使人形成瘾癖和依赖的毒品，还故意违反国家管理法的规定从而实施制造、运输、走私以及贩卖毒品的行为。[1]其三，运输毒品犯罪的重点是为他人运输毒品。笔者认为，第一个观点很明显未指出运输毒品犯罪的对象以及未表明运输毒品罪的先决条件且将运输范围局限在我国范围内，范围太过狭窄。第二个观点过于笼统。第三种观点表明，行为人明知是毒品还为他人运输，强调为他人运输内容又太片面，行为对象也不是特别准确。因此，这三个观点在某些方面还存有不足之处。对此，笔者通过分析，总结出较为完整、特点明确的运输毒品罪的定义：即犯罪人以运输毒品为目的，违反相关国家毒品管理法的规定，且明知犯罪的对象为毒品，还利用快递进行邮寄、利用他人帮助运输且自身携带或者为他人运输毒品以及运用不同的公共交通工具将毒品从一个地方运输至另一个地方的违法犯罪行为。

行为人"明知"是毒品还故意实施运输的行为，在司法实践中是较难区分的，执法人员对"明知"的界限也是模糊的。我们清楚地知道，若要形成关于运输毒品罪的"明知"状况，则必须要推定其有没有达到充分且合理的程度，如若未达到，行为人关于该罪则没有"明知"的故意，如若达到充分且合理的状态，则行为人对于该罪则有明知的故意。对于运输毒品罪，只有在我国领域之内发生才能将运输毒品的行为认定为此罪，跨国运输或者在境外运输毒品都不能认定为这个罪名，那么是否我国刑法就由此产生法律漏洞了呢？答案是否定的，因为我国还有一个罪名即走私毒品罪，该罪就是指对毒品进行跨境非法运输、直接在境外运输或者邮寄毒品进出边境的违法犯罪行为。

（二）非法持有毒品罪的概念

1997 年全面修订《刑法》时，非法持有毒品罪被纳入《刑法》。笔者认为，法律反映了这样一种理念，即对所有已知非法持有毒品的行为都应给予法律制裁，这些行为都是非法犯罪，法网恢恢疏而不漏，不能给违法犯罪分子留下余地，也是给我国立法的一个交代，但是该罪名设立的时间相对较短，因此规定也不够完善。

---

〔1〕 王作富主编：《刑法》，中国人民大学出版社 1999 年版，第 56 页。

学者对非法持有毒品罪有不同的界定：第一种观点认为，"非法持有毒品罪涉及违反有关中国毒品使用规定，并且不被国家监管部门理解与赞同，仍然故意地持有能够使人形成瘾癖且能够麻醉精神的毒品的行为"。[1]第二种观点认为，"非法持有毒品罪涉及违反国家关于毒品管制的法律规定，没有经过有关法律主管部门的同意，经过证实，尚且不能构成其余有关的毒品类犯罪，进行擅自保留或者藏有数量较大的毒品的行为"。[2]第三种观点较为简单，即"明知所持有的对象是毒品，还不法持有数量较大的行为"，重点表达的是"明知"以及"毒品的数量"。上述第一种观点重点突出了犯罪人的主观状态为故意，但是没有对持有的部分进行解释说明，概念太过简单片面。第二种观念尽管对"持有"与"非法"进行了解释阐明，然而又未表达出行为人的主观状况。第三个观点能够明显地看出概念中只表现出"明知"的主观状态，比第一种观点更加片面。因此，我们通过分析以上几个观点可以得出较为全面的非法持有毒品罪的概念：犯罪行为人明知道持有的对象是毒品，并且违反我国关于毒品管理规定以及法律、法规，仍然对我国法律明文规定的毒品进行实际占有和控制。

二、运输毒品罪与非法持有毒品罪的立法现状与犯罪状态

（一）运输毒品罪的立法现状与犯罪停止形态

1. 运输毒品罪的立法现状

在刑法条文中，运输毒品罪与走私、贩卖、制造毒品罪具有同等的法律地位，而且几个不同名称的罪名在量刑和处罚方面几乎一模一样。但运输毒品罪与其他毒品类犯罪相比更具现实危害性，并且在司法实践中也较为常见。一些专家认为，运输毒品罪能够被包含在走私、贩卖、运输毒品罪之中。因此，有学者主张将运输毒品罪从刑法条文中剔除。笔者则认为不应当废除运输毒品罪，理由如下：其一，我国法律讲究罪责刑相适应原则，若废除运输毒品罪，则与罪责刑相适应原则不相匹配。在毒品类犯罪中，该原则具体表现在如果行为人承认自己运输毒品，却并不如实交代运

〔1〕 陈兴良主编：《刑法疏议》，中国人民公安大学出版社1997年版，第554页。

〔2〕 吴明夏、江绍恒、王亲生主编：《新刑法通释》，人民出版社1998年版，第121页。

输毒品的来龙去脉，此时则无法断定行为人构成走私、贩卖、制造毒品类犯罪，也就是说，此时只能认定行为人构成运输毒品罪。实际上，运输毒品罪相对上述几个罪名来说是一个"兜底性罪名"，因此，运输毒品罪在我国刑法条文中是不可缺少的罪名。其二，不废除运输毒品罪也是符合目前国际形势的，因为其他大多数国家均规定有运输毒品罪。以设立运输毒品罪来制止毒品类犯罪可以说是与大部分国家的共鸣。

2. 运输毒品罪的犯罪停止形态

运输毒品罪是行为犯，这是我国刑法学通说的观点。然而行为犯在我国刑法学界存在不同的说法，主要表现为以下几个方面：第一种观点认为，运输毒品罪只要开始着手施行，即可构成既遂。另外，行为犯也是举动犯，也就是说，无需产生一定的犯罪结果，犯罪行为人只需施行的行为满足《刑法》分则中运输毒品罪的构成要件即构成犯罪。第二种观点认为，只有当施行的行为到达一定的标准时，行为犯才能够达到既遂状态，即行为犯的既遂，必须要经历一个过程。而举动犯的既遂则只需要着手施行即可。因此，行为犯与举动犯是不同的。

在刑法理论界中，运输毒品罪也存在不同的学说。其一是"到达目的地既遂说"，专家学者认为，"行为人将国家规定的能够使人形成瘾癖、使人精神麻醉的毒品用一定的方式从某地运输到另一个地方的运输行为，当作是运输毒品的主观意图，在运输的毒品过程当中，即还未到达目的地之前，则都应该属于犯罪未遂"。[1]可见，专家学者以毒品到达目的地作为既遂的标准，因此，无论到达目的地的毒品是由于什么原因再转移至其他地方，则都应该属于犯罪既遂。其二是"起运既遂说"，依据运输毒品罪的概念以及形成要件可知，运输毒品罪是将毒品从某一个不特定的地点开始运输至另一个地点，并不要求运输的毒品到达目的地。因此，该罪的既遂就是将毒品开始运输。犯罪行为人只需将原本在某地的毒品通过不同的运输方式运输至其他地方，或者用快递的方式将毒品邮寄，则构成既遂。

对上述两个学说，笔者有不同的见解。笔者认为"到达目的地既遂说"没有科学依据、不合理，因为该学说将运输到达目的地与运输毒品的

---

[1] 程婷婷："运输毒品罪与非法持有毒品罪之辨析"，云南大学 2017 年硕士学位论文。

行为视为一体，认为如果毒品没有运输至目的地，则构成未遂状态，那么可能所有的运输毒品罪都将处于犯罪未遂的状态。因为在实际发生的案件当中，大部分的案件都是在运输的过程中受到执法人员查处，假如依照"到达目的地既遂说"，即便犯罪行为人已将毒品运输至目的地，行为人仍然会说并没有将毒品运输到达，然而司法实践中，假设没有确切的证据证实行为人已经将毒品送至目的地，则行为人的行为就会被认定为运输毒品的未遂状态，这样，行为人就不会受到与之相应的惩罚，违反了罪刑罚相适应的准则，很明显不利于打击毒品犯罪。因此，笔者支持"起运既遂说"，依照上述专家的观点，运输毒品罪是行为犯，事实上施行了毒品运输就满足了既遂的标准，即将毒品从某一个不特定的地点开始运输，就表明犯罪已经既遂。当行为人开始将毒品运输时，就表明完全行为能力人在主观的意识之下，实行了运输毒品的行为，这就违反了国家毒品管理法的规定，也危害了人们的身体健康，因而满足运输毒品的构成要件。

（二）非法持有毒品罪的立法现状与犯罪停止形态

1. 非法持有毒品罪的立法现状

非法持有毒品罪正式进入我国刑法之前，1988 年 12 月联合国通过的《禁止非法贩运麻醉药品和精神药物公约》就已经明确了行为人非法持有毒品为犯罪，并对每个缔约国确定非法持有毒品罪为本国的刑法罪名作出了要求。次年，我国加入该公约，并通过《关于禁毒的决定》首次将非法持有毒品行为规定为犯罪。1997 年《刑法》正式将这一罪名列入条文。

设立本法的目的也是避免与上述几个罪名产生冲突，因为非法持有毒品罪是走私、贩卖、运输、制造毒品罪的"口袋罪名"。简而言之，就是为了降低司法实践中司法机关的举证难度。这样不但节约了司法成本，还在一定程度上提高了执法人员的办案效率，无需投入过多的财力以及物力。并且，在司法实践中，若刑法条文中未设立非法持有毒品罪，将会有一大批犯罪人无法可依，司法机关也未必能做到公平公正以及遵循罪责刑相适应的原则。因而，设立非法持有毒品罪，不仅完善了我国关于毒品的法律法规，还在一定程度上打击了违法犯罪分子，加快了司法机关办案进程。

2. 非法持有毒品罪的犯罪停止形态

非法持有毒品罪的既遂标准较为特殊，有专家学者认为，非法持有毒品罪是行为犯，也就是说，只需实施非法持有的行为，就能认定行为人触犯了该罪。但是该罪又有一定的特殊性，即犯罪行为与犯罪结果是同步发生的。

非法持有毒品罪亦存在犯罪未遂形态，这在刑法学界主要有以下不同的观点：第一种观点认为，非法持有是一种非法状态。如果行为人没有实际持有毒品，即使被抓获，也不能认定为非法持有，不能构成非法持有毒品罪。第二种观点认为，非法持有的行为一定不可以包括其他人代犯罪人持有的情况。例如，行为人预先支付毒资，但是尚未拿到毒品的情形，根据第二种观点即认定行为人为非法持有毒品罪未遂情形。笔者认为，第二种观点相对来说是较为片面的，因为支付了毒资实际上已经完成了毒品的实际交付，即使行为人还未持有毒品，根据构成非法持有毒品的要件，也应当认定为非法持有的既遂。第三种观点认为，非法持有的行为可以包括他人代为持有的情形。例如，在购毒人员已经预先支付相关毒资的情况下，毒品仅仅只是尚未交付，事实上其毒品所有权已经归购毒人所有，该毒品付款人也有任意支配的权利。[1]因此，结合司法实践中已经处理过的案例，这种情况就应被认定为非法持有毒品，且系既遂。

另外，需要注意的是，在司法实践中，存在一个普遍且重要的现象，即"对象错误"，这是非法持有毒品罪的未遂情形。行为人所持有的毒品全是假货，而行为人没有发现自己持有的是假货，这样，即使行为人有犯罪的主观故意，根据罪责刑相适应原则，运输"假毒品"并没有对社会造成实质性的危害，因此也不构成非法持有毒品罪的既遂。

三、运输毒品罪与非法持有毒品罪的联系和区别

关于两个罪名的实际区分，在司法实践中是一大难题，因为运输毒品罪可以被包含在非法持有毒品罪里面，如果行为人在运输毒品活动中或者在之前持有毒品，应当以运输毒品罪与非法持有毒品罪想象竞合择一重罪

---

〔1〕 王路真："非法持有毒品存在未遂状态"，载《人民司法（案例）》2018 年第 17 期。

论处。在司法实践中，运输毒品罪与非法持有毒品罪难以界定的案例数不胜数，以下就通过一个典型的案例来帮助我们区分两罪。

（一）案例

2013年11月3日，孙某驾驶汽车从巫山县到重庆市，途经梁平县（今梁平区，下同）时联系了一个外号叫"老马"的人购买了115.28克毒品，而且当场支付了毒资。两人约定，在孙某从重庆市返回时，孙某联系"老马"取回毒品，2013年11月6日，孙某同陶某一同返回巫山县，到达梁平县时，按照电话约定的地点取回了毒品，当天下午，孙某被收费站的交警当场查获3包冰毒，共重115.28克。事后检测全为甲基苯丙胺。随后，公安机关对案件侦查终结以后提起了起诉意见并向检察机关移送，案件以运输毒品罪立案，而孙某辩称：所有的毒品都是供自己吸食的。[1]

对于上述案例，公诉人与辩护人两方持有不同的意见。公诉人认为：孙某明知对象是毒品，还故意实施运输毒品的行为，根据"起运说"，行为人孙某取回毒品离开梁平县则为既遂。加上孙某运输的毒品数量较大，超出了个人吸食的范围。因此，其犯罪行为符合运输毒品罪的构成要件，孙某应被判处运输毒品罪。辩护人则有不同的意见，其认为：孙某购买毒品完全是为了供自己吸食，实施的不是"运输"行为而是"持有"行为。并称，非法持有毒品罪包括动态的持有和静态的持有，本案中孙某符合动态的持有的情形，应该认定为非法持有毒品罪，而不应该认定为运输毒品罪。

在本案中，主要的争议焦点是"持有"与"运输"之间的关系。何为"持有"，"持有"就是指对物体拥有、占有、控制或者具有对某种特定事物事实上的支配行为，而"运输"是指通过一定的运输方法，将物品从此地运输至彼地，主要是改变物品的空间位置。但是，毒品运输与普通意义上的物品运输含义不同。在孙某这个案件中，要区分运输毒品罪与非法持有毒品罪，应当重点考察犯罪行为人孙某对于毒品的主观意图和目的是什么。非法持有毒品罪的目的不明确且在司法实践中难以收集证明其触犯其他毒品类罪名的证据，而运输毒品罪意图明确，即希望通过所运输的毒品

---

[1] 载中国裁判文书网：http://wenshu.court.gov.cn/lndex，2020年5月25日访问。

来实现牟利的目的。

本案中如何判定孙某的主观目的与意图,根据《大连会议纪要》的观点:其一,犯罪行为人储存或者购买毒品处于静态对毒品进行持有时,被公安机关查获的,应当构成非法持有毒品罪;其二,行为人在购买、运输、存储毒品时被公安机关抓获的,即使毒品数量较大,但是没有超过一个吸毒人员的正常吸食量的,则应当以非法持有毒品罪论处,如果明显超过一个吸毒人员的正常吸食量的,则应当认定为运输毒品罪。本案中,笔者支持《大连会议纪要》的第二个观点,即按照行为人的毒品被查获时的数量来进行辨别,若行为人被查获的毒品数量超过一个吸毒人员的正常吸食量的,那么就可以认定为该行为人触犯的不是非法持有毒品罪,而是运输毒品罪。本案中孙某落网时,被查获的毒品数量为115.28克,明显高于一个正常吸食毒品的人的吸食量,所以,行为人孙某应当被认定为运输毒品罪。

(二)运输毒品罪与非法持有毒品罪的联系

运输毒品罪与非法持有毒品罪主要包含以下三个方面的含义:其一,在主体主观方面,两罪的主体均应当是具有完全民事行为能力的人,且无论犯罪行为人处于何种地位,均有可能成为两个罪的主体。而且主观上要求行为人明知道自己持有控制、运输的是毒品,犯罪行为人还故意实行控制、运输的行为的,重点强调行为人故意控制、运输的特点。其二,对于侵害的对象来说,运输毒品罪与非法持有毒品罪两者所侵害的对象相同,一是我国毒品管理规定以及法律、法规,二是人民的身体健康。具体来说,非法持有毒品罪所违反的是国家对于毒品持有的管理规定,重点是对毒品的持有;而运输毒品罪违反的是国家对运输毒品方面的管理规定。其三,在两罪的客观方面,运输毒品使用的方法很多,且与非法持有毒品罪也有重合之处。运输毒品的行为方式可以是亲自携带运输、利用公共交通工具抑或是利用其他人来施行运输毒品的方式。同时,非法持有毒品罪也具有的一种情形就是行为人将毒品携带在身上进行持有。

(三)运输毒品罪与非法持有毒品罪的区别

首先应当区分"运输"与"持有"。"运输"是指使用一定的方法,将物品从一个地方运送至另外一个地方，主要是改变物品的空间位置，而"持有"是指拥有、占有、控制或者具有对某种特定事物事实上的支配行为。在上文中我们也提到，我国《刑法》中的"运输"与"持有"同一般的、普通意义的"运输"与"持有"的含义是不一样的。具体体现在以下几个大的方面：

第一，对于毒品运输距离长短的问题：这里我们运用数学中的一个极端思想来分析刑法中的运输毒品行为。假如毒品运输的距离很短（这里我们用1厘米来举例），仅仅1厘米的距离在司法实践中不管怎样都不会判定为运输毒品罪，但是，如果这1厘米的距离不断增加，到了某一个分界点，运输毒品罪也许就能成立。在司法实践中，距离问题一直困扰着办案人员，法律对于距离长短的问题也未给出一个具体且合理的解释，因此，专家学者在这方面有两种不同的观点：第一种观点认为，构成运输毒品罪与运输的距离无任何关系，只要毒品在空间上有相对位移的变化，即可以构成运输毒品罪；第二种观点与第一种观点内容意思相反，即运输毒品罪应当有距离的要求。例如，相对较短的运输（同城运输）就不能被认定为运输毒品罪。笔者认为，应当综合上述两种观点对此进行具体分析：运输毒品距离的远近并非运输毒品罪之关键所在，应结合毒品的数量及种类等因素具体考量。但是，就运输的行为性质来说，运输毒品的距离又是十分重要的。在司法实践中法官拥有自由裁量权，运输毒品罪的相关判定也应该由法官结合运输毒品的种类、数量及其距离的远近加以自由裁量。在毒品运输方面，如果真真切切地要给判案的法官一条相对合理的建议的话，那就是所运输的毒品两地相距的距离不能够太短，具体距离的长短无法给出一个有效的数字，只能凭法官依靠以往判案的经验以及结合毒品数量和种类进行有效的断定。

第二，关于"运输"与"持有"的行为方式：运输毒品罪的行为方式有很多种，其中最为常见的一种就是行为人自身携带毒品运输，自身携带毒品运输是指行为人为躲避执法人员的追查，将毒品经过精细的包装，抑或将毒品压缩成体积甚小的物品，而藏在身体上，比如将毒品用胶布粘在腋下抑或是捆绑在腿部、肚子上等较为隐蔽的地方。但是目前存在较多的现象就是将毒品包装成体积较小的物体之后再藏于体内，例如，将毒品硬塞进人体的隐私部位，有的甚至直接将毒品吞食，等到达目的地再用排泄的方式将其排出，而后实现赢利的目的。第二种是行为人利用公共交通工具对毒品进行运输，通过使用各种交通工具例如火车、汽车、飞机等由运输部门在不知情的情况下对毒品进行大量的运输。第三种是将较为特殊的人当作是运输毒品的工具，特殊人群是指老人、处于孕期或者哺乳期的妇女、未成年人以及身体存在一定缺陷的残疾人。犯罪行为人对这群特殊人群进行教唆与引诱，从而对毒品进行运输。[1]最后一种案件在司法实践中虽然不常见，但是从某一方面来说极具现实危险性与社会危险性，对整个社会容易造成很大的影响，即行为人以金钱、女色拉拢、勾结或者引诱警察、武警或者军队人员中的部分贪污腐败分子，身着警服或者制服，携证持枪、驾驶公车、伙同行为人运输毒品等行为。因此，实践中应当时刻关注这类案件的发展，尽可能阻止这类案件的产生。

《刑法》中非法持有毒品中的"持有"与普通意义上的持有也有一定的区别，刑法学界对这一概念持有以下几种不同的观点。第一种观点认为，"持有"是指行为人对毒品的实际持有和具有实际支配的能力。[2]第二种观点认为，"持有"是行为人将毒品随身携带或者将毒品掌控在自己能够控制的范围之内然后委托其他人对其进行照看的行为。[3]第三种观点认为，"持有"是指行为人事实上对毒品的使用范围以及在实际支配的领域之内对毒品的存放行为。[4]该观点中的持有毒品行为与毒品的来源一般没有实际的联系，也就是说，无论毒品来源何处，是继受所得抑或是由他人赠与所得，只要行为人明知是毒品还依然"持有"毒品，且满足数量较大的条件就构成非法持有毒品罪。以上观点均有一个共同点，就是对毒品实际持有或者将毒品掌控在自己能够控制的范围之内，保持这个状态，非法持有毒品的行为人也能构成继续犯。

---

〔1〕 赵秉志主编：《中国刑法案例与学理研究》，法律出版社2004年版，第331页。

〔2〕 赵秉志主编：《毒品犯罪研究》，中国人民大学出版社1993年版，第181页。

〔3〕 刘家琛主编：《新罪通论》，群众出版社1993年版，第211页。

〔4〕 《法学词典》编辑委员会编：《法学词典》（增订版），上海辞书出版社1984年版，第126页。

四、运输毒品罪与非法持有毒品罪的主观目的

（一）运输毒品罪的主观意图

根据《刑法》的相关规定，在毒品数量相同的情况下，运输毒品罪的量刑高于非法持有毒品罪，因此，大多数行为人在运输毒品后均不会直接承认自己是运输毒品。司法实践中如何准确判定运输毒品罪？首先，应当判定运输毒品罪的主观状态。基于行为人明知的标准，司法实践中只需要证明行为人大概了解到所运输的是毒品。例如，老李是从事运输工作的，老王用明显高于正常运输费用几十倍的酬劳雇佣老李为其运输，老李在主观方面虽然没有明知运输物是毒品，但是其应当充分考虑到运输的对象是国家管制的禁止流通的违禁品或者其他。因此，在不考虑其他因素的条件下，对老李应当以运输毒品罪定罪量刑。其次，犯罪行为人应当认识到运输物的去向，最基本的也需要行为人了解该物若流通于社会生活中，会对人们的生活造成影响。因此，总结以上可以得出，构成运输毒品罪在主观方面对于行为人有三个要求：其一，要求行为人具有明知或者应知的故意；其二，行为人运输目的明确；其三，行为人以牟利为目的自己运输或者以赢利为目的帮助除自己以外的人实施运输毒品。

在主观方面，间接故意是否构成运输毒品罪？笔者持赞同的观点，例如，老李是从事运输工作的，老王用明显高于正常运输费用几十倍的酬劳雇佣老李为其运输，老李接受了老王的业务之后，同行的老刘善意提醒老李"老王常年从事毒品行业"，并且，在这之前老李也听说过老王常年靠贩卖毒品发财，可是老李没有理会继续运输，之后在运输途中被查获大量的毒品。对于这个特殊的案件，在不考虑其他因素的条件之下，对老李应当以运输毒品罪定罪量刑，理由是：老李对老王有基本的认识，并且经过了老刘的提醒，其应当认识到将要运送的可能是毒品，理应放弃运送而未放弃，完全符合运输毒品罪"明知"的构成要件。但是，需要注意的是，运输毒品罪间接故意的主观恶性小于直接故意的主观恶性，因此，在量刑上应当考虑适当地减轻对行为人的处罚。

（二）非法持有毒品罪的主观意图

非法持有毒品罪仅要求行为人的主观状态为故意，该罪不成立过失犯

罪，即行为人明知持有毒品是国家规定的违法行为仍然故意持有。在大多数的情况下，司法实践中所持有的证据都不能有效地证明行为人持有毒品的目的，为了司法机关办案方便，降低了司法机关的证明责任，因此，非法持有毒品罪不要求行为人犯罪目的明确。

在被抓获归案的犯罪人中，大多数行为人会否认自己是故意犯罪，从而规避处罚。那么，如何判断行为人"明知"的主观状态呢？在实际生活中，可以从以下几个方面进行辨别：其一，行为人的自身情况。例如，行为人曾经是否有吸食毒品的经历、所从事的行业，以及受教育的程度等。其二，利用行为人犯罪后的心理状况。行为人犯罪后一般都有害怕工作人员发现的心理，在接受相关人员检查时，常会出现担惊受怕的情况。或者行为人接受检查时形迹可疑，想办法藏匿毒品以及销毁毒品。其三，证人证言。这类证据能够证明行为人在犯罪之前对毒品可能存在认知，以此判定行为人对毒品实际上是"明知"的状态。

五、运输毒品罪与非法持有毒品罪的立法不足与立法建议

（一）立法不足

我国立法相对于其他国家的法律来说是较为完善的，尤其是在管理毒品方面有很大的成就，但是，我国运输毒品罪与非法持有毒品罪在某些细节方面还有一些不足。实践中对一些有争议的词语未给予细致的立法规定，首先，立法未对运输毒品罪与非法持有毒品罪中的"携带"与实际发生案例中的"携有"进行明确的区分，但是，这两个词语又将直接作用于案件，影响着案件的认定情况。笔者认为，"携带"是动词，而"携有"是一个表示持续性的词语，两个词语所表达的意思对于区分两罪有着重大的意义。"携带"包含"携有"，在上述案例当中，行为人孙某的行为应确定为"携带"毒品，理由如下：行为人孙某购买毒品后，"携有"毒品115.28克将其从梁平县运输至巫山县，此过程表达出孙某"携带"毒品，将毒品运输至目的地的含义。因此，有争议的词语在实践中也应当有一定的区分，在我国立法上也需要对其进行明确化。

（二）立法建议

1. 运输毒品罪在法条中的罪名有待调整

运输毒品罪是走私、贩卖、制造毒品罪中的一个选择性罪名，在立法上也与以上几个罪名规定在同一个法条中。从司法实践中可以总结出，运输毒品罪具有持续时间长、贯穿于整个犯罪过程的特点，在现实生活中是最具有社会危险性的毒品犯罪之一。然而，运输毒品罪与上述几个罪名规定在同一个法条当中，笔者认为不能完整地突出其特点，不利于打击犯罪。因此为了更好地打击犯罪，笔者给出的建议是将运输毒品罪从上述罪名中提炼出来，在刑法条文中给予一个单独罪名的地位，单独设立量刑标准，使之不同于其他毒品类犯罪，这样有助于对运输毒品罪的认定，以达到打击犯罪的效果。

2. 对运输毒品罪关于死刑认定的相关建议

在我国，运输毒品罪一直是毒品犯罪重点关注的对象，所以，对于运输毒品罪的量刑，我国刑法也强调适用较重的法定刑。运输毒品罪的最高法定刑是我国最不提倡的死刑。笔者认为，应当废除运输毒品罪中有关死刑的相关规定，理由如下：其一，运输毒品未直接侵害人们的身体健康，该罪不存在被害人，不属于暴力型犯罪；其二，运输毒品罪是其他类大多数毒品犯罪的必经中间环节，危害程度小于其他毒品类犯罪，因此，其法定刑也应当低于其他类毒品犯罪。自规定运输毒品罪的死刑情节以来，我国的运输毒品罪并没有得到较好的改善，反而激发了行为人的"逆反"心理。所以，笔者认为应当将运输毒品罪中的死刑规定从刑法当中废除。

3. 非法持有毒品罪的相关法定刑设置需完善

非法持有毒品罪并未被纳入 1979 年《刑法》，1988 年联合国明确了行为人非法持有毒品为犯罪，1990 年我国《关于禁毒的决定》首次将非法持有毒品行为规定为犯罪。直到 1997 年，非法持有毒品犯罪才正式进入我国《刑法》。由此可知，非法持有毒品罪离立法时间较短，因此部分法定刑存在缺陷，需要对其进行完善。

在刑法中，非法持有毒品罪是一种"兜底性罪名"，在一般状况下，非法持有毒品罪只能够在一种情况下被认定，即所持有的相关犯罪证据不能证明行为人犯其他罪名。所以，对该兜底性罪名的立法规定应当更加谨慎。在我国法律规定中，《刑法》将走私、贩卖、运输毒品罪以及窝藏、转移、隐瞒毒品、毒赃罪这一类犯罪作为非法持有毒品罪的先行犯罪以及后续犯罪，理所当然，这类毒品犯罪的法定刑也应当高于非法持有毒品罪。但是经过比较刑法相关条文中的法定刑可以得出：对于非法持有毒品罪随后发生的犯罪，其法定刑明显低于非法持有毒品罪，这与现实不符，因为非法持有毒品罪作为一种"兜底性罪名"，其危害性小于走私、贩卖、运输毒品罪以及窝藏、转移、隐瞒毒品、毒赃罪。所以，若非法持有毒品罪的法定刑高于其先行犯罪或者后续犯罪的法定刑，则违背了罪责刑相适应原则，即失去了"兜底性罪名"的补漏性性质的含义。因此，笔者认为非法持有毒品罪的法定刑有待改善。

六、结语

在打击各种违法毒品案件的同时，我们也应当遵循罪责刑相适应的原则，结合司法实践的相关经验，特别是在区分运输毒品罪与非法持有毒品罪时，应当结合两罪的主观方面、客观内容和"运输"与"持有"的相关知识对其进行明确的区分，以及结合司法实践，从而更加准确地界定两个罪名，以维护司法的统一性，为我国打击毒品犯罪作出一定的贡献。

运输毒品罪立法模式批判与重构

摘　要：随着社会的不断发展，毒品犯罪也在不断发展，因此社会安全就受到了巨大的冲击。因为毒品运输的主体具有复杂性并且运输方式也具有复杂性以及不确定性，所以打击毒品犯罪存在一定的困难。现有理论对此的研究还较为匮乏，关于运输毒品罪较为详细的文献也比较少，所以就产生了一些争议，使得打击运输毒品罪缺少时间和理论的经验。

本文的结构如下：

第一部分：运输毒品罪的立法模式的理论争议。这部分主要从该理论的发展、立法和刑事政策的产生背景出发，用具体分析和探讨的方法来对运输毒品罪的立法模式存在的争议进行叙述。

第二部分、第三部分：关于“维持现状论”“取消论”两种立法模式的批判。这部分对于为何有学者提出“维持现状论”和“取消论”作出解释并对这两种观点进行分析；运用刑法的相关知识来对两种主张进行分析并对相关罪名进行区别。

第四部分：“单独设置论”的理论分析。首先分析“维持现状论”和“取消论”两种立法模式存在的不足，提出“单独设置论”的合理性；其次通过“单独设置论”分析得出其对罪名体系起到的积极作用，并对重构能够提供好的指导作用。

第五部分：运输毒品罪立法模式的重构，这部分主要是从纵向角度划分归属问题和横向角度分析运输毒品罪的主观方面和客观方面以及从法定刑的角度探讨轻刑化以及废除死刑的适用。

关键词：运输毒品罪；立法模式；批判与重构

一、运输毒品罪的立法模式争议

运输毒品罪的立法模式争议一直是一个热点话题，这主要是由于运输毒品行为对我国的社会安全造成了很大的危害及隐患，并且我国对其的研究比较匮乏，因此无法对运输毒品的行为进行有效的打击；实践中关于运输毒品罪能否适用死刑也存在非常大的争议。随着社会的不断发展，这些局限性慢慢凸显出来，由此引发了很多学者对于运输毒品罪的讨论以及争议。

（一）产生的背景

1. 犯罪发展的背景

根据学者提出的观点，20 世纪 90 年代中期的犯案率井喷并持续到了现在的第五次犯罪高峰，是 80 年代前半期的 8 倍，而运输毒品罪产生的争议恰好就出现在第五次犯罪高峰的时期，作为制造与销售的连接点，运输毒品罪这一关键环节必然发展迅速，且其主体的多元化和行为方式的隐蔽性，给执法机关带来了巨大的挑战。

2. 立法背景

第七届全国人大常委会第十七次会议上通过的《关于禁毒的决定》对于毒品犯罪的内容进行了修正，主要体现在法定刑方面。1997 年《刑法》第 347 条增加了走私毒品罪。运输毒品罪的立法模式理论争议正是由此产生的，很多学者认为运输毒品罪不应该存在于《刑法》第 347 条中，而应建立一个新的关于运输毒品的罪名体系，因为就目前来看，其法定刑的设置不符合罪责刑相适应的基本原则，但也有其他学者持反对态度，所以有关其立法模式的争议一直存在。

3. 刑事政策的背景

虽然国家对毒品犯罪进行了有效快速且严厉的打击，但有些政策仅符合当时的社会背景，随着时间的推移，社会的发展以及人民生活的复杂化，国家的司法部门对毒品犯罪种类提出了新的看法，并认为应当根据行为人的犯罪情节来对其进行处罚。然而也有人认为该政策存在缺陷，认为其不合理，因为运输毒品的行为主体很可能存在特殊原因，把运输毒品与毒品犯罪放在同等地位是不合理的且处罚过于严重，可能存在滥用的风险。

（二）理论争议的派系

自新《刑法》诞生以来，运输毒品罪的立法模式就产生了争议，并由此形成了三大主要派系：第一派系认为当前的立法模式能够适应社会的发展，不需要再对其进行改变，该观点被称为"维持现状论"；第二派系认为《刑法》第 347 条规定的运输毒品行为能够被其他的三种行为所吸收，因此该罪存在的价值不大，主张对其进行取消，该观点被称为"取消论"；第三派系则认为运输毒品的行为主体具有特殊性，不能被另外三种行为所吸收，单从社会的危害性来说，运输毒品的行为是不可能与另外三种行为处于同一个地位的，所以该罪不适用《刑法》第 347 条，应对其进行单独的设置并对其法定刑进行单独的解释，此观点又被称为"单独设置论"。

1. "维持现状论"的解释

有学者认为应当维持现状，其理由是：①近几年毒品犯罪的发展趋势呈上升态势，而运输毒品的行为在其中起着重要的连接作用，因此其社会危害性是不可忽视的；②为了使我国打击毒品犯罪取得更大的成果，运输毒品的行为应当被另外三种行为所吸收。该派学者认为如果将运输毒品罪从《刑法》第 347 条中分离出来，就会给人们一种错误的认识，即对其的处罚要比其他三种行为轻，由此可能会给执法机关带来强大的阻力。

2. "取消论"的解释

运输毒品罪的行为可分为三种情况：第一种是行为主体的身份是统一的，运输毒品与走私、制造、贩卖毒品的是同一人；第二种是受到他人所托，但是不属于行为人所有，帮助其运送的情形；第三种是受到他人欺骗或敲诈，从而利用其运输毒品的行为。对于第一种情况，可以认定为走私、制造、贩卖毒品罪；第二种情况是受到他人所托，因此从共犯的角度上来说，应该属于走私、制造、贩卖毒品罪的帮助犯，故以共同犯罪原则进行处罚；第三种情形是很难见的一种，通常被认定为间接正犯。

由于《刑法》没有对走私、制造、贩卖毒品的行为进行区分，因此在区分故意或者帮助故意的行为时容易产生误判。按照现行《刑法》第347条的规定，帮助他人运输毒品的行为应当依照该条规定来进行处罚，但这一规定过于沉重，导致在实践中的执行力大幅度降低。[1]

3. "单独设置论"的解释

提出"单独设置论"的学者认为应当设置单独的法定刑来完善运输毒品行为的罪名体系，其原因如下：

第一，运输毒品行为首先拥有其独立的价值，无论是对社会或是对毒品的影响，运输毒品的行为都是不可忽视的，不能按照走私、制造、贩卖毒品罪来处罚；其次从行为方式上看，当前立法以及司法机关对运输行为的解释不够全面，忽略了存在特殊原因的行为方式，假若以走私、制造、贩卖毒品行为进行定罪的话，其处罚的力度可能过当。

第二，尽管运输毒品的行为与其他几种毒品犯罪行为之间存在着各种各样的联系，如其行为都会给社会带来危害性，但从行为人的主观恶性和社会危害性来看，运输毒品犯罪的主观恶性和社会危害性小于其他几种毒品犯罪。

二、关于"维持现状论"的立法模式的理论批判

（一）毒品运输的行为特殊性

1. 行为的特殊性

运输毒品行为在毒品犯罪中是作为一个桥梁而存在的，但是该行为不是直接让毒品流入社会，其社会危害性或是主观恶性有其自身特点，加上其主体存在着特殊性以及复杂性，因此不能简单地进行定罪。

2. 行为主体的依赖性

运输毒品的行为人中的大部分是没有生活保障的，他们生活贫困，多是为了生计才帮助他人运输毒品，对毒品没有所有权，因此在整个毒品犯罪的体系中只起到了一个较小的作用。假如将运输毒品行为的主观以及客观因素和《刑法》第347条规定的另外三种毒品犯罪的主观恶性等处于同

---

[1] 赵秉志、肖中华："论运输毒品罪和非法持有毒品罪之立法旨趣与隐患"，载《法学》2000年第2期。

一位置，这样就会忽视运输毒品的特殊性，所产生的后果会引起社会的舆论与批判，其作用就得不到体现。

（二）法定刑的设置不适合罪责刑相适应的原则

罪责刑相适应原则是刑法的一项基本原则，它被社会以及实践广泛认可及使用。罪责刑相适应的原则要求在定罪量刑的时候要考虑到案件产生的问题，对不同的案件进行不同的对待，以达到罪责刑相适应的效果。单从现有的运输毒品罪来看，该条款的法定刑不适合罪责刑相适应的原则，其原因如下：

第一，前文已提及，假如运输毒品罪按照《刑法》第 347 条的规定标准来实行，会导致量刑过重，因为运输毒品行为有其特殊性，所以该行为的社会危害性与主观恶性是无法与走私、制造、贩卖毒品罪视为等量地位。在许多的案例中，就单纯地从运输毒品行为而言，其行为人对毒品并无所有权，而是作为帮助犯存在。因此，其影响要小得多。如用《刑法》第 347 条中其他三种行为相同的法定刑对其量刑会产生畸形的情况。

第二，根据最高人民法院发布的参考案例，可以看出运输毒品罪案例中少有死刑案例，但是在司法实践中对于运输毒品行为很多都适用死刑或死缓。这一现象产生的原因是在抓获运输毒品行为人时无法证明该毒品不是其所有，这给执法机关的工作造成了非常大的困难，导致行为人身份无法确定时按运输毒品罪来给其定罪。但是这也产生了一个问题：真正的毒品走私、制造、贩卖者躲避了法律的制裁，而毒品运输问题也没能得到很好的解决，社会的危害性也没能得到降低。

三、对"取消论"的立法模式批判

前文中有学者提到运输毒品罪能够被《刑法》第 347 条中另外的三种行为所吸收，其按走私、制造、贩卖毒品罪进行定罪针对的是行为主体身份一致的情形，而对于身份无法证明时，非法持有毒品的行为可以与运输毒品相吸收，这样非法持有毒品罪就能够对运输毒品罪进行解释。但是通过分析就会发现，其忽略了相似罪名之间存在的如何界定的问题，这就会产生定罪量刑不当的问题。

（一）忽视运输毒品罪和走私、制造、贩卖毒品罪的界限

1. 运输毒品罪与走私毒品罪的界定

走私毒品罪是指以非法运输、邮寄等方式对毒品进行走私从而对国家管理秩序进行破坏的行为。由于运输毒品罪与走私毒品罪在实践中容易出现罪名的误用，所以在进行定罪时就要区分两种罪名的相似点与不同点。就两者相似的地方，理论界已经作了很多的探讨。

第一，二者的客观行为方式不同：主要是犯罪行为地点不同。从走私毒品罪看，其地点只能是跨越边境的时候或是和进出口有关的贩毒行为；但是运输毒品罪的行为地点只能发生在国内。因此，运输毒品罪从行为的主观上来讲主要运用躲避的行为方式，在领域内进行非法毒品运输。走私毒品的行为是违背法律规定，非法进行在不同国家以及领海运输毒品的行为。[1]

第二，二者侵害的对象不同。运输毒品罪侵犯的是单纯的国家社会经济秩序，而走私毒品罪侵犯的对象是复杂的，除了运输毒品罪侵犯的对象，还有国家贸易的管制。所以在区分两者的时候，可以从两者侵犯的法益着手，这样就能看出两者之间存在很大的区别。

第三，毒品的所有权归属不同：对于单纯运输毒品的情形，行为人对于毒品并无所有权，其只是实施了运输行为，而走私毒品罪的行为人是对毒品拥有所有权并且还拥有支配权，其毒品可以委托他人运输，也可以自己运输。

2. 运输毒品罪与贩卖毒品罪的界定

两罪之间有很多的相似点，但也存在明显的差异。

第一，表现不同。运输毒品罪是行为人通过不同方式运输毒品到运输地点；而贩卖毒品罪的一般行为特征是倒卖毒品，特殊的贩卖毒品罪既包括运输也可以是买卖行为，但在评价时运输毒品行为被贩卖毒品罪吸收，从而体现其单一性。

第二，获取利益方式不同。运输毒品罪的方式是帮助他人运输而获得报酬，并不拥有毒品的所有权，行为人只负责运输；贩卖毒品的行为人则

---

〔1〕 刘建宏主编：《新禁毒全书：中国禁毒法律通览》（第 5 卷），人民出版社 2014 年版。

通过差额价格来获取利益，但是无论是运输毒品行为还是贩卖毒品行为其获得的利益都是非法的。如两者作比较的话，贩卖毒品行为比运输毒品行为获利更多。

第三，主体地位不同。运输毒品罪的行为人在毒品的所有权方面是属于无主权的，行为人仅在运输时拥有主体权；而贩卖毒品的行为人在毒品的所有权方面处于绝对的地位，且对毒品拥有所有权以及支配权。

（二）模糊运输毒品罪与非法持有罪的界限

"取消论"的部分学者认为运输毒品罪行为人在身份不能被证明时，可按非法持有毒品罪来定罪量刑，可用现存的罪名来解释该行为的性质。通过案例的总结和实践的工作证明，可以看出司法机关在遇到此类案件的时候，往往会产生一个问题：在定罪时该用两罪之中的哪一个来定罪。

1. 状态特征的差异

运输毒品罪的行为是具有动态性的，非法持有毒品罪的行为可以是动态性的，也可以是静态性的。运输毒品罪的行为具有灵活性，可以自己运输也可以邮寄运输抑或委托他人运输，以达到毒品流动的目的。非法持有毒品罪的动态性主要表现在行为人将毒品从甲地带到乙地，静态性则表现为行为人将毒品藏于隐蔽的地方。两者在行为存续上不同，但是却是相互包容的关系。

2. 行为目的的差异

运输毒品罪和非法持有毒品罪的行为目的是不同的。有人认为运输毒品罪注重行为人的运输原因，而不注重毒品状态，并提出毒品行为人吸食毒品是为了自己而不是为了流入市场；立法者应当考虑此情形。但是在司法实践中，对行为人已经构成非法持有毒品罪的，刑法不考虑其行为状态。[1]所以，无论走私、制造、贩卖毒品罪的行为人是以毒品流入社会为目的，还是将运输毒品罪的行为作为桥梁，都对毒品的流通起到了不同的影响。非法持有毒品的行为人主观上不存在故意的按走私、制造、贩卖毒品罪来定罪，但是其假若非法持有毒品行为在后续的行为中转变成了故意

---

[1] 赵秉志、肖中华："论运输毒品罪和非法持有毒品罪之立法旨趣与隐患"，载《法学》2000年第2期。

使毒品流入社会的行为的，前述的非法持有毒品的行为就要被后述的行为吸收并进行处罚。

四、"单独设置论"的相关问题

（一）"单独设置论"的必要性

1. 发展趋势所需

第一，运输毒品罪的案件在毒品犯罪案件占的比例是很高的。根据统计，无论在哪个省份，运输毒品罪在毒品犯罪的比例都是在不断上升的。

第二，拥有组织化发展的趋势。社会不断发展，运输毒品分工也在转变，不再是以前的单一的运输，而是转变成了有着明确分工、有组织的毒品犯罪。

第三，主体形式多元化。由于运输毒品的发展，其主体的构成也发生了改变。贫穷的边民仍然是主力，但现在有些地区的妇女和小孩也开始从事毒品运输，甚至还有些公职人员利用职务之便来帮助运输毒品。

第四，运输方式的改变。以前的毒品运输多是利用原始的运输工具，随着物流业的发展，毒品运输产生了转变，现在大都利用公共服务系统来运输。

2. 运输毒品的行为价值

前文我们提到任何一种行为都有其自身的价值，但这并不是"取消论"所主张的可以对运输毒品罪任意评价，虽然运输毒品罪是毒品犯罪中重要的一部分，但却不能被其他三种行为所吸收。

（二）"单独设置论"的可行性

由于运输毒品罪具有重要性，为了能够更好地打击运输毒品罪，应当进行单独设置并规定法定刑。但是这样设置会引发一些争论，如运输毒品罪的立法模式在我国是否可行，是否存在价值。

1. 罪责刑相适应原则的适用

《刑法》第 5 条"罪责刑相适应原则"规定：刑罚的轻重，应当与犯罪分子所犯罪行和承担的刑事责任相适应。这一原则作为一项基本原则贯穿整个刑法，其不仅能用于定罪，也能用于量刑，要求在进行量刑时应当区分其犯罪情节。但在目前的法律中，对运输毒品罪与其他三种行为处以相同的处罚，明显违背罪责刑相适应原则。

2. 罪名体系完善及优化

《刑法》对毒品犯罪体系没有明确规定界限，只作了简单的概括性规定。这导致主张"取消论"的学者不去区分相似罪名，不考虑相似罪名来对运输毒品行为进行处罚，从而造成罪名滥用。为此，将运输毒品罪根据其行为方式和主观意向进行一个单独的设置就能够将其与相似罪名加以区分，就能明确其界限，能够使得《刑法》完善及优化毒品犯罪。这种立法模式能够解决在司法实践中存在的问题，同时能使其有合适的罪名，使运输毒品行为得到准确的定罪与量刑。

五、立法模式的重构

(一) 从纵向维度来看

纵向维度是对此类犯罪罪名在刑法中的划分问题和基于罪名种类的考察，这涉及对运输毒品罪立法模式的重构。

1. 运输毒品罪的归属问题

从前文中可以分析得出，运输毒品罪首先要解决其归类的问题。运输毒品罪侵犯的并不是刑法分则的十种犯罪，而是国家对毒品的管理，但是该制度与刑法中的妨害社会管理秩序有着重合。根据现行《刑法》，应把运输毒品罪归于妨害社会管理秩序罪类的毒品犯罪中。

2. 应当设为《刑法》第 348 条后的之一

运输毒品罪是不应该与《刑法》第 347 条的三种相似罪名并列的，因为运输毒品罪的行为无论从主观恶性还是社会的危害性来讲都是比较小的，如果与另外三种罪名使用相同的法定刑则会违背罪责刑相适应原则，导致量刑畸重，因此应当将其从《刑法》第 347 条中除去。

虽然说能把运输毒品罪置于《刑法》第 348 条中，但是容易产生混淆，忽略两罪之间存在的区别。非法持有毒品罪是作为"兜底性罪名"存在的，对于那些对行为触犯运输毒品罪但本身持有的毒品不能达到处罚标准的，才会选择非法持有毒品罪作为兜底罪名。因此通过上述可以得出，运输毒品罪不能和非法持有毒品罪适用同一处罚。

因此，根据《刑法修正案（九）》的规定，笔者认为运输毒品罪应该设置在《刑法》第348条之后，即为第348条之一。

（二）从横向维度来看

横向维度就是包括对罪状的概括以及罪名所涉及的范围的考察，但范围的划分应与实践相结合。[1]

1. 从客观方面分析

我国刑法界对此有着不同的看法；第一种观点认为，运输就是指亲自在境内携带、委托他人或者雇佣他人，在进行伪装以后用合法的形式由运输部门来托运；[2]第二种观点认为，运输毒品是明知道是毒品还利用他人或者是交通工具等来进行非法运输的行为；[3]第三种观点认为，运输毒品的行为人明知其运输的是毒品，还利用不同的交通工具在国内进行运输，但不包括境外；第四种观点认为，运输毒品是指转运和输送毒品。不管其主体是谁，无论是在国内运输还是国外运输，只要其有实施行为就构成违法犯罪；[4]第五种观点认为，运输毒品是指行为人在运输时，利用商业模式的承运、海运以及邮寄等作为掩护偷运毒品的行为。[5]

2. 从主观方面探讨

前文对运输毒品的客观方面进行了分析，得出行为人是通过客观的认识来指导自己的行为，通过自己的意志来对行为提供方向，以此来选择行为方式和程序的。[6]然而在理论界存在这样一个争议：行为人在运输毒品时其主观罪过不包含间接故意或过失。为此，笔者将对运输毒品罪的行为人是否存在间接故意或是过失等问题进行探讨。

第一，是否存在间接故意。第一种类型是行为人在其运输货物时曾怀

---

〔1〕 李奇："论我国食品安全犯罪罪名体系的重构"，载《湖南警察学院学报》2013年第1期。

〔2〕 赵秉志、吴振兴主编：《刑法学通论》，高等教育出版社1993年版。

〔3〕 林准主编：《中国刑法教程》，人民法院出版社1989年版。

〔4〕 邹涛、邵振翔主编：《关于禁毒的决定　关于惩治走私制作贩卖传播淫秽物品的犯罪分子的决定释义》，群众出版社1991年版。

〔5〕 欧阳涛、陈泽宪主编：《毒品犯罪及对策》，群众出版社1992年版。

〔6〕 马克昌主编：《犯罪通论》，武汉大学出版社1999年版。

疑是毒品，但在高额的报酬诱惑下放纵自己的行为，这虽说并不是故意造成危害，但还是把货物运送到目的地。有学者对此认为行为人是存在间接故意的。第二种类型是行为人在将违法物品运输到某地时，正好遇见委托人委托其运送货物并承诺给予高报酬，行为人在意识到是毒品还帮其运输。在这种情况下，行为人运输违法物品本身就构成犯罪，还放任毒品产生危害。

第二，是否构成过失。由于主观意识属于意识形态不能被看见，因而在进行判断时，除非证据能够体现行为人运输毒品的社会危害，更多的是通过主观推定。既然是推定那就存在过失的情况，这样就容易发生错案，所以将过失作为运输毒品罪的主观形式。有学者认为无论是故意还是过失都会构成犯罪，这样既能够规避适用主观过失的风险，又可以打击犯罪。

犯罪构成必然有主观和客观因素，两者一致是认定犯罪的重要原则。假如不能准确把握，则会产生运输毒品罪的罪名滥用。所以把过失置于运输毒品罪的主观形式是存在一定的缺陷的，因此毒品犯罪的主观方面不包括过失，只存在直接故意和间接故意。

(三) 法定刑的重构

现行《刑法》对运输毒品罪设置的处罚是比较重的，对行为人的条件因素尚难以全面、正确地认识，所以需要对运输毒品罪的法定刑重新进行重构。但是由于司法改革，刑事政策因此发生改变，"宽严相济"的方针要求用宽与严相结合的方式，因此对运输毒品罪该严时则严、宽时则宽，两者相结合才能更好地打击毒品犯罪。不同的运输行为给社会带来的影响是不同的，因此从量刑的角度看，对于那些情节较轻或是具有从轻、减轻或免责情形的，应从轻、减轻或免于处罚。[1]

1. 法定刑轻型化

根据危害可以将其法定刑分为三个等级，这既可以在司法实践中给相关人员提供指导，同时也可以给相关人员提供合适的量刑等级。

第一等级是最高的等级，主要适用于运输鸦片达到 1000 克以上、海洛因或甲基苯丙胺 50 克以上等，并且是犯罪集团的主要领导者。

---

[1] 高铭暄："宽严相济刑事政策与酌定量刑情节的适用"，载《法学杂志》2007 年第 1 期。

第二等级是处于中间级别的刑罚幅度，多适用于运输毒品数量大，但无法达到巨大的要求，介于两者之间；单从毒品运输上说不属于加重情节。[1]这一等级的量刑分为两个不同档次：①第一档是 7 年以上 15 年以下的有期徒刑；②第二档是 3 年以上 7 年以下的有期徒刑。这样就使得量刑具有人性化。

第三等级是最低的法定刑，主要适用于运输毒品行为危害较小的情形，基本上是 3 年以下的有期徒刑、管制或是拘役，还可以是缓刑。因为在实践中很多的运输毒品犯罪都比较轻，假如用第一等级或者第二等级的法定刑会出现处罚过重的情况，但是不处理就会使违法之人钻法律的空子，不利于打击运输毒品行为，此时就应适用第三等级的法定刑。

2. 废除死刑问题

死刑是人类法律以及刑法形成以来所设置的最严厉的刑罚，是对于人类生命最大的威胁，是最重的刑罚。[2]随着人类社会的不断发展，对于人权的追求也不断加强，于是对于死刑的争议就越来越强烈。理论界就出现了两大争议主张：第一类主张是废除死刑。我国在 1998 年签署了废除死刑的公约，该公约规定对没有废除死刑的国家，只有最严重的罪行才能执行死刑。对于最严重的罪行，《关于保护面对死刑的人权利的保障措施》有明确的界定，即存在致死或是其他特别严重后果的犯罪。[3]运输毒品罪与走私、制造、贩卖毒品罪相比较不管是主观恶性还是社会危害性而言都是比较小的，其行为人是因为生活所迫而不是始作俑者。因此，有人主张废除运输毒品罪死刑的处罚。第二类主张是保留死刑的设置，但要对其严加把控。就我国而言，尚不具备完全废除死刑的条件，对死刑的适用仍需进行严格的限制。在运输毒品罪中，有的行为人可能通过故意及恶意的行为把毒品流入市场，给社会管理秩序带来问题。笔者认为运输毒品罪的法定刑在进行重构时应当选择废除死刑，其理由如下：

第一，法律规定的问题：只有对那些行为人存在故意或恶意行为的才

---

〔1〕 李世清：《毒品犯罪刑罚问题研究》，中国检察出版社 2011 年版。

〔2〕 （清）沈家本：《历代刑法考》，张全民点校，中国检察出版社 2003 年版。

〔3〕 崔敏主编：《毒品犯罪发展趋势与遏制对策》，警官教育出版社 1999 年版。

适用死刑，运输毒品罪的行为虽说会给社会带来危害性，但是不能和罪行极其严重列为同等地位。罪行严重应当符合主客观相统一之原则，必须拥有社会危害性和主观恶性两大要素，必须要有严重性，这就要求运输毒品罪应是最严重的罪行。假如对运输毒品罪一律适用死刑，不考虑主观恶性和社会危害性，就违背了罪责刑相适应的原则。

第二，死刑的威慑和遏制无法达到应有的效果：运输毒品行为人存在特别恶劣情形时，也可能因为证据不足而逃脱或被释放。所以对运输毒品罪设置死刑，在很大程度上是不能对那些行为人起到威慑和遏制作用的，也不能产生预防与打击的效果，还容易造成司法资源的浪费。

第三，死刑可能会造成无法弥补的伤害：在前文中我们提到过主观推断的情形，那么既然是主观推断就会存在误用与误判的风险。假如在开始判刑就认为其主观恶性大又运输大量毒品因此判决死刑，事后又发现有其他证据能够证明行为人不足以达到死刑，但是行为人已经执行了死刑的，就会给行为人及家属造成无法挽回、无法弥补的伤害，同时也会让社会产生怀疑。这样是无法产生良好的社会效果的。

第四，死刑的适用会违背国际公约所提倡的精神：前文提到，很多国家出于人道主义以及保障人权都废除了死刑。可见，对运输毒品罪适用死刑，首先违背国际公约的精神，其次不利于打击运输毒品罪。

六、总结

这些年来，运输毒品罪数量不断增多，呈现出行为复杂化、主体多元化以及运输方式多样化的特点。毒品不仅影响了社会的安全和稳定，产生了贪污和腐败的问题，甚至导致很多暴力现象和有组织犯罪的产生。在我国，毒品一直是一个很敏感的词，因为其对我国带来的不良影响是深远的，我国司法机关对运输毒品一直持严厉打击的态度。

刑法是一个非常严谨的法律，因此对于运输毒品罪就要更好地作出规定。现行《刑法》忽视了运输毒品罪的特殊性，没有正确区分好其与走私、制作、贩卖毒品罪之间的界限，需要适时加以完善。

禁毒是一个国家打击毒品犯罪的根本手段，假如没有法律来讨论禁毒的相关问题，一切打击毒品犯罪工作势必都是无源之水、无本之木。[1]对此，笔者认为在打击运输毒品行为时应当从其立法模式着手，根据现有的立法模式的缺陷，找到其与刑法脱节之处。可以通过对运输毒品罪出现的问题给予更好的解释，对其立法模式进行重构，对其法定刑进行重新的界定，以更好地打击运输毒品犯罪。从历史的角度来看，禁毒是一个很艰难的过程，因此不能只依靠法律而应与社会各界进行协作，如此才能更好地遏制与打击运输毒品犯罪。

---

[1] 刘建宏主编：《新禁毒全书：中国禁毒法律通览》（第5卷），人民出版社2014年版。

运输毒品罪司法适用问题探析

摘　要：随着时间的不断推移，从当时的鸦片发展到现如今各种各样的毒品，毒品荼毒了人类的身心健康，毁灭了无数原本幸福的家庭。近年来，一方面各国的交通、物流有了深度发展，但另一方面毒品流通的途径增多，导致毒品犯罪频繁发生，且衍生出了与之相关的犯罪。我国刑法仅将运输毒品罪作为一种选择性罪名，这就导致司法机关在判案时会遇到许多问题。现在的毒品犯罪随着时代的发展，已经从传统型犯罪转变为一种新型多元的犯罪，这就要求我们在掌握该罪构成要件的基础上，结合实际案件进行全面的分析，最重要的是要理论结合实际，不断总结运输毒品罪在司法适用中所存在的问题，并对其存在问题进行分析，以期在司法实践中更好地适用本罪。

关键词：运输；量刑；未完成形态；司法适用

一、运输毒品罪的概述

(一) 运输毒品罪的含义

运输毒品罪是指行为人明知是毒品，还通过携带或邮寄、通过他人或者交通工具等方法进行毒品运输的行为。[1]但是此含义一出，就引发了广大学者的争议。对于该罪的含义，笔者认为最高人民法院解释得不够全面，笔者认为"运输毒品罪"，其实就是指行为人明知是毒品，还通过一切可以使毒品发生位移的方法在我国领域内进行运毒的行为，该行为构成

---

〔1〕 向夏厅："运输毒品罪概念探析"，载《重庆科技学院学报（社会科学版）》2012年第22期。

了对国家管制毒品相关规定的违反。

（二）运输毒品罪的构成要件

1. 运输毒品罪的客体要件

对于该罪的客体，我们从一般、同类、直接客体三个方面去分析。就运输毒品罪而言，在我国所保护的整体层面的社会关系即为该罪的一般客体。我国《刑法》在其体系结构的第六章中明确了关于运输毒品罪的规定，这可以说明，侵害的同类客体是国家对社会的日常管理活动。对于该罪的直接客体，目前我国并无定论，有的认为是国家对毒品的管控和人民的身心健康；有的认为仅涉及我国对毒品的管制；还有的认为是国家对麻醉药品和精神药品运输的管理制度和人民的健康。[1]

目前，在司法实践中，我国工作人员在确定运输毒品罪时，认为该罪仅侵犯了国家对毒品的运输管理，并没有对公民的身心健康造成损害。加之毒品若在社会上进行流通，将会造成较大的危害。所以，在笔者看来，国家针对毒品运输确立的管理制度和管理秩序即为运输毒品罪的直接客体。

2. 运输毒品罪的主体要件

运输毒品罪的主体包括自然人和单位。就自然人而言，年龄要求是已满 16 周岁，并且应具备完全的刑事责任能力，当其实施的行为符合犯罪构成要件时就会受到处罚。但现在犯罪分子越来越狡猾，他们开始打起了未成年人的主意，利用那些已满 14 周岁未满 16 周岁的人为其运输毒品。随着社会的发展，未成年人的心智进入早熟状态，他们抵不住金钱的诱惑，甘愿去做毒品的运输者，正在遭受毒品的侵害。立法者在确定该罪时只是想到了要尽可能保护未成年人，却没能想到犯罪分子会利用这一漏洞，来利用未成年人完成运输行为，从而达到自身的目的。笔者认为，针对未成年人心智早熟这一现象，我们应该对已满 14 周岁未满 16 周岁的未成年人运输毒品的行为进行惩罚，只有这样，才能在更大程度上警示并保护未成年人。

3. 运输毒品罪的客观要件

运输行为作为毒品犯罪中极其关键的环节，若使毒品流入到市场，所

---

〔1〕 桑红华：《毒品犯罪》，警官教育出版社 1992 年版。

产生的危害不可估量。从其本质特征来说，该罪应具备以下特征：首先，在主观方面，明知是毒品却依然坚持运输；其次，运输空间范围只能是在我国领域内；再次，运输行为人运输毒品，可以是自己运输，也可以是雇佣或委托第三方，还可能是欺骗他人帮忙运输。最后，运输工具可以是任何形式的交通工具，并且实施的运输行为一定在空间上发生了变化。

笔者总结在司法实践中所遇到的运输方式，主要有以下几种：一是个人携带；二是将毒品进行简单包装，后通过物流、快递运输；三是雇佣、利用他人运输，最常见的就是利用未成年人、哺乳期的妇女、老人等运输毒品。

4. 运输毒品罪的主观要件

在司法实践中，对本罪的主观要件有以下几个困惑：①在该罪中，是否存在间接故意？②怎么才能认定犯罪故意？③要构成本罪，以赢利为目的是不是必备要素？

首先，在本罪中，存在间接故意。从主观上来说，行为人对于运输毒品具有违法性是知道的，因此，行为人主观方面是故意。由于故意中既有直接故意也有间接故意，因此，对于本罪的故意，学术界有两种观点：一是认为只能由直接故意构成本罪；[1] 二是认为运输毒品罪既可以是直接故意也可以是间接故意。对于这两种观点，笔者更赞同后一种。其一，目前在大多数运输毒品犯罪案件中，犯罪分子越来越狡猾，大都会为了减轻处罚，说不知道自己运输的是毒品；其二，由于在实践中，对于运输毒品罪证据的收集十分困难，这就导致证据不足，不能以本罪定罪。因此，笔者认为，对于明知应该进行扩大解释，即概括性地认识本罪。在运输毒品罪中，即使犯罪分子不承认其事先知道运输的是毒品，但可根据其认知能力、犯罪记录、是否对毒品进行隐藏和其他证据综合判断其是否认知。

其次，运输毒品罪不以赢利为目的。该罪中，行为人最主要的目的是使毒品顺利到达指定地点，所以赢利不是构成本罪的必备要素。依据罪刑法定原则，以及加大打击毒品犯罪的必要性，就算是无偿行为也不影响本罪的成立。

---

〔1〕 欧阳涛、陈泽宪主编：《毒品犯罪及对策》，群众出版社1992年版。

（三）当前运输毒品罪司法实践中存在的问题

1. 难以明确界定本罪与相关罪名的关系

近年来，毒品犯罪案件的数量持续增加，司法机关认定各种毒品犯罪也成为一个棘手的问题，尤其是当涉及运输毒品罪与走私、贩卖毒品罪、非法持有毒品罪等罪名时，准确区分显得尤为重要。

对于运输毒品罪与走私毒品罪，两罪都是对毒品进行运输，但一个是属于境内运输，另一个表现为跨境。其中，最难的就是当居住在边境的居民将毒品从 A 地运输到 B 地时的定罪问题。这就需要我们结合案件的实际情况区分两罪之间的区别，从而确定定什么罪。

运输毒品罪与贩卖毒品罪两罪的定义不清晰。毒品要想流入社会进行销售，必然存在着运输这一环节，但是贩卖毒品罪中也包含了运输毒品的行为。若是犯罪分子故意贩卖毒品而又对毒品进行运输，对于这种案件又该如何处理？若认定贩卖毒品罪，就没有对运输毒品的行为进行评判，这样是否合理呢？这些都是需要我们去思考的问题。

运输毒品罪与非法持有毒品罪最大的争议就是在持有的状态上。非法持有毒品罪中的持有既有动态的也有静态的。动态的持有就是毒品在持有时属于运动状态，简而言之就是在运输中，那么这时我们是定运输毒品罪，还是非法持有毒品罪呢？这在司法实践中常常会有不同的见解，但经常是以非法持有毒品罪定罪量刑。这两项罪名在司法适用中存在争议最主要的原因还是对"运输"的含义不明确。虽然我国曾对"运输"下过定义，但是定义并不全面，也并没有完全解决司法实践中存在的问题，因此，对于何为"运输"我们还是要具体问题具体分析，而不能单一地靠对运输的定义来确定。

2. 运输毒品罪的特殊形态认定存在分歧

每个罪名都存在特殊形态，运输毒品罪也不例外，其存在未完成形态和共同犯罪的情形，而对于这些认定则是十分重要的。

对于运输毒品罪中是否有犯罪预备，目前尚未形成一个统一认识。当行为人接到毒品后准备开始运输毒品，但还未开始运输就被警察抓住。就这样的状况而言，现实当中时有发生，有人觉得这种属于犯罪预备，可有人却认为这并不属于，只能算是犯罪未遂。准确认定犯罪的形态对于量刑的轻重是很重要的，当涉案毒品的数量满足了一定的标准要求之后，甚至会触犯死刑。

就运输毒品罪而言，在哪个阶段属于未遂，又在哪个阶段构成既遂都有不同的标准。本罪只有当运输毒品行为实施完成时才当然构成既遂。但是，在现实中我们常遇到的情况多是犯罪分子正在运输途中或者刚起运就被查获，这时又有不同的观点：有的认为本罪是结果犯，只有当运输行为完成才算犯罪既遂，如果才刚起运即被抓获归案，则属于犯罪未遂；有的认为本罪是举动犯，即只要开始了毒品运输，就构成犯罪既遂；还有的认为本罪属于行为犯，即只有当行为发生，毒品的位置发生了改变才能构成犯罪既遂。由于本罪的复杂性，这就要求我们在认定时更加谨慎，以免再次适用时引发争议。

对于主从犯的认定存在争议。现在的毒品犯罪越来越多，而且犯罪分子的反侦查意识增强，经常都以分工合作、上下线的方式来运输毒品。当所有人被一网打尽时，在共同犯罪中，该如何确定主从犯呢？当只是一部分人被抓，对于其中所抓的人又该怎么定案？这些问题都需要我们加以考虑。

3. 运输毒品罪的刑罚适用情节不一

关于运输毒品罪中自首的认定。按照以往的经验，关于自首和立功的认定问题，向来都具有一定的难度。行为人到案方式以及到案之后揭发和检举的情况存在多样性等，这就给司法机关在认定自首、立功时出了一个难题。更何况毒品犯罪的严重危害性还涉及是否适用死刑的问题，最高人民法院还曾先后对这些问题进行了解释。

4. 运输毒品罪存废问题

对于本罪的存废问题，学界一直都是各持己见。觉得应该废除的学者认为运输毒品行为只是走私、贩卖、制造毒品其中的一个步骤，并不需要对它进行单独评价。但是持不该废除论的学者则认为，运输毒品的行为使得制造、贩卖毒品猖獗，应该对其进行严厉打击。笔者更赞同后一种观点，因为虽然运输毒品只是一个中间环节，但是它的作用不可忽视。另外，从现有的数据来看，在毒品犯罪中，绝大多数行为人是在运输毒品途中被抓获的，而这些行为人并不会直接承认运输毒品的目的，如果仅以非法持有毒品认定，根本就不能对其进行严厉打击。因此，独立成罪有它存在的现实意义。

关于运输毒品罪适用死刑的保持或摒弃问题。按照部分学者的观点，如果把运输毒品罪独立成罪而规定在刑法中，就可能会出现难以实现量刑均衡的情况。例如，在实际操作中，如果犯罪分子能够说明是受雇佣且为他人运输，在定罪处罚时就应比走私、贩卖、制造毒品的行为在法定幅度内量刑从轻。[1]运输毒品的社会危害性与走私、贩卖、制造毒品相比较小。从主体来看，行为人大多都是被逼无奈、生活贫困的。为了体现我国刑法的宽严相济，应对本罪的适用标准与走私、贩卖、制造毒品罪区别对待。[2]运输行为作为其他毒品犯罪的必经阶段，设定的量刑标准应该与走私、贩卖、制造毒品罪相同。而对于运输毒品罪是否应该摒弃适用死刑的做法，则均有待进一步反复考量和斟酌。

二、运输毒品罪与相关罪名的界定

(一) 运输毒品罪与走私毒品罪的区别

运输毒品罪和走私毒品罪的相同之处主要表现为三个方面：其一，主观方面都表现为故意；其二，主体均为一般主体；其三，犯罪对象都是毒品。二者的区别主要在于：其一，受到侵犯的客体不一样。就走私毒品罪侵犯的客体而言，不但包括国家针对毒品确立的管制制度和社会管理秩序，而且还包括国家对外贸易的管制和社会主义市场经济秩序，而运输毒品罪所侵犯的客体只包括国家针对毒品确立的管制制度和社会管理秩序。其二，客观行为表现存在差异。对于运输毒品罪，其犯罪行为地与结果地必定都在我国境内，而走私毒品罪的表现方式为跨国境，即犯罪行为或犯罪结果必然有一项在境外。

---

[1] 郑蜀饶：《毒品犯罪的法律适用》，人民法院出版社 2001 年版，第 78~79 页。

[2] 黄太云：""《刑法修正案（八）》解读（一）"，载《人民检察》2011 年第 6 期。

（二）运输毒品罪与贩卖毒品罪的区分

在司法实践中，贩卖毒品的方式多种多样，既可以用钱买进后再卖出或以毒品抵销债务，还可以自制自销。而运输毒品罪则是以携带、邮寄、使用交通工具运输毒品，从而使毒品发生位移的行为。运输毒品罪与贩卖毒品罪的相同之处主要有三点，即主观方面均表现为故意，犯罪主体都是一般主体，犯罪对象均是毒品。二者的区别主要表现为如下三个方面：

第一，客观行为表现不同。就运输毒品罪而言，其客观行为表现为运输，就是行为人通过携带或邮寄、运送等方法将毒品从 A 地转移到 B 地；贩卖毒品罪的客观行为是人们以低廉的价格买进毒品后再以高昂的价格卖给他人。相比于运输毒品罪，贩卖毒品罪更复杂多样，有时它不仅包括买卖行为，还包括运输行为。在现实实践中，毒品犯罪案件中的运输和贩卖行为往往都是紧密联系在一起的，即可能同时存在运输和贩卖毒品的行为，若犯罪行为人存在贩卖毒品的故意，并且实施了运输毒品的行为，即使行为人运输自己走私、贩卖的毒品，仍以走私、贩卖、运输毒品罪论处。

第二，对毒品的占有内容不同。运输毒品罪中的运输者与毒品的所有权归属没有关系。然而，在一般情况下，触犯了贩卖毒品罪的行为人针对其所贩卖的毒品具备占有或处分的权利，在其占有期间可以处分毒品。

第三，非法获益方式不同。运输毒品罪的行为人的主要利润来源是其运输行为，而在贩卖毒品罪中，犯罪行为人获取利润的途径就是对毒品进行买卖和交易。

（三）运输毒品罪与非法持有毒品罪的区别

从运输毒品罪与非法持有毒品罪的特征来看，二者存在一定重合。因为在运输的同时就必然会包含持有的过程，从形式上来看，运输毒品和行为人动态地持有毒品存在一定重合，这导致了司法认定过程中的差异。就非法持有毒品罪而言，指的是行为人明知其是毒品还非法将其大量持有，同时构成了对毒品管制法规的违反。从立法上看，两罪的量刑在同等条件下是不同的，运输毒品罪的最高刑罚为死刑。在学理上，学者又存在不同的看法：部分学者认为应该根据行为人携带毒品的数量进行判定，如果犯罪行为人携带的毒品数量较少，就按照非法持有毒品罪进行定罪处罚；一些学者认为应该按照运输距离来加以区分，达到了一定的运输距离标准则认定为运输毒品罪；还有一些学者认为运输毒品是为了使毒品流通，而行为人非法占有毒品的目的是占有、支配或者吸食毒品。笔者认为不应该单一地认定，而应该从多方面着手：

第一，二者的立法原意不同。在刑法中，运输毒品罪的犯罪标准和量刑范围与走私、贩卖、制造毒品罪相同，可见，在毒品犯罪的整个过程中，运输毒品的行为必不可少，运输毒品的行为实现了将毒品从生产领域转移至消费领域的目的，存在较大的社会危害性，对于这一抽象性的潜在危险，立法者加强了对毒品犯罪的打击，在立法上确立了运输毒品的方式，在毒品生产至流通环节设置了相关障碍，从而避免更加严重的犯罪结果的发生。从非法持有毒品罪的特征来看，打击该罪就是针对非法持有毒品罪的犯罪状态进行打击，其目的在于落实相关违禁物品的管制制度。出于非法持有毒品行为并未直接把毒品转至社会流通领域，所以对于该罪的量刑，最高量刑应设置为无期徒刑。

第二，二者的客观行为表现不同。就运输毒品罪来看，其犯罪客观行为不仅包括毒品的所有者对其自身占有的毒品进行运输，而且也可以是行为人帮助他人运输。而非法持有毒品罪是行为人明知是毒品而无条件地将其占有。

第三，二者的主观目的不同。在运输毒品罪中，行为人的主观目的表现为运输毒品；但对于非法持有毒品罪，行为人所表现出来的主观目的具有不确定性，在司法实践中由于犯罪分子有较强的反侦查意识，这就导致当犯罪分子被查获大量毒品时，拒不承认毒品用于何种犯罪，这就增大了司法机关搜集证据的难度，由于证据不足，但又为了严厉打击毒品犯罪，最终只能以非法持有毒品罪这个"兜底性罪名"入罪。

第四，二者的入罪标准不同。我国《刑法》规定，只要运输毒品，不论数量多少，都应当定罪；然而非法持有毒品罪是要持有一定数量的毒品才能构成。

三、运输毒品罪中犯罪形态及共同犯罪的特殊情形

（一）运输毒品罪未完成形态的判定

按照我国《刑法》的规定来看，运输毒品罪是规定处罚比较严重的罪名之一，如此立法就是为了切断毒品在社会上的流通。该罪作为一种故意犯罪，必然会存在未完成状态，其核心在于"运输"。但在司法实践中，由于对运输毒品罪未完成形态的认识不一，导致在定罪量刑上存在差异，影响了刑法适用的公正。为了能够更好地体现公正，让司法机关在定罪时能够准确有效地适用法律规定，实现量刑的公正性，针对犯罪的未完成形态进行探讨并达成一致认识就显得很有必要。

1. 运输毒品罪犯罪预备形态的认定

犯罪预备就是为了犯罪准备工具、制造条件。运输毒品罪属于故意犯罪的范畴，所以当然存在犯罪的预备形态。从其特征来看，运输毒品罪的本质在于使毒品在空间上产生位移，从而使毒品进入社会流通领域，给社会造成危险。若毒品并未发生位移，就属于犯罪预备。例如，只是为运输毒品准备交通工具、制定运输路线等。

2. 运输毒品罪犯罪既未遂形态的认定

运输毒品的行为过程也就是毒品发生空间位移的过程，即将毒品从一地转移到另外一地。[1]同犯罪预备形态的认定相比较而言，由于"运输"表现为一个过程，所以对于何时构成犯罪既遂或未遂的认定就比构成犯罪预备形态的认定更具复杂性，这一点无论是在理论界还是实务界都出现了较多的分歧；其中一种观点是以"到达目的地"为准。按照这一观点，行为人的目的在于把毒品从某个地方运至另外一个地方，这就表明运输开始就等于着手实施犯罪，但是出于意志之外的原因，毒品未能成功运至目的地，属于犯罪未遂形态，当毒品运输到达目的地的时候，就构成犯罪既遂。因为犯罪形态是不可逆的，在到达目的地后，又因为其他原因而把毒品运回起运地的，都构成犯罪既遂。[2]另外一种观点是"起运说"。按照

---

[1] 高铭暄、马克昌主编：《刑法学》，北京大学出版社、高等教育出版社2000年版，第592页。

[2] 高格：《定罪与量刑》，中国方正出版社1999年版，第831页。

这一观点，只要毒品开始起运就成立犯罪既遂。还有一种观点是"合理位移说"。根据这一观点，只要毒品在一定的空间范围内产生了一定距离的位移，就构成犯罪既遂。

综合以上分析，笔者认为，认定运输毒品罪的既遂标准应当用"起运说"，原因有以下三点：

第一，有利于打击毒品犯罪。本罪的界定是行为犯，即只要行为人着手实施了符合刑法分则中规定的客观实行行为的构成要件的行为，就构成犯罪既遂。按照"到达目的地说"，运输毒品罪是结果犯，只有当犯罪结果发生后才成立既遂。然而，在司法实践中，运输毒品行为很大一部分都是在中途被查获的，适用此观点必然会加大司法工作人员对证据搜集的难度，因此不应该以运输毒品罪定罪。现在的犯罪分子的反侦查意识较强，其即使在到达目的地被查获毒品，也会以各种方式辩解没有到达其目的地，如果证据不能够充分证明此为查获地，那么就只能以非法持有毒品罪对之定罪处罚，这样就与我国对于毒品犯罪采取严厉打击的思想相违背。

第二，更加符合立法者制定运输毒品罪的目的。立法者将运输毒品的行为定为犯罪，最主要的就是这种运输的预备行为会给社会造成一定危害，假如不加以制止必定会带来更严重的社会危害。我国《刑法》认定实行行为的着手属于犯罪既遂，其实际目的就在于能够及时且有效地避免危害后果的发生。从生产到销售毒品，运输环节是关键，因此，为了切断两者之间的联系，打击毒品犯罪，运输毒品的完成不以犯罪目的实现和运输的完成为基础。

第三，我国对于何为"合理位移"并没有明确规定。该观点本身也不具备可操作性。此外，笔者认为运输距离的长短对运输毒品罪的成立没有任何影响。

（二）运输毒品罪的共同犯罪问题

两人以上共同故意犯罪就是共同犯罪。共同犯罪的成立要具备三个条件：一是主体，即两人以上，达到刑事责任年龄并且都可承担刑事责任；二是客观方面，即每个行为人都实行违反了同一法益的共同行为；三是主观方面，即行为人主观上具有共同犯罪故意且有共同的意思联络，即明知这种行为会对社会造成危害，仍参与其中并积极追求或放任其结果发生。有关资料显示，"60%以上的毒品犯罪都是共同犯罪"。[1]这表明其社会危害大且涉及面广，打击毒品犯罪的难度大。因此，探讨共同犯罪的认定也是迫切的。

1. 运输毒品罪共同犯罪的构成要件

根据刑法关于共同犯罪的规定和对运输毒品罪进行分析，笔者认为运输毒品罪的共同犯罪应从以下几个方面分析：

（1）主体要件。第一，犯罪主体包括自然人和单位。针对自然人的判定，就是年龄要求为年满16周岁，并且具备完全刑事责任能力；第二，必须是两人以上共同实施。例如，甲（年满16周岁，且具有完全刑事责任能力）为了给母亲治病，与患有精神病的父亲一起运输毒品就不能成立共同犯罪；还有一种情形在刑法理论上称为间接正犯，如利用已满14周岁未满16周岁的人实行运输毒品行为。

（2）主观要件。具有共同的意思联络是成立运输毒品罪共同犯罪的基础，其特征有两点：首先就是要求各行为人对毒品是明知的，并且明知运输毒品会给社会带来危害；其次就是要求行为人有共同实施运输毒品的行为和主观上希望通过该行为获得收益的目的。

（3）客观要件。每个行动者都与毒品的运输密切相关。实践中运输毒品犯罪的共同犯罪有两种：一是直接参与毒品运输的行动者之间没有明确的分工；二是分工执行共同犯罪。行动者之间的明确分工构成了运输毒品的有机整体，各行为与结果之间均具有因果关系，这种主要是团伙犯罪和集团犯罪，首要分子负责策划、组织，其他人负责运输。此种情形的共犯自然就是首要分子和具体实行行为人。

2. 运输毒品罪共同犯罪的认定

按照我国《刑法》的规定来看，共同犯罪涉及主犯、从犯、胁从犯和教唆犯。就运输毒品罪的共同犯罪形式而言，其本身就是多种多样的，所以对各个共犯的确定方式也不尽相同。

首先，关于主犯的认定。一般而言，主犯包括以下两种：其一为犯罪

---

〔1〕 陈荣娇："贩卖、运输毒品罪的若干问题研究"，华东政法学院2002年硕士学位论文。

集团的首要分子，其存在的主观恶性较大，具体来说，就是指在运输毒品罪中，在犯罪集团中发挥了组织和策划及指挥犯罪行动作用的组织者和领导者，对于犯罪集团所涉及的所有毒品犯罪以及毒品的总量，首要分子均需负责。其二为在共同犯罪中发挥了主要作用的犯罪分子，即在毒品运输过程中发挥组织和策划作用、负责具体实施、主要出资、积极参与的人。

其次，关于从犯的认定。在司法实践中，运输毒品罪的从犯主要存在以下两类：其一，次要实行犯，虽然其在整个犯罪过程中直接实施了运输毒品的行为，但是在全盘过程中只起到了辅助的作用；其二，帮助犯、胁从犯、教唆犯。虽然帮助犯并未直接实施具体的运输毒品的行为，但是其帮助实施了犯罪。胁从犯是指被胁迫参与运输毒品行为的人；教唆犯是指唆使他人犯罪但自己并不参加其所教唆实施的犯罪行为的人，对于教唆他人实施犯罪行为的，应根据其在共同犯罪中发挥的作用大小进行处罚。若从犯意形成到完成犯罪，行为人并不是受到教唆的影响，则当然属于主犯。

四、运输毒品罪的量刑问题

（一）自首、立功的认定

在现实的司法实践中，自首和立功的认定是较为常见且复杂的问题，加之针对毒品犯罪所规定的最高刑罚是死刑，因此，是否能认定为自首或者立功，就关乎被告人是否能够减轻处罚，为使被告人得到合理、公平的判决，对于认定自首、立功问题不容小觑。

1. 自首的认定

自首是指行为人主动投案，并如实供述自己的罪行。但在实际生活中往往会有特殊的情形，若行为人是因运输毒品而被抓获归案，并对司法机关尚未掌握的相关犯罪事实进行了如实供述，是否能认定为构成自首？对此，最高人民法院《关于处理自首和立功具体应用法律若干问题的解释》规定：对于犯罪嫌疑人所供述的属于不同罪行的，可以认定为自首，但是针对其供述属于同种罪行的，不能成立自首。

2. 立功量刑幅度的认定

就运输毒品罪而言，其最高量刑幅度为死刑，很多犯罪嫌疑人在被抓获归案之后，都会通过供出其他同案犯的罪行以争取获得从轻或者减轻处罚。特别是在运输毒品罪中以共同犯罪居多，因此，对于立功量刑幅度的认定也尤为重要。毒枭、毒品犯罪集团的首要分子、共同犯罪中的主犯等被抓获后，协助公安机关抓获同案犯的，对于其量刑范围的认定应当结合犯罪人的主观恶性和对社会的危害程度以及所提供线索的大小来判定。一般情况下，若其存在的主观恶性较大，仅属于一般立功情节的，则不准予从轻处罚；若其检举或者揭发的是其他的犯罪首要分子或者主犯的罪行，其成立的立功能够同毒品犯罪实现罪行相抵，则可以予以从轻或者减轻处罚。针对运输毒品罪中的从犯而言，如果其在司法机关抓获毒品犯罪的主犯或首要分子的过程中发挥了协助作用，就应当对其从轻或者减轻处罚。

（二）运输毒品罪及其死刑适用的存废问题

1. 运输毒品罪的存废问题

有学者支持我国刑法应废除运输毒品罪罪名。因为根据目前的立法和相应的情形也可以将其评定为非法持有毒品罪或走私、贩卖、制造毒品罪，这样不仅针对运输毒品的行为进行了处罚，而且也有利于我国宽严相济刑事政策思想的贯彻和落实。

在笔者看来，运输毒品罪罪名在我国刑法中应保留，主要是基于以下几个原因：一是毒品犯罪隐蔽性较强。在司法实践中，大多毒品犯罪都是在运输的过程中被查获的，依据现有证据也可以证明行为人运输毒品的事实。二是运输毒品行为有很大的危害性。近年来，由于毒品的流通，出现了越来越多的吸毒者，而运输行为又是走私、贩卖、制造毒品的一种必要行为方式，其危害程度不亚于走私、贩卖、制造毒品。三是是否赢利对本罪的成立并没有关联。因为运输行为本身就具有危害性，其本质就是对法益的侵犯。

2. 运输毒品罪死刑适用的存废问题

按照学术界存在的观点来看，一些观点认为运输毒品行为应该同走私、贩卖、制造毒品的行为并列而谈，所以，在确定处罚的时候应该具备一致性，这一观点是不合理、不科学的。其一，从社会危害性来看，它并不如走私、贩卖、制造毒品罪那么严重；其二，从犯罪动机来看，运输毒品的行为往往还夹杂着一些其他的背景因素。因此，在量刑上有必要加以区分。

在笔者看来，目前仍不能摒弃死刑在运输毒品罪中的适用，其原因主要表现在以下三个方面：其一，就我国当前毒品犯罪的形势来看，仍然十分严峻，特别是处在运输毒品罪发案率高的情形之下，我们必须要严厉予以打击。其二，针对犯罪而言，死刑具有较强的威慑和震慑力。在整个毒品犯罪中，运输毒品的行为可谓最为核心且重要的环节，必须对其进行严厉打击，从而使得毒品不会再在社会上流通。死刑作为一种剥夺生命权的严重刑罚，能将犯罪萌芽扼杀在摇篮中，具有重要作用。其三，在我国，朴实的因果报应论说仍占据较大的市场。在大众的看法中，毒品犯罪的暴力程度与故意杀人、抢劫等犯罪类似，适用死刑是符合其内心意愿的。因此，死刑的废除应是一个渐进有序的过程。

五、结语

运输毒品罪作为最常见的毒品犯罪类型，对其研究不仅可以更好地处理此类案件，而且还可以为司法机关处理案件提供理论依据，有助于减少实践中处理毒品犯罪的困境和复杂性。另外，随着现代制毒技术的发展，对毒品犯罪的态度不仅要严厉打击，而且要科学合理。因此，根据形势的发展，有必要进一步加强对运输毒品罪的研究。

下 篇

其 他 类

论容留他人吸毒罪中的"容留"

摘　要：毒品的犯罪率在社会上不断地提高，威胁着公民的身心健康。目前我国《刑法》没有把吸食、注射毒品的行为予以犯罪标准化，但规定了容留他人吸毒罪。这在一定程度上打击了毒品犯罪，但是容留他人吸毒罪中的"容留"依旧存在着理解上的争议并且解释过于单一，而在种类繁多的吸毒活动背景下又应当对容留他人吸毒罪中的"容留"进行全面且系统的解释说明。从保护法益的角度来看，不能忽视对容留他人吸毒罪中的"容留"行为本身进行研讨。另一个重点是从人的主观角度来看，"容留"行为必须是直接故意为他人吸食、注射毒品提供一个场所，这种助力只能以积极的作为方式存在。提供场所或者提供便利是"容留"抽象概念的具体方式，因而在认定上既要着重理解提供场所的封闭性和"场所"的控制力，还要明确提供的便利并不是所有的"帮助"行为。规制好两者间的关系，方能更全面而系统地将其运用到容留他人吸毒罪中的"容留"认定上。

关键词：容留行为；作为方式；直接故意；提供场所；提供便利

一、容留他人吸毒罪中的"容留"行为概念及特征

（一）容留他人吸毒罪中"容留"的概念

从《刑法》第354条规定的内容来看，容留他人吸毒罪"是指容许他人在本人所管理、控制的领域内吸食、注射毒品或为他人吸食、注射毒品而提供场合的作为行为"。从行为人容留他人的角度分析，既有主动实施，也有被动实施；既是有偿的，当然也有可能是无偿的。容留他人吸食或注射毒品，符合容留他人吸毒罪的构成要件，根据不同情形，处3年以下有

期徒刑、拘役或管制，还有罚金。该条文可以说是简单明了地罗列罪状，但从内容可以看出并没有对"容留"一词有更为清晰的描述与阐释说明，对界定容留他人吸毒罪中的"容留"在理论和实务上也存有一定争议。

纵观历史，1729年清政府颁布的《兴贩鸦片及开设烟馆之条例》就明文规定了禁止开设烟馆的举措。私自开设烟馆的不法行为造就了我国历史舞台上的吸食毒品以及容留他人型犯罪。在那时开设烟馆，就相当于如今社会上为容留他人吸毒提供场所。随后1812年清政府颁布新的法令，明确规定单单有容留行为的并不会受到处罚，只有开设烟馆后"引诱"良家子弟去吸食鸦片的，才处以板刑、流放或徒3年刑法。对私开烟馆的行为不予处罚，也就意味着对于单纯提供场所而不去引诱他人吸食鸦片的"容留"行为，在当时是不受任何处罚的。这条法令和20世纪90年代由全国人大常委会提出的《关于禁毒的决定》当中的内容有相似之处，后者也不将"容留"这一行为作为犯罪的对象，原因在于20世纪90年代，贩卖毒品行为远远比容留行为更严峻。然而，1997年修订《刑法》时，对这一内容作出了改变，明晰该罪只要符合"容留行为"就会构成犯罪。

从字面含义理解"容留"，可知其有容纳、收留的意思。具体解释到我国《刑法》当中时，是指"行为人允许他人或第三人，在自己管辖、控制的领域内吸食毒品"，而该领域就是我们所说的场所。曲新久、张明楷教授等也持上述类似观点。但也有刑法学研究者，对"提供场所"持与之不同的观点，如周光权教授认为，"容留"形式上是不限于提供场所，只要是为那些吸毒者提供便利帮助，也是能够符合容留他人吸毒罪中"容留"的构成要件的。

笔者也比较认同周光权教授所持的看法，认为容留他人吸毒罪中的"容留"是指"为他人吸食，注射毒品，而提供场合或便利的帮助行为"。[1]而在《刑法》中对于"容留"的这一解释说明上，并没有体现出细致化。假如对容留他人吸毒罪中的"容留"的解释仅仅局限于提供场所这样的观点上，那么则是着重法条字面上的原本之意，而在某种程度上缩小了对容留行为的打击范围。如果认为"容留"包含提供便利的行为，从这一观点

---

[1] 周光权：《刑法各论》（第2版），中国人民大学出版社2011年版。

上分析，似乎又超出了法条的字面原意。但相比较之下可以发现，后者处罚的范围在一定程度上得到了扩充。这不仅仅体现出，容留他人吸毒罪中的"容留"在解释过程中不仅仅指一般生活上的概念，也表明应在刑法概念基础上，更加合理地解释容留他人吸毒罪中的"容留"，不能仅局限于法条本身。

从立法角度，保护法益、保障人权以及严厉打击吸毒本身行为来看，容留他人吸毒罪中的"容留"只有涵盖提供便利的帮助行为，才更具有说服力。从另一个角度来说，当前我国立法并没有将吸毒行为视为犯罪，那么在一定程度上就很难将帮助者为他人提供场所或提供便利的行为规定为犯罪，这是对容留他人吸毒罪中的"容留"包含提供便利行为的一种否定。同时也充分说明，法律如果没有明文规定就不予处理的话，很显然与国家对禁毒的态度背道而驰，违背了正义理念。因此笔者认为，容留他人吸毒罪所述的"容留"应当指为他人吸食、注射毒品提供场所或者提供便利的行为。这都是对法条进行多角度的合理解释，且着重在事实层面去谴责行为人所提供的实质性帮助行为。

（二）容留他人吸毒罪中的"容留"特征

1. 容留只存在作为的形式而非不作为

从我国《刑法》区别罪与非罪、此罪与彼罪的界限可知，危害行为的基本形式有两种。第一种是作为：客观上行为人用积极的行为去践行刑法明文规定且禁止作出的危害社会的行为（简称"不当为仍为之"）；第二种是不作为：行为人实际上本身是负有法律规定的义务的，从而能够实现某种行为的权利，却消极地不去实行本身应尽的义务，并因为不履行该尽的义务，而造成了严重危害后果的行为（简称"当为能为而不为"），[1] 对于两者应作区分。在我国现有刑法理论中，多数观点认为容留他人吸毒罪中的"容留"，可以表现为作为的形式，也可以表现为不作为的形式。但笔者认为，容留他人吸毒罪中的"容留"行为仅能以作为的形式存在，而非不作为。原因有以下两方面：

---

〔1〕 高铭暄、马克昌主编：《刑法学》（第6版），北京大学出版社、高等教育出版社2014年版。

第一，在容留他人吸毒罪的场所里，常见的情形大多是以场所的管理人或者实际控制场所的个人来为他人提供吸毒的场所，但无论是主动或被动地给别人吸食、注射毒品的场合，违反的都是刑法的禁止规定。如果从多人管理控制场所的角度分析，控制管理场所的人明知其他管理控制场所的人去容留他人或者第三人吸食、注射毒品，而不予以进行制止规劝的，不管是在事前还是事中了解到其他控制场所的人容留他人吸食毒品的，只有确定其他控制管理场所的人是以默示的方式或者以明示的方式去容留他人吸毒，才能认定其是作为的容留。[1]如果是事后了解到，但却不进行制止规劝的并不能认定是作为的容留方式。由此可以得出，不作为犯在容留他人吸毒罪中的"容留"场合里，违反的是法律的禁止性规定。

第二，从个人以及多人控制的场所角度进行分析，前者行为如果是在合法占有该场所的基础上用于吸食毒品的，可以清楚地否定其他行为人有提供场所让吸毒者用于吸食、注射毒品的违法行为。但在后者的情形中，如果其他控制管理的行为人与合法获得该控制管理场所却用于吸食、注射毒品的人没有形成同谋的意思联络，就可以认定其不构成本罪。原因在于两者之间不存在因果关系，必然连最基础的构成要件都无法形成，何谈构成容留他人吸毒罪中的不作为犯呢？由此，笔者认为容留他人吸毒罪中的"容留"是仅以作为的形式存在的，而没有必要存在不作为的表现形式。

2. 容留他人吸毒罪中的"容留"在主观方面只能是直接故意

行为人在实施本罪时的主观方面，只考虑有直接故意的因素存在。原因在于，从现行《刑法》的相关规定可知，当前的犯罪故意又分为直接故意与间接故意两种。而它们之间的区别是，"认识因素"和"意志因素"存在着差别。因此把法条中的犯罪故意拆解开来，所谈及的"明知"，是在主观上归为认识因素；并且希望或放任这种结果的产生，主观因素将在"希望"与"放任"上归为意志因素。依据以上概念与对刑法条文的理解，本罪中的"容留"行为，是指行为人明知他人或第三人在自己所控制经管的场所里吸食、注射毒品，依然为其提供场所或提供便利的行为。容留他人或第三人吸食毒品，明显表明行为人在主观方面是积极、主动地达成吸

---

〔1〕 王天："关于容留他人吸毒罪的几点理解与思考"，载《公安教育》2015 年第 4 期。

毒者的犯罪目的，寻求其吸毒结果的产生。笔者认为，行为人在犯本罪的主观方面，并不必然积极追求其危害结果发生的可能性，因为其仅存在盖然性的认识。且认为将间接故意作为主观方面来说也很牵强，所以本罪中的"容留"在主观方面上只能由直接故意构成。

二、容留他人吸毒罪中"容留"的方式

（一）提供场所

我国在司法实践中，应当把容留他人吸毒罪中的"容留"确切地视为一种行为，并不能将它规制为某种权利上存在的状态；且还应侧重于判断行为人，是不是真的存在为他人或者第三人吸食、注射毒品，提供场所的违法行为。这里大多数观点认为，对行为人提供容留他人吸毒的场所过多地强调控制和支配的状态，容易导致容留与被容留两者间的界限形成人为模糊的状态。譬如，某公司员工李某与女友张某在公司附近租房居住，房租由李某个人单独承担。李某与张某二人屡次在出租屋内吸食、注射毒品。经他人检举后被缉毒人员逮捕抓获，李某被认定为构成容留他人吸毒罪。这类案件属于我们生活中比较常见的在自己租赁的出租屋内吸食、注射毒品的情形。由此可以看出在司法实践中过于强调控制和支配状态所展现出的弊端，因为此案件存在着人为有意地去模糊李某作为行为人所实施的容留行为与吸毒者女友被收留状态之间存在的界限问题。笔者通过借鉴其他容留他人吸毒罪中的"容留"案件可知，对于这样的案件在认定上其实是很难将行为人李某的行为归属于容留其女友张某吸毒的行为的。虽然从这个案件中可以看出李某作为租赁房屋的承租人，是其吸食毒品场所的控制人，但并不意味着他实施了容留他人吸毒的行为。其原因在于，李某与他的女友张某存在着事实上的同居关系，不能以李某交付租金就认定其为该出租屋的控制人，也并不能将李某作为租赁房屋的承租人，就此认定其行为属于"容留"的意思范畴。因此，笔者认为对李某的行为定性是不合理的。为了对"提供场所"这一条件进行准备的认定，应当对行为人所提供的"场所"作广义的理解，并严格对"提供"行为与现实的"收留"状态划定界限。

依据上文的观点，应将容留他人吸毒罪中的"容留"视为一种实行行为，那么在入罪判断时，就不应过分注重量的因素。虽然从刑法分则中可以明显看出立法者并没有对此设置定量因素，但相关司法解释却将定量因素纳入容留他人吸毒罪中的分析模式里。从立法上看，该设置似乎不太合理。例如：

（1）法官的自由裁量权在司法实践中遭到不当的限制。每个司法机关与生俱来都有一定自由裁量的权限，以致法官会因对法条有着不同的理解，对案件作出不同的判决，换句话说，这缘于每一个法官的价值观差异。在刑法分则条文中，由于立法者并没有对容留他人吸毒罪设置定量因素，也就使得在处理案件的同时，每个法官在定量上都会有或多或少的自由裁量权，但相关司法解释侧重于定量因素上的确认，容易使得每个司法机关在处理容留他人吸毒罪案件时，会着重在于定量因素上的确定，而各地方司法机关对其他的犯罪情节的考察则会受到一定的束缚。[1]这就好比依据当前司法解释的规定，容留多人吸食、注射毒品会被认定构成容留他人吸毒罪，而仅容留单个人并且提供毒品或者提供便利帮助他人的，却不会受到刑法的惩处，这很显然是不公平的。所以，法官不能着重于依赖司法解释上的规定，不然就会在一定程度上限制了自由裁量权的发挥。

（2）容留他人吸毒罪中的"容留"在定罪量刑上会导致该合理性的缺失。司法解释如果只着重于定量因素上的明文规定，就会对法益侵犯的程度缺少具体的判断标准。当前司法解释虽然针对容留他人吸毒罪明文规定了定量因素等一系列内容，但对于提供场所的行为人和被容留者之间的关系上、容留他人吸食毒品的现实影响以及容留他人吸毒行为的各种手段等其他情节上没有充分地予以规制。这在一定程度上限制了刑法对毒品犯罪的打击范围。

综合以上两点可知，对于容留他人吸毒罪中的"容留"在认定是对容留的行为客观方面进行合理的解释以作为划分罪与非罪之间的界限，从而更好地分析行为人的"容留"行为是否构成本罪中的犯罪要件。

---

〔1〕 储槐植、汪永乐："再论我国刑法中犯罪概念的定量因素"，载《法学研究》2000 年第 2 期。

1. 容留他人吸毒罪中的提供场所与开设赌场罪中的"提供场所"的区别

首先，将容留他人吸毒罪中的提供场所与开设赌场罪中的"提供场所"进行比较，明显可以看出前者与后者的场所范围不同。我们所说的容留他人吸毒罪中的场所，必须是有形且受控制、客观存在的提供给他人用于吸食、注射毒品的场所。无形的场所并不构成此罪的提供场所，例如虚拟的网络。而开设赌场罪中的提供场所没有过多的限制，这主要是因为随着网络科技的发展，不法分子开始利用虚拟空间等隐蔽性不特定场合进行非法赌博。这样的场所不仅妨害到了社会管理秩序，也对我们的现实生活产生了极其恶劣的影响。其次，二者的行为性质与内容上也存在着些许不同。前者提供场所本身就能够构成容留他人吸毒罪中的犯罪要件，不需要其他介入因素就能认定其实行行为。开设赌场中所说的提供场所则需要一个介入因素，原因在于我们对案件事实进行价值判断，需要依据这个介入因素，判断其场所是否属于非法组织赌博的场所。[1]

2. 容留他人吸毒罪中的提供场所与窝藏罪中的"提供场所"的区别

比较该罪中"提供场所"的行为与窝藏罪中的"提供场所"的行为时，可以看出二者所侵害的法益不同、行为对象也不相同。前者作为一种实行行为，所指向的行为对象必须是吸毒人员且被容留人实施了吸毒行为，它所侵害的法益是社会公众的身心健康权。如果任由此行为发展，则会导致毒品犯罪的活动越来越广泛，容易殃及他人的身心健康，造成不必要的伤害。而窝藏罪"提供场所"的行为，则是一种帮助他人逃匿或隐蔽其身份的方式，仅仅只是为了给犯罪人提供隐身之处的暂时性场所，因此它所指向的行为对象必须是犯罪人本身，而遭受法益侵害的对象则是司法机关的正常秩序。由此可以引申出两者的法益侵害方式也有所不同，在容留他人吸毒罪中，提供场所是为了使他人吸食、注射毒品，它所侵害的法益是社会公众的身心健康。如果在提供的场所，吸毒者并没有吸食、注射毒品的，则行为人提供的场所就不会被认定为是危害法益的场所。如果行为人提供了逃匿或者隐蔽的场所，则该行为人的行为就会侵犯司法机关对

---

〔1〕 高铭暄、马克昌主编：《刑法学》（第6版），北京大学出版社、高等教育出版社 2014年版。

犯罪人本身所拥有的追诉权，直接或间接地妨害到最终的结果，此时窝藏罪侵害到的是司法机关的合法法益。

（二）提供便利

容留他人吸毒罪中的"容留"，在认定上其实为多数人的观点，即为他人吸食、注射毒品提供场所；而较少数的观点则认为，应当将为他人提供其他条件的便利行为，纳入该罪的"容留"概念，这样也不违反罪刑法定原则。笔者赞同少数人的观点，原因在于，我国刑法对容留他人吸毒罪中"容留"的解释范围过于狭隘，没有充分细致地进行有力的解释，导致对该罪的打击范围在一定程度上也受到了限制。如果将它纳入该罪"容留"的概念之中，就会使得该罪在认定范围上变得更加宽裕，在惩治力度上也会更具有说服力，更有利于保护社会公众的健康法益。

从刑法分则的其他具体罪名的违法构成要件的解释说明可以看出，必须以法益作为指导，对构成要件要素尽可能做到实质性的解释说明。对容留他人吸毒罪中的"容留"进行扩大解释，不会违反罪刑法定原则。因为该罪所侵犯的对象是社会公众的健康。如果将该罪的客观构成要件要素进行实质性的解释说明，也是符合保护社会公众健康这一法益目的的。在笔者看来，提供场所的行为是行为人为他人吸食、注射毒品而进行的一种实质性帮助，这容易使得毒品在中国境内得到广泛蔓延，从而危及公众的身心健康。而提供其他条件的便利行为也能为他人吸食、注射毒品起到实质性的帮助作用，甚至会比单一的提供场所行为造成的危害更为严重。其原因是，我国现行《刑法》并没有将吸食、注射毒品这一类行为犯罪化，这导致对于提供其他条件的便利行为，帮助他人吸食、注射毒品的就不能视为犯罪行为。这明显是不符合国家严厉打击毒品犯罪的初衷的。从"容留"本身去理解，它很显然是一个比较抽象的概念，假设要想构成该罪的必要条件，那么就必须将其作具体化解释。可见，将容留他人吸毒罪中的"容留"解释包含于提供其他条件的便利行为与保护法益的理念也是一致的。

另外，容留他人吸毒罪中的"容留"，无论是为行为人提供场所，还是给予行为人其他条件上的便利帮助，在客观上都是为他人吸毒犯罪行为加以助力。二者在危害社会公众的身心健康上具有同一性，导致吸毒行为屡禁不止，因而如若只停留在提供场所方面，而去忽视、放任提供其他条件的便利行为，就会有助于另一毒瘤的成长。只有将该罪中的"容留"作扩大解释，将"提供其他条件的便利行为"纳入概念之中，方能与"提供场所的行为"形成并列关系，从而促使容留他人吸毒罪的打击范围更全面、更具体，也更有力地弥补了法律对该罪的疏漏。

三、"提供场所"的理解与认定

（一）关于"场所"的理解

"提供场所"作为容留他人吸毒罪中的"容留"的其中一种行为，大多数观点还是对"场所"的认定与理解存在着分歧。

关于"场所"的定义，词典解释为"活动的处所，地方，娱乐性场所，公共场所"。我国实务与理论对容留他人吸毒罪中"容留"的"场所"解释为容留他人或者第三人吸毒所提供的场所，从客观上看可以是自己的、亲友的以及其他指定的隐蔽性场所。行为人容留他人或者第三人吸毒时所提供的场所都比较常见。例如，自己所控制的住宅或者以租赁的方式占有的他人房屋；街上的大小饭店、比较隐晦的酒吧、KTV包房等营业性娱乐场所。日本刑法将"提供建筑物或者房间供他人吸食鸦片烟以图谋利的，处6个月以上7年以下惩罚"，由此明显看出日本将"场所"的范围限于"建筑物或者房间"，对容留他人吸毒者予以刑事处罚。[1]相比较之下，我国没有将吸毒者的吸毒行为犯罪化，只作行政处罚。这容易放纵毒品犯罪分子，使他们有恃无恐，更不把吸食毒品当作一回事。但我国对于"场所"的界定范围远比日本广阔，打击面相对而言也更广。

（二）关于"提供场所"行为的认定

1. 对场所"控制力"的理解

无论对"场所"作哪一种理解，在实行行为上都必须要求行为人对该场所有着实际上的控制力。而总的来说，这种实际上的控制力，是不以行为人拥有该场所的所有权为基础的，行为人只要对该场所拥有控制权就能

---

〔1〕 张明楷译：《日本刑法典》（第2版），法律出版社2006年版。

构成提供场所的前提条件。不管是以租赁、所有还是借用房屋等方式提供的场所，只要行为人对该场所拥有现实的支配力就可以认定其提供行为。例如，黎某某在某宾馆房间，容留其他同伴一起吸食毒品"甲基苯丙胺"（就是我们所说的"冰毒"）。后公安民警在此房间内抓获被告人黎某某和吸毒人员刘某、谭某、姜某。经现场检测，上述四人经过尿检，含甲基苯丙胺的成分过高，且均呈阳性。经相关认定，被告人黎某某的行为触犯了法律明文禁止的规定，其行为情节严重，且符合容留他人吸毒罪中的构成要件。[1]在这个案件当中，首先不管黎某某是以何种方式进入该场所，但在这一时间段里他对该场所具有实际控制力，从而利用该场所参与、容留了三人进行吸食毒品。

2. 多人控制场所时"提供"行为的认定

如果将控制权理解为是一种控制的话，那么大量实务上的案件就会呈现出多人都具有控制权的情况，行为人对该场所的控制力和支配性都将可能出现重叠或者冲突的现象。这也引发两大问题需要我们去深究：①场所的共同控制人不制止其他共同控制人容留第三方吸毒的不构成本罪；②场所的共同控制人不制止其他共同控制人吸毒的也不构成本罪。[2]

（1）场所的共同控制人不制止其他共同控制人容留第三方吸毒活动的不构成本罪。场所的共同控制人，是指两个或者两个以上具有该场所控制权的行为人。场所的共同控制人，在明知的情况下，了解到其他共同控制人容留第三人吸食、注射毒品，却不加以制止该行为结果的发生，是否属于上文所说的"提供场所"的行为？对此笔者通过折中说的观点予以说明，折中说认为，场所在多人控制下会出现多种不同的场合与情形，在不同场合的环境下，场所的控制权范围与控制力也会有所不同。例如，甲、乙是共同合租人，甲仅对自己承租的房间具有相应的控制权，而对乙的房间不享有任何的权利。如果乙在自己的房间内容留他人进行吸食毒品的违法行为，则甲并不符合本罪中的构成条件，也不需要承担相应的责任。但是相对于甲、乙公共区间的客厅、厕所、厨房等场所，是认定为合租者共

---

〔1〕 资料来源于中国裁判文书网。
〔2〕 李翔："论容留他人吸毒罪中的'容留'"，湘潭大学 2017 年硕士学位论文。

同控制下的区域。如果乙或者甲容留第三方在公共区域内吸食、注射毒品，则另一方共同控制人在明知的情况下，不予以制止的也不构成本罪。除非共同控制人在明知的情况下，还主动配合或者有参与提供便利的行为时，情节严重者将会以容留他人吸毒罪的共犯论处。

（2）场所的共同控制人不制止其他共同控制人吸毒活动的也不构成本罪。场所的共同控制人对该场所具有的权利是平等的，在民法上也属于完全平等的民事主体，不存在容留与被容留的关系。从相处模式来看，只要场所的共同控制人的行为不影响或者侵犯到其他共同控制者的权利或者利益的，其他共同控制人没有权利干涉。甚至在法律条文中，也没有规定拥有场所的共同控制人有必须去制止其他共同控制人吸毒的义务。因此，共同控制人不制止其他共同控制人在其共同控制场所内吸毒的也不构成本罪。就算共同控制人为其他共同控制人吸食毒品进行望风、报信等的，也不属于容留他人吸毒罪中的"容留"行为。[1]例如，甲、乙对某品牌汽车拥有共同控制的使用权，甲、乙某日驾车办事后，甲毒瘾发作，便在车内独自吸食毒品，而乙并没有制止。在这个案件当中，乙之所以不能被认定构成容留他人吸毒罪，不单单是因为乙对该车有控制权，更重要的是乙主观上没有容留甲利用共同控制场所来吸食毒品的直接故意，也没有提供现实的便利，所以乙没有制止甲吸毒的义务。综上所述，笔者认为场所的共同控制人，在明知的情况下，其他共同控制人不管是容留第三方吸食毒品，还是明知其他共同控制人自己用于吸食毒品，其中一方当事人如果单纯地作出不制止的行为，该行为也不会构成我们所说的容留他人吸毒的行为。

四、"提供其他条件的便利"的理解与认定

（一）"提供其他条件的便利"的理解

在"容留"型毒品犯罪中，无论是以提供场所的方式，还是提供其他条件的便利行为，都属于该罪中的"容留"行为所指代的实质性帮助行为。笔者认为，提供其他条件的"便利"是指行为人为他人吸食毒品提供

---

〔1〕 吴仁碧："论容留卖淫罪、容留吸毒罪的'容留'"，载《西南政法大学学报》2014年第6期。

一种实质性的帮助行为，而这种"帮助"直接导致了危害结果的发生。虽然笔者将提供其他条件的便利理解为容留他人吸食毒品犯罪中的帮助行为，但并不是将所有的"帮助"都认定为提供其他条件的便利行为。原因在于，刑法所描述的帮助行为不同，所侵害法益的影响也会有所不同。例如，故意杀人罪是严重危害生命法益的行为，其中的实行行为已经是刑法分则具体罪名中所定型化的行为，因此只有当行为严重法益侵害时才会被刑法规定为犯罪。所以提供其他条件的便利行为，作为一种帮助他人吸食毒品的违法行为时，其提供的便利本身有可能是严重危害法益的。如果只是普通的帮助行为，虽然从客观上看，的确也表现出有帮助的作用，但从现实的实际影响力来看却对结果的发生不会产生任何支配性的作用。

此外，有很多观点证明，如果将帮助吸毒的行为入罪，处罚的范围就有可能扩大，此时还应当对提供便利的行为解释加以限制。以此类推，如果将所有的"帮助"行为都理解为提供其他条件的便利，那么就有可能认为只要是对吸毒行为起到帮助的，都能以该罪论处。提供其他条件的便利行为之所以被看作是刑法上的一种帮助行为，理由只能说明其本身是具备法益侵害性的。然而，只有当直接针对他人吸毒行为本身乃至完成吸毒的整个过程，提供了实质性的"帮助"行为的，才能被认定为是该罪中所说的提供其他条件的"便利"。

（二）"提供其他条件的便利"的认定方式

我国刑法中的帮助行为，是指有两个或两个以上的共同犯罪人，其中某一个行为人是实施实害结果的犯罪人，而另一个则为实行犯提供了便利条件的帮助行为，且在共同犯罪的主要过程中起到了次要或者辅助性的作用。[1]这种"助攻"的行为，就容留他人吸毒罪而言，在客观上存在着多种多样的方式，而在司法实务中主要有两种情形：一种是为他人吸食毒品而提供"望风"的行为；另一种则是在场所内提供毒品消费的行为方式。吸毒者往往会利用很多娱乐场所、营业场所，例如，KTV、酒吧、茶坊等进行吸食、注射毒品活动，但却很少被缉毒人员查到，原因在于总是会有特定人员轮流在门外或窗边实施"望风"行为，这些人之所以为他们违法

---

[1] 王天："关于容留他人吸毒罪的几点理解与思考"，载《公安教育》2015 年第 4 期。

吸毒提供实质性的帮助行为，大多都是受雇于场所的所有人或者实际控制人。行为人通过"望风"的方式，为他人或者第三人吸食毒品提供便利，[1]这是典型的容留他人吸毒的帮助行为。例如，某日晚，十几个人来到某 KTV 唱歌，并于次日凌晨 2 点的时候要求播放"摇头丸"的音乐，此时该场所经理发现这十几个人在包房内吸食毒品"摇头丸"。播放音乐后，经理害怕被公安机关查获，还专门指示其他员工到门口进行望风。在这个案例当中，经理作为该场所的控制人，是有义务阻止这十几个人吸毒并向公安机关进行检举的，但其不仅不履行制止义务，甚至还指使其他员工进行"望风"的帮助行为。容留他人吸毒罪的"望风"行为，实际上直接可以指向被容留者的吸毒行为本身。因此可以认定该经理为吸毒人员提供了间接帮助的便利条件。

另一个是在场所内，以提供消费毒品行为的方式为他人吸食毒品提供便利。例如，给吸毒者提供一些吸食、注射毒品的工具，如锡纸、注射器、烧锅、冰壶等。[2]就吸毒的工具而论，有普通和专业之分，不能将提供日常普通物品给他人用于吸毒的行为作为犯罪处理，不然就会显得过于严苛了，这种提供日常普通工具的帮助行为并非吸毒者赖以存在的前提，对社会公民的健康也不会造成现实紧迫的危害。这就好比五金店老板将菜刀卖给打算实施杀人行为的人，而将五金店老板以帮助犯论处一样。因此将这种具有中立性的行为规定为犯罪的话，还需谨慎对待。笔者认为，只有在复杂多样的毒品消费行为中，仅向吸毒者提供用于毒品所需的工具，才能认定为是提供其他条件的"便利"行为方式。

五、结语

容留他人吸毒罪近些年来频频发生，这不仅危害社会公民的健康，而且也使社会管理秩序以及毒品管理秩序遭到一定程度上的破坏。因此，笔者将容留他人吸毒罪中的"容留"解释为"提供场所"或"提供其他条件的便利"帮助行为，并从该罪中容留行为的客观角度进行了全面的深

---

〔1〕 郦毓贝主编：《毒品犯罪司法适用》，法律出版社 2005 年版。
〔2〕 周光权：《刑法各论》（第 2 版），中国人民大学出版社 2011 年版。

究。但目前我国并没有将吸毒行为纳入刑罚处罚的情形中，而考虑到现实中有很多行为人为吸毒者提供实质性的帮助行为，已经危害到不得不动用刑法来论处的地步，所以笔者赞同把"提供其他条件的便利"与"提供场所"一起纳入容留他人吸毒罪中的"容留"解释范围上进行分析与认定。虽然这从客观上看有可能扩大刑法的处罚范围，但对于容留的解释实则是在发展的前提下进行的限定解释，如果把握好尺度是有利于司法实践对该罪解释适用的。

毒品犯罪中毒品数量的认定

摘　要： 在毒品犯罪案件中，对被告人定罪和量刑起重要的作用是对案件中的毒品数量的认定。目前，我国的毒品犯罪案件率正呈上升且居高不下的趋势。毒品种类的多元化和载体逐渐年轻化，新型神经性毒品优势已替换老型毒品在欲望的市场流通。吸毒人员每年缓慢增长不减。在这样严峻的挑战下，完善毒品犯罪的治理体系是紧迫的，推进禁毒工作也是刻不容缓的。在司法实践中，排除毒品种类的不同，在同等量的毒品数量和毒品含量的情况中，数量越多造成的社会危害性越大。从毒品数量的认定方面来看，我国司法实践中仍然存在一些问题：其一，毒品数量在毒品犯罪中所认定的依据不完善。毒品数量在毒品犯罪中认定的依据较为框架化，认定依据具有滞后性。毒品数量认定的部分依据过于简单，不甚清晰。毒品数量在毒品犯罪中认定的依据零散且不全面。其二，毒品数量的具体认定方法存在问题。虽然法律对毒品数量认定的具体方法有一定的规定，但其规定并不详尽也不完善，可以说只是一个框架。部分规定符合时代发展，但另一部分却不能解决现今出现的新型毒品犯罪案件。其三，将特情介入侦查下于毒品犯罪案件之中所查获的毒品数量均认定为毒品犯罪的数量。其四，侦查人员未能查获毒品实物时对毒品数量认定困难。因毒品本身性质特殊，一旦被告人采取消耗或毁灭性手段，则难以取证。其五，模糊的既遂标准导致侦查人员认知与毒品数量认定不相吻合。本文认为要解决以上的问题，需要通过以下方式：第一，应当完善毒品犯罪案件中毒品数量的认定依据，以在弥补立法的滞后性的同时，增强立法的预见性和前瞻性。进一步细化毒品数量的认定规定，使其更为明确且全面，而不至于框架化，无参照不好实施。毒品数量计算应严格且精确，以便审判机关更好地对毒品犯罪案件被告人作出合法且正当的裁决结果，不偏不倚。第二，完善毒品数量认定在现实中的具体方法。尤其是对毒品犯罪案件经特情介入侦查之下认定涉案所持毒品数量的区分方法的完善。毒品犯罪案件的既遂标准应当恒一，做到对毒品数量正确认定，以实现对毒品犯罪被告人定罪量刑合法正当，符合《刑法》的目的。第三，规范侦查人员未能查获毒品实物时对毒品数量的认定。侦查人员未能查获毒品实物时对毒品数量认定的依据应当进一步细化，形成合法体系。建立毒品数据库，资源共享。第四，明确既遂标准在毒品数量认定中的重要作用。欲妥当合理地界定贩卖毒品罪的既遂标准，首先须找准在刑法之中关于毒品犯罪案件的保护法益是什么，通过对毒品犯罪案件保护法益的深刻理解，来剖析毒品犯罪案件的基本特征，从而妥当且合理地确定毒品犯罪案件的既遂标准。

关键词：毒品犯罪；特情侦查介入；犯罪既遂标准；毒品数量认定；定罪量刑

一、毒品犯罪的概念及基本特征

(一) 毒品犯罪的概念

毒品犯罪是指违反我国《刑法》和国际上有关禁毒法律、法规，并破坏国家及国际的毒品管制制度和社会管理秩序，应当受到《刑法》处罚的犯罪行为。毒品犯罪侵犯的法益是我国《刑法》和有关禁毒法律、法规所保护的受毒品犯罪所侵犯的国家的毒品管制制度和社会管理秩序；毒品犯罪的客观方面表现为我国《刑法》所规定的关于毒品犯罪活动的客观外在；毒品犯罪的主体是有条件的，即指自然人和法律规定的犯罪单位，自然人需达到我国法定的刑事责任年龄，具有相应的刑事责任能力；毒品犯罪的主观方面为犯罪主体对其所实施的毒品犯罪行为，造成危害的社会结果及其破坏国家对毒品犯罪的管理制度持故意的心理态度。无论毒品犯罪中的毒品数量多少，都应当由我国《刑法》追究其刑事责任，作出刑罚处罚。[1]

---

〔1〕 崔志伟："试对我国犯罪概念形式特征与实质特征的再认识"，河南大学 2011 年硕士学位论文。

（二）毒品犯罪的基本特征

1. 具有危害社会之行为

毒品犯罪行为具有社会危害性且其危害影响比较严重。该行为与我国刑法所保护的法益是相悖的。其主要体现在三个方面：一是侵入基本社会单位，破坏社会生活单位的稳定性；二是侵害社会生产力；三是扰乱社会治安，破坏社会稳定结构。

2. 应当触犯我国刑法

毒品犯罪行为具有刑事违法性。刑事违法性是犯罪行为的附着载体，是刑法对犯罪行为的否定评价，是用以区分违法和犯罪的主要标志。刑事违法性与社会危害性互为表里，刑事违法性是社会危害性在刑法上的外在表现，社会危害性则是刑事违法性的基础，二者缺一不可。

3. 应受处罚性

毒品犯罪行为从刑法上说，是应当受刑罚处罚的，是社会及其大众所不能忍受的。就该犯罪行为应受刑罚处罚的特征来看，包含两个方面：一是只要刑法并未对其规定刑罚就不是犯罪；二是行为人实施相应的行为会受到刑罚所处罚的一定是犯罪，犯罪行为具有特定性。

二、毒品数量在毒品犯罪案件中的认定现状

（一）特情介入侦查之下的毒品数量认定现状

特情介入侦查泛指国家机关侦查工作人员及国家追诉机关具有侦查职能的部门的工作人员对潜在犯罪嫌疑人实施相应的手段，以营造犯罪情境诱发犯意的发生或者为犯罪行为人实施相应的犯罪提供优质的条件以及机会，积极鼓励犯罪行为人实施犯罪行为从而产生危害结果以侦破毒品犯罪案件、逮捕犯罪人。[1]该手段在毒品犯罪中的运用较为普遍。

特情介入侦查在我国分为三种类型：机会提供型介入侦查、数量引诱型介入侦查和犯意引诱型介入侦查。在这三种情形下的毒品犯罪案件之中所查获的毒品数量均应认定为毒品犯罪的数量，其中后两种情况于毒品犯罪案件之中可以依法从轻处罚。

---

〔1〕 吴宏耀："论我国诱饵侦查制度的立法建构"，载《人民检察》2001 年第 2 期。

（二）侦查人员未能查获毒品实物时中毒品数量的认定现状

毒品数量对刑事案件罪名定性与量刑有直接影响，在其中甚至发挥决定作用。在毒品犯罪之中，犯罪嫌疑人对毒品采取多种消耗或毁灭性手段，致使其在被侦查人员追踪抓获时，常会有未能查获实物的情况出现。没有毒品实物则不能为被告人定罪量刑。但因其毒品本身性质特殊，一旦被告人采取消耗或毁灭性手段，则难以取证。[1]在我国形式多样的毒品犯罪中，零星贩毒形式是最为常见的。该种贩毒形式灵活多变，贩毒人员既吸又贩且毒品数量少，极易使毒品消耗或者毁灭，这增加了侦查人员取证的难度。[2]故而侦查人员未能查获实物时的毒品数量认定在司法实践中是一个难题。

（三）侦查人员对行为实施时吸毒者所持毒品数量的认定现状

侦查人员对行为实施时吸毒者所持毒品数量的认定非常复杂。侦查人员逮捕的犯罪嫌疑人可能既吸又贩、只吸不贩、只贩不吸、携带（知情不知情）又或者挟带等，各种因素以及人身性复杂导致侦查人员在逮捕犯罪嫌疑人之后对其毒品数量、行为定性等均出现困难。毒品犯罪案件中的犯罪嫌疑人身份转变为被告人时，司法实践中常出现难以认定毒品犯罪被告人所持有毒品实物是用于本身吸食还是毒品犯罪的情形。审判机关在审理毒品犯罪案件时，认定毒品数量时是否应当扣除被告人具备的合理吸毒量仍存在争议。审判机关大部分普遍依照所证明的被告人的贩卖数量及查获数量来认定。

（四）在毒品犯罪人员住址等地所查获的毒品数量的认定现状

通常观念认为于毒品犯罪人员住址、车辆等处所查获的毒品数量，需认证其确为用于贩卖才可认定为毒品犯罪中的毒品数量。但毒品犯罪已经愈加贴合现代生活，毒品种类多元化，新型神经性毒品的出现已代替老型毒品在市场流通，吸毒人员每年缓慢增长不减。为了更好打击犯罪，应将通常观念里所规定的处所进行扩大化，以贴合现代生活。

---

〔1〕 宋萍："贩卖毒品案件的证据运用与法律适用"，载《法治论坛》2009 年第 3 期。

〔2〕 张韶春："公安视野中贩卖毒品罪若干疑难问题研究"，华东政法学院 2006 年硕士学位论文。

（五）当前毒品数量折算与累计的现状

上文提到，毒品犯罪案件必然涉及毒品数量计算，而毒品在一案中可能分数种。在对被告人的罪名定性，衡量其刑罚轻重时，最重要的标准便是对其所涉及的毒品进行折算并累计计算。而这一标准在现今司法实践之中存在莫大争议。[1] 在司法实践中，《刑法》尚未规定毒品数量折算标准，折算过程只在内部体现，裁判文书不予说明。值得注意的是，在对被告人所持毒品数量进行折算以衡量其刑罚时，是否依照其毒品种类将其换算成海洛因计算或者只以多数的毒品种类及含量来认定，所计算出的毒品数量可能不同。

三、毒品数量在毒品犯罪案件中的局限面

（一）毒品数量在毒品犯罪中所认定的依据不完善

1. 毒品数量在毒品犯罪中认定的依据较为框架化

《刑法》未对毒品数量认定的依据规定详细条款，但对毒品犯罪的种类有一定框架化划分。详细地说，其中并不直接涉及所框架化的毒品数量认定。对于司法实践而言，过于框架化的毒品数量认定依据，不能很好地支撑执法人员去打击毒品犯罪。执法人员对框架化的毒品数量认定依据的理解一旦出现偏差，将会导致在实际操作工作中出现失误。故而关于毒品犯罪案件中毒品数量的认定依据应当详细规定以指导实践，从而实现《刑法》的目的。

2. 毒品数量在毒品犯罪中认定的依据具有滞后性

我国正在高速发展，面对新型毒品犯罪的侵袭，当前部分毒品犯罪案件中毒品数量的认定依据并不足以去解决这一问题。毒品数量在毒品犯罪中认定的依据同法律一样具有滞后性，难以满足司法实践日益增长的需求。上文提到，毒品查获地点认定问题及涉案多种毒品认定问题长期存在，导致各地审判结果存在差异。也就是说，这样的方式较为被动，尤其是在与新规定出台之前，实践中此类问题将长期处于一种无规定的状态，从而容易导致司法实践中的混乱。

---

[1] 刘瑾："毒品犯罪中毒品数量认定问题研究"，湘潭大学 2017 年硕士学位论文。

3. 毒品数量认定的部分依据过于简单，不甚清晰

侦查机关工作人员依据认定规则以逮捕毒品犯罪嫌疑人，这是毋庸置疑的。但其所依据的认定规则并不是很详细，需由其对认定规则进行解读来判断行为是否触犯这一规则从而进行逮捕。

4. 毒品数量在毒品犯罪中认定的依据零散且不全面

我国《刑法》只略提了毒品数量认定的两个原则，即毒品数量累计计算和不以纯度折算原则。但从司法实践来看，由于其在法律条文领域中并没有形成一个全面的体系，加上相关的毒品犯罪司法解释也没有对该类问题进行深度探讨，导致过于框架化的毒品数量的认定依据只能解决部分典型问题。

（二）毒品数量的具体认定方法存在问题

毒品数量的具体认定方法存在问题，这不仅仅关乎公安机关，甚至牵涉检察机关及审判机关。虽然相关法律对毒品数量的具体方法有一定的规定，但其规定并不详尽也并不完善，可以说只是框架。部分规定能符合时代发展，但另一部分却不能解决现今出现的新型毒品犯罪案件。在司法实践中，一旦毒品数量的具体认定方法操作不当，会使得判断犯罪嫌疑人的犯罪行为是否触犯《刑法》存在困难，也易导致对毒品数量的认定出现问题。对此，应对毒品数量的具体认定方法加以甄别，保留其既有合理成分，剔除其不合理成分。

（三）毒品犯罪案件经特情侦查介入侦查之下所查获的毒品数量均被认定为涉案所持毒品数量

上文曾提到，特情介入侦查手段在我国毒品犯罪案件中较为常见。不可否认，此侦查手段的确符合打击当今趋高不下的毒品犯罪，亦有利于侦查机关快速侦破案件，对实施毒品犯罪行为的犯罪嫌疑人进行全面抓捕，推动我国禁毒工作快步进行。但值得注意的是，对于毒品犯罪而言，并不是所有的特情介入侦查手段都是合法的。一方面，特情介入侦查能全面控制犯罪嫌疑人的毒品交易，避免产生现实侵害；另一方面，毒品犯罪中特情介入侦查下查获的数量庞大，导致对被告人量刑并不准确，甚至在司法实践中会出现刑罚畸重的现象。

（四）侦查人员未能查获毒品实物时对毒品数量的认定困难

对涉案毒品数量认定是判断被告人在整个毒品犯罪案件中应当承担何

罪名、何刑罚的重要标准。如上文所言，被告人对毒品采取多种消耗或毁灭性手段，致使其在被侦查人员追踪抓获时，常会出现未能查获实物的情况。这是因为毒品本身性质特殊，一旦被告人采取消耗或毁灭性手段，则难以取证。

（五）模糊的既遂标准导致侦查人员认知与毒品数量认定不相吻合

犯罪形态，是指故意犯罪在发生至完成过程中所包含的各阶段，因主客观原因从而停止下来的各种犯罪形态。毒品犯罪中的犯罪形态则是判断行为人是否完成毒品犯罪所需的犯罪行为标准。就司法实践来说，各地的审判机关判断被告人是否达到毒品犯罪案件中的既遂标准是不同的。如具有交付行为、交付行为进行时、具被贩卖毒品的毒品犯罪意图、不是本人吸食、毒品数量过量等均为判断毒品犯罪既遂的标准。如若毒品犯罪案件的既遂标准不明则会导致毒品数量认定的不准确，毒品数量认定的不准确又进一步导致被告人刑罚衡量不准确，这无疑与《刑法》背道而驰。对此，司法实践中的做法则是在严打毒品犯罪的刑事政策下，对毒品犯罪案件的既遂与未遂认定中存有争议、把握不准的，认定为既遂。值得注意的是，我国的法律并未对毒品犯罪的既遂标准有过多的规定。故欲妥当合理地界定贩卖毒品罪的既遂标准，首先须找准其在刑法之中关于毒品犯罪案件的保护法益是什么，通过对毒品犯罪案件保护法益的深刻理解，来剖析毒品犯罪案件的基本特征，从而妥当且合理地确定毒品犯罪案件的既遂标准。

四、毒品犯罪案件中认定毒品数量的建议

（一）完善毒品数量在毒品犯罪中的认定依据

基于毒品数量在毒品犯罪之中的认定依据同法律一样具有滞后性的特点，容易致使毒品数量认定的标准与现实司法实践产生脱节，为严惩犯罪，更好地践行《刑法》的目的，对毒品犯罪案件中毒品数量认定依据的完善是刻不容缓的。其一，为弥补立法的滞后性，应当增强立法的预见性和高瞻性，迎合时代的发展、变更。[1]其二，毒品数量在毒品犯罪中认定

---

〔1〕 吴志攀：“'互联网+'的兴起与法律的滞后性”，载《国家行政学院学报》2015 年第 3 期。

的依据应当进一步细化，形成合法体系，使其更为明确且全面，而不至于框架化，无参照不好实施。其三，对毒品数量的计算应严格且精确，以便审判机关更好地对毒品犯罪案件的被告人作出合法且正当的裁决结果，做到不偏不倚。

（二）完善毒品数量认定在现实中的具体方法

其一，对毒品犯罪案件经特情介入侦查之下认定所查获的毒品数量是否为涉案所持毒品数量应当加以区分。一律认定为涉案所持毒品数量不仅是不合理的，在一定的程度上也会造成对被告人量刑畸重。其二，毒品犯罪案件中侦查人员未能查获毒品实物时的情况是存在的，这导致认定犯罪嫌疑人持有的毒品数量存在极大困难。其三，各地审判机关对毒品犯罪案件被告人的既遂标准并未恒一，这导致毒品数量在毒品犯罪案件中的认定并不准确。其四，相关机构对毒品数量的认定操作方法应严格且精确，其报告应当实事求是，合法正当。毒品数量认定在现实中的具体方法应当完善，做到对毒品数量正确认定，以实现对毒品犯罪被告人定罪量刑合法正当，符合《刑法》的目的。

（三）规范侦查人员未能查获毒品实物时对毒品数量的认定

侦查人员未能查获实物时的毒品数量认定在司法实践中较为常见。因其毒品本身所具有的特殊性，司法实践中要真真实实将犯罪嫌疑人移交审判机关审判存在困难。未查获的毒品实物本身在毒品犯罪案件中，与认定毒品犯罪行为人本身所持毒品数量从而推导出被告人所适宜的刑罚存在极大的因果关系。在司法实践中，可以从以下两方面对未查获毒品实物的毒品犯罪案件进行着手：

1. 侦查人员未能查获毒品实物时对毒品数量认定的依据应当进一步细化，形成合法体系

由于在这一毒品犯罪案件类型之中物证的毒品是不存在的，因而需要侦查机关规范运用其他证据证明涉案毒品数量、被告人的犯罪行为、行为危害结果及主观意图等，不能仅凭被告人的供述。[1]值得注意的是，在司

---

〔1〕 蒋文军、蒋毅："言词证据的审查与运用"，载《山西省政法管理干部学院学报》2016年第2期。

法实践中，交易毒品双方若是对所交易的毒品数量供述存在误差，审判机关对涉案的毒品数量将按照"就低不就高"法律原则进行确定。[1]

2. 侦查机关和公诉机关移交至审判机关的毒品犯罪案件的证据以及公诉书上应当详细标明毒品实物的数量以及被告人的犯罪意图

值得注意的是，审判机关在制作毒品犯罪案件的裁判文书时，应当标明所能证明未查获毒品实物的重量，这是审判机关对被告人正确定罪量刑的首要条件。[2]裁判文书不标明涉案毒品数量，说理不清楚明白，会导致裁判文书的权威性及公正性受损，被告人及公众对案件不满，引发社会矛盾。

3. 建立毒品数据库，资源共享互通

可以在全球范围内建立一个毒品数据库用于禁毒信息上传与共享的网络数据平台。通过建立毒品数据库，可以使毒品犯罪案件中查获与未查获的毒品实物在毒品数量上的认定更为精确，有利于侦查机关快速侦破案件，亦有利于审判机关制作相关的法律文书，推动我国禁毒工作进行。

（四）明确既遂标准在毒品数量认定中的重要作用

上文提到，毒品犯罪的既遂标准在毒品犯罪案件之中占有重要地位，既是判断毒品犯罪案件中被告人所应当承担何种刑罚的重要标准，亦是判断是否符合我国《刑法》保护目的的重要标准。欲妥当合理地界定贩卖毒品罪的既遂标准，首先须找准在刑法之中关于毒品犯罪案件的保护法益是什么，通过对毒品犯罪案件保护法益的深刻理解，来剖析毒品犯罪案件的基本特征，从而妥当且合理地确定毒品犯罪案件的既遂标准。在明确毒品犯罪的既遂标准之后，应当将其与毒品犯罪案件及相关当事人相结合，以此为依据对被告人的既遂毒品数量进行合理的认定，确定被告人应当定何罪名，量何刑罚。在司法实践之中，对于贩毒人员住址等地所查获的毒品数量是否计入犯罪行为人毒品犯罪毒品实物的既遂含量之中，主要是看其对所持有的毒品实物持何种犯罪意图，由其行为映射证明犯罪行为人的犯

---

[1] 汪敏、任志中："毒品犯罪案件中毒品数量的认定"，载《华东刑事司法评论》2003年第3期。

[2] 王彤彤："对优秀刑事裁判文书成立要素的探讨"，山东大学2017年硕士学位论文。

罪意图，推定是否应当加入毒品实物既遂含量之中。[1] 例如，在贩毒人员住址等地所查获的毒品数量，犯罪行为人若有证据证明是供本人吸食，则不应计入毒品犯罪毒品实物的既遂含量之中；若犯罪行为人所提供的证据只能证明其中部分毒品供本人吸食，而另外部分无法证明其用途。经侦查人员查证后，该部分毒品实物是用于贩卖的，则应当计入毒品犯罪毒品实物的既遂含量之中；若侦查人员无法查证该部分毒品适用于《刑法》中对毒品犯罪所规定的犯罪目的，则不应当计入毒品犯罪毒品实物的既遂含量之中。我国的法律并未对毒品犯罪的既遂标准有过多的规定。为此，应在探索毒品犯罪的既遂标准的同时，与我国的司法实践相结合，从而使得毒品犯罪案件的定罪和量刑更加准确。

---

[1] 赵拥军："从毒贩住处等地查获的毒品数量计入贩卖数量应允许反证推翻——兼论贩卖毒品罪的既遂应当区别行为方式的不同进行认定"，载《法律适用》2015 年第 4 期。

论特殊人群涉毒犯罪预防

摘　要： 在我国经济发展越来越好的今天，我国的毒品违法犯罪却屡禁不止，这不仅引发了社会治安问题和公共安全问题，也是政府面临的一项社会难题。近几年来，因为自身特殊性以及独特的法律地位，特殊人群从事涉毒违法犯罪的人员越来越多，加上在有限的法律范围内没有进行有效的打击，导致形成了区域犯罪亚文化现象。为此，对特殊人群涉毒犯罪的预防显得非常必要，目的在于解决因为特殊人群的特殊性对社会造成的社会问题和司法实践中面临的司法难题。

关键词： 特殊人群；涉毒犯罪；预防

一、特殊人群涉毒犯罪预防的必要性和可行性

（一）特殊人群犯罪预防的必要性

特殊人群大多数都是具有身体缺陷的社会群体，这一群体一旦染上毒品，不仅精神、身体受到重创，使他们原本就缺陷的身体雪上加霜，更严重的会导致死亡，而且还会因为交叉感染患上艾滋病，免疫系统遭到破坏。

毒品的价格常常都不便宜，每每新闻都有报道，吸毒人员因为没有毒资拿刀威胁家人，或者因为吸毒产生幻觉而做出了伤害家人的事，使家庭结构瓦解。在掏空个人和家庭的积蓄以后，因为吸毒需要巨大的资金所以会滋生出吸毒者其他的违法行为，比如抢劫、盗窃、诈骗之类的犯罪行为。这种行为的发生，破坏了良好的治安秩序，也影响了经济发展和人们的生活和财产，甚至给社会保障和医疗援助等埋下了很大的隐患，造成司

法行政机关的公信力下降，严重影响社会的和谐稳定。[1]自然界有发展规律，人类社会同样有规律和秩序。[2]在我国，毒品一直属于违禁品，国家也对毒品出台了相应的管理规定和法律，如《药品类易制毒化学品管理办法》《易制毒化学品管理条例》《麻醉药品和精神药品管理条例》《禁毒法》《刑法》等法律法规。这些法律法规都是打击和治理我国毒品市场的保证，也是维护百姓权益的一把把利剑，也正是有这些相应的法律法规，我国的执法机构在相应的毒品、易制化学品管理以及打击毒品违法犯罪的活动中才有了相应的依据。

特殊人群利用其特殊性涉毒犯罪严重违反了我国相应的法律法规，是对我国法律秩序的挑战，任何人违反法律法规规定的义务或者特定的法律关系规定都要承担相应的不利责任。

（二）特殊人群涉毒犯罪预防的可行性

特殊人群的涉毒犯罪作为一种社会现象，其危害由来已久，不仅危害了社会公共安全，也危害了国家的经济和人民的财产安全，侵蚀着人民群众的身体。历史一次一次地提醒着人们毒品的危害，古有林则徐虎门销烟，现有国家人民禁毒战争。为了打击毒品犯罪，我国制定了相关的法律法规，例如《刑法》《禁毒法》等法律法规。[3]这给我们打击特殊人群涉毒犯罪提供了相关的法律依据，使得有关机关在打击毒品犯罪实践中，有理可循，有法可依，有据可查。同时还对特殊人群涉毒犯罪预防进行研究，以更好地为打击特殊人群涉毒犯罪助力。

二、特殊人群涉毒犯罪现状及原因分析

（一）特殊人群涉毒犯罪现状

1. 司法诉讼难

因为特殊人群在法律中有着独特的法律地位，所以特殊人群涉毒犯罪在司法实践中特别难以侦查、难以诉讼，这给司法行政机关打击特殊人群

---

〔1〕 朱景文主编：《法理学》，中国人民大学出版社 2008 年版。

〔2〕 何秉松主编：《刑事政策学》，群众出版社 2002 年版。

〔3〕 任佳："特殊人群贩毒活动特点及对策研究"，载《武警学院学报》2015 年第 9 期。

涉毒犯罪带来了非常大的困难。[1]特殊人群涉毒一般都是被拘留或者被逮捕，大多数公安机关对涉毒人员采取强制措施，但是这些强制措施一般都只是取保候审或者监视居住等。由于毒品犯罪属于无被害人的刑事案件，没有当事人去报案，也没有群众的举报，所以案件的发生都是由公安机关通过控制下交付的。现在的毒品犯罪特别多样化，犯罪行为特别隐蔽，往往都是在无人或者特别私人的地方，除了涉毒人群没有其他人在场，也没有群众举报，而且涉毒人员在吸食毒品的时候往往还会安排人员观察情况，在有紧急情况的时候，还会销毁证据，所以涉毒案件的实物证据也比较少，言辞证据比较多，证据特别容易流失，这给公安机关打击侦破特殊人群涉毒犯罪造成了很大的困扰。

另外，在案件的侦查过程中，涉毒人员总是想方设法地毁灭其犯罪证据，以逃脱法律制裁，所以公安机关在办案的过程中想要找到其犯罪证据是一件非常困难的事。毒品案件的犯罪现场非常简单，实物证据少，言辞证据多，行为人突然翻供的现象屡屡发生，加上涉毒人员因为吸食毒品大多都患有艾滋病等传染病，这让执法人员在调查取证的时候面临的执法风险非常大，种种情况都让公安机关部门在侦办此类特殊群体涉毒案件时困难重重。

2. 重复犯罪率高

毒品犯罪和其他犯罪有着一些不同的区别，毒品犯罪高风险、高回报，而且有其特殊的成瘾性、依赖性，这几个特性使得很多人冒着高风险也要从事这一类犯罪活动。对特殊人群涉毒犯罪的监管不力将导致这一类群体利用自己的法律地位或身体理由来规避被拘留的法律风险，无视国家法律，更加肆无忌惮地从事各种类型的犯罪活动。另外，由于其特殊性，导致公安机关对特殊人群的强制措施实施不足，犯罪的重复率每年都在大幅增加，还滋生了其他的违法犯罪活动，如抢劫、盗窃、诈骗、卖淫嫖娼等。

3. 以贩养吸现象严重

毒品的成瘾性、依赖性，使得很多人一旦染上毒品就很难戒除，变成

---

[1] 《全国法院毒品犯罪审判工作座谈会纪要》。

"瘾君子"，一辈子都活在毒品的阴影下，一次吸毒，终身戒毒。由于特殊人群的身体原因，他们中的大部分人都饱受疾病的折磨，吸食毒品能让其在疼痛不能忍的时候缓解身体上的疼痛和疲劳，但是毒品的价格非常昂贵，再加上他们的医药费、护理费等一系列的费用，大多数家庭都不堪重负；同时毒品有着非常大的毒品市场和高额利润的诱惑，从买卖毒品的价格情况来看，[1]进销差价约高达 3 倍以上，特殊群体看到可以利用自身的特殊性和毒品可能带来高额的利润空间，纷纷从事毒品犯罪活动，以贩养吸，一方面缓解自身经济压力，另一方面也能继续吸食毒品。

（二）特殊人群涉毒犯罪的原因分析

1. 毒品犯罪侦查难度大

实施毒品犯罪的犯罪分子有较高的反侦查能力，并且犯罪分子还会经常改变其毒品交易的地点，就算是交易也是采取人货分离的手法，目前是大数据、信息化的时代，移动支付特别普及，毒贩往往采取微信收款、支付宝转账、账户打款的方式，这样就很容易在双方未露面的情况下完成毒资的交易，毒贩收到毒资以后会将毒品投放在指定的区域，通过电话、微信等手段通知买家到指定区域自行取货。这种犯罪手段形成的犯罪现场特别简单，给公安机关取证以侦破案件造成了巨大的困难。加上目前的基层公安机关储备警力不足以及办案经费拮据等原因，侦破毒品犯罪案件是难上加难。警力不足，难以搜索到有效的毒品犯罪的情报和线索，也就无法获取足以定罪的证据，或者千辛万苦将犯罪嫌疑人人赃俱获地送入司法诉讼阶段，也会因为固定不到其犯罪证据，而导致犯罪嫌疑人不能受到应有的法律制裁。这充分说明，侦破毒品犯罪案件非常困难，掌握证据非常困难，特别是对于特殊群体的涉毒犯罪，情报来源和线索更少。

2. 社区功能弱化

社区是若干社会群体或社会组织聚集在某一个领域里所形成的一个生活上相互关联的大集体，是社会有机体最基本的内容，是宏观社会的缩影，也是个人生活环境的组成部分。[2]在我国，市场经济持续深化，商品

〔1〕《2017 中国禁毒报告》。

〔2〕吴鹏森：《犯罪社会学》，社会科学文献出版社 2008 年版。

经济持续增长，基于原有的单元布局的社区正在慢慢走向崩溃。现在的社区开发主要是基于商业住宅销售和租赁的地理组合。拥有这样组合的社区，是各种矛盾的交汇点。

现在的社区管理机构都是居民委员会、村民委员会或者基层群众自发组织的机构，因为其人员配备少，管辖的范围过大且人员复杂、人口流动大，无暇走访流动人口、社区制度欠缺、社区文化浅薄等，使得社区的管理成员对社区里的成员并不了解，很难发挥出其社区管理职能。

3. 供求关系影响下的毒品消费市场庞大

毒品市场是一个巨大的消费市场，它和一般的市场经济有着同样的规则和限制，只是因为属于非法市场所以不可能得到国家的认可。但是其独特的暴利性还是让犯罪分子们趋之若鹜，不惜一切代价地实施着犯罪行为。目前我国吸毒人员有 240 万左右，庞大的吸毒人数伴随着庞大的需求空间。马克思的《资本论》指出："一旦有适当的利润，资本就大胆起来，如果有10%的利润，它就保证被到处使用；有 20% 的利润，它就到处活跃起来；有50% 的利润，它就铤而走险；为了 100% 的利润，它就敢践踏一切人间法律；有 300% 的利润，它就敢犯任何罪行，甚至冒着被绞首的危险。"[1]而毒品的买卖利润就在300%左右，所以一些人不惜一切代价都要从事毒品犯罪行为，而特殊人员有着独特的法律地位和身体因素可以规避法律，就更不用说了。

4. 犯罪亚文化现象突出

犯罪亚文化，是指犯罪亚群体在犯罪活动中逐渐形成并予以信奉和遵守的与主文化相对立的价值标准、行为方式及其现象的综合体。[2]特殊人群涉毒犯罪就比较符合犯罪亚文化的特征，因此也可以用犯罪亚文化的理论解释特殊人群涉毒犯罪的现象和分析其原因。在特殊人群中已经生成利用《看守所条例》第 10 条规定中的患有严重疾病、怀孕、生活不能自理的人员不能对其进行羁押的一种犯罪亚文化，甚至已经变成了一个不成文的潜规则。每每都有各种人员，为了规避法律的制裁，有病也不愿意

---

〔1〕 ［德］马克思：《资本论》，中共中央马克思恩格斯列宁斯大林著作编译局译，经济科学出版社 1987 年版。

〔2〕 吴鹏森：《犯罪社会学》，社会科学文献出版社 2008 年版，第 261 页。

去医院接受医治，通过怀孕、故意吞食异物等手段规避羁押或者审判。

三、特殊人群涉毒犯罪预防的建议

（一）充分发挥社区功能

1. 强化社区安全，美化社区环境

社区的环境与犯罪的发生从客观上有必然的联系。因此，一个好的社区环境能大大减少特殊人群涉毒犯罪的发生，而提高一个社区的环境，就要从提高社区硬件能力以强化社区安全和美化社区环境出发。

改善社区安全建设，就是通过社区的安全防范减少特殊人群涉毒犯罪在社区中发生的可能性。通过去走访特殊人群的家庭，深入了解特殊人群的实际家庭情况，了解其家庭的困难之处，做好相应的登记。加强社区的电子监控，实施公共区域全覆盖，不留一个监控盲区，并增加保安人员，或者增加治安志愿者，采取定时巡逻的方式，随时观察意外情况，塑造良好的社区安全环境。同时完善社区人员的情况信息登记系统，对社区的流动人口、吸毒人员做好重点登记，并随时上门了解吸毒人员的戒毒进展，如是否复吸，并建档立卡。

美化社区环境，就是增加社区绿化，举办社区活动，增加社区邻里之间的交流沟通，避免社区人员之间的摩擦，让社区人员感受到社区的美丽环境以及和谐友好的人文环境。对于特殊人群，加强其与社区人员之间的联系，不歧视，互相帮扶，让其感受来自社区的温暖和关怀，从而感到生活有所依靠、心有所依靠，在良好的社区环境和和谐的人文环境中不再愿意实施涉毒犯罪的违法行为。

2. 加强社区制度建设

社区可以在法律或者行政法规的允许下，制定符合其社区情况的乡规民约，约束社区居民的行为，加强社区管理，从而使社区变得更好，每一个社区居民都能切实地感受到社区环境变得优美，安全得到保障，邻里邻居更加和谐，社区活动更加丰富。特殊人群涉毒犯罪场所一般都是在社区，因而在社区制度中可以加入符合社区情况的囊括特殊人群涉毒犯罪的制度，既使特殊人群涉毒犯罪接受法律的制裁，也使特殊人群涉毒犯罪在社区制度下毫无藏身之处，从而在法律和社区的双重加持下构建一个特殊人群涉毒犯罪的钢铁长城。

3. 构建良好的社区文化

社区文化就像土壤，而社区中的居民就像土壤中的花，土壤中有什么元素社区就有什么元素，构建良好的社区文化土壤，可以让开出的花中没有特殊人群涉毒犯罪。在社区里形成一种关爱孤寡老人、特殊人群的良好局面，使特殊人群不会因为其身体因素或者其他原因而遭到其他人的另眼相看，感受到社区居民对他们的关怀和帮助，以从身体和心灵上断绝特殊人群涉毒犯罪的动机。良好的社区文化可以实现居民观念的整合、行为规范和增强社区的凝聚力，也可以通过有意思内容、无意识传播和潜意识渗透，塑造一个良好的文化环境，营造文化气氛，丰富文化生活，全面提高社区居民的文化素质和思想道德水平，让特殊人群不愿涉毒犯罪，实现对特殊人群行为的社会控制和自我控制。

（二）压缩毒品消费和流通市场

因为毒品犯罪的成瘾性，使得毒品市场的需求非常大，目前，我国约有 240 万毒品用户，庞大的消费群体与巨大的毒品市场息息相关。而如果切断毒品的消费环节，就能对毒品犯罪进行源头性的打击预防，让吸毒人员没有毒品可以购买，从物理需求上降低其毒品消费需求量。结合实际情况，很多特殊人群中的吸毒人员都是以贩养吸，即又是吸毒人员又是贩毒人员，只从事数量比较小的毒品交易，加上他们不会被强制戒毒所羁押，导致他们从事涉毒犯罪不减反增。所以，加大对吸毒人员的羁押力度，对压缩毒品的消费市场非常关键和重要，对初次吸食毒品的特殊人群和复吸特殊人群应一律送强制戒毒所予以整治，如此使吸毒者戒掉了毒瘾，其消费市场必然萎缩。

要想压缩流通市场，就必须强化公安机关的侦查能力，而情报的收集就显得格外重要，毒品犯罪的现场简单，且犯罪嫌疑人反侦查意识强，总是在实施犯罪后能及时销毁证据，所以必须加强情报信息的收集工作，增大社区的举报力度，加强对毒品和易制化学品的管控，打击毒品的生产流通，提高禁毒民警的收集能力，包括传统的证据收集能力，以及新时代的电子证据收集能力，如此能让毒品的流通市场逐步萎缩。

（三）开展禁毒宣传教育

对毒品宣传和教育的本质是告诉社会群体毒品是什么，毒品有什么危害，如何预防和远离毒品。近几年，我国通过禁毒公益广告、青少年禁毒主题教育宣传活动、张贴禁毒标语等手段，在禁毒宣传工作中取得了不错的成效，但是仅限于这些方式还远远不够，宣传的方法太狭隘，没有覆盖到各个阶段的人群中去。禁毒宣传教育的目的在于让大众更加了解毒品的危害，珍爱生命，抗拒毒品的诱惑，从心里抑制毒品的引诱，帮助吸毒人群更快地脱离苦海，重新树立正确的价值观和世界观。所以，我们要从各个角度，加大力度地覆盖各个阶段的人，使毒品永远地离开我们的视线，国家禁毒战线早日取得全面成功。

四、结语

特殊人群涉毒预防研究是毒品预防研究体系中的一个分支，但确是公安部门禁毒实战的需要。近几年因为犯罪亚文化的凸显，特殊人群利用其独特的法律地位和身体因素，规避了法律的制裁，没有得到有效的打击和处理让这一类犯罪愈发严重。本文通过分析特殊人群涉毒犯罪的现状和产生原因，针对产生的原因提出了加强社区职能，压缩毒品消费、流通市场；开展禁毒宣传教育，制定可行的刑事政策等建议措施。这些都是为了能从根本上减少和解决特殊人群涉毒犯罪问题。由于笔者的理论知识浅薄，缺乏实战经验，所以可能分析得不够全面、不够彻底，提出的建议不够严谨；但是还是希望所提出的措施能够对特殊人群涉毒犯罪预防有所裨益。

论非法持有毒品罪刑罚适用

摘　要：在司法实践中，非法持有毒品罪在刑罚运用上存在失衡，难以充分发挥该罪在毒品控制中的作用。由于种种原因，有时会发生这样的情况：相同情节甚至完全相同的毒品犯罪，由不同的司法机关所办理时，可能会产生不同的罪名，因而在该罪的定罪问题、罪名适用上，都会产生不同的结果，这种刑罚适用的不准确性，在实践中会影响到司法的权威性和公平性。在自由刑方面，对"情节严重"的理解和标准不同，导致类似案件与违反量刑行为在罚金刑方面的处罚存在较大差异，因为罚金无限，法官被赋予的自由裁量权较大，从而导致类似案件的罚金数额严重失衡，限制了禁毒经济手段的有效发挥。本文首先介绍了我国非法持有毒品犯罪的现状和特点，通过对研究背景的分析，明确了研究内容。其次，总结了该罪在司法实践中存在的自由刑、罚金刑、情节认定等现实问题，提出了法官在司法审判中适用情节的一般法律建议，从而促进非法持有毒品罪量刑的规范化。

关键词：自由裁量权；罚金刑；情节认定；规范化

当前，在我国的司法实践中，非法持有毒品罪在刑罚的运用上是存在较大差异的，一方面是因为该罪在司法中自由刑和罚金刑的不规范性，使得相似个案之间往往并不能得到公平的体现，另一方面则是该罪在犯罪形态上的特殊性，使得该罪在情节认定上往往存在较大的争议，而这种刑罚适用上的不统一性，在实践中会影响到司法的权威性和公平性。因此，有必要对该罪在司法实践中自由刑、罚金刑、情节认定等多个方面不规范的现实问题进行分析，从而促进该罪在司法实践中的量刑规范化。

一、非法持有毒品罪的概念与特征

(一) 非法持有毒品罪的概念

非法持有毒品罪是指明知是鸦片、海洛因、甲基苯丙胺或者其他毒品，而非法持有且数量较大的行为。"非法"是指违反国家法律和国家主管部门的规定。"持有"是指占有、携有、藏有或者以其他方式持有毒品的行为。非法持有鸦片200克以上、海洛因10克以上或者其他毒品数量较大的，构成本罪。

禁毒立法从中华人民共和国成立之初便一直是我国关注的重要问题。起初，世界上大多数国家禁毒立法的手段是通过打击走私、贩卖毒品等行为来扼制毒品犯罪，并没有具体的针对持有毒品犯罪的法律条款，因此，长期以来，非法持有毒品的行为一直都没有得到合理的解决。

在以前，我国的刑法中是不存在非法持有毒品罪这一单独罪名的，而往往以其他的毒品罪名来替代，这并不是因为当时立法机关没有认识到这种行为的危害性，也不因为当时的立法体系存在缺陷，而是因为犯罪人持有毒品的行为，往往是走私、贩卖、运输和制造等毒品犯罪的前提或后续环节，它不是独立的，而是伴随着走私、贩卖、运输和制造毒品等行为。因而对毒品生产及持有的行为没有必要单独拿出来定罪。然而，随着社会的发展，毒品犯罪越来越严重，手段也变得更加复杂，成了各国司法体系不得不重视的问题。而犯罪分子为了逃脱法律制裁，犯罪手段也越来越隐蔽，导致证明犯罪目的的难度越来越大。因此，在实践中，即便从行为人手中查获了一定数量的毒品，也难以证明行为人持有该毒品的目的。在这种情况下，犯罪分子可能因不采取法律行动而逃脱制裁。

(二) 非法持有毒品罪的特征

第一，非法持有毒品罪的客体要件。该罪所侵犯的客体是国家对毒品的管控及他人的健康。在我国，除了某些法定的部门和个人外，任何人都是禁止非法持有毒品的。我国主要通过颁布法律法规的方式来对毒品管理进行严格的限制。如1984年的《药品管理法》、1988年的《医疗用毒性药品管理办法》等都对药品的持有、使用、管理等各个方面作出了严格的规定。未经有关部门批准或者许可，任何单位和个人都不得违反国家药品管理规定持有、保存药品。并且，犯罪分子非法持有毒品的目的大多是获取某些非法利益，在这个过程中很容易使毒品流入社会危及他人安全及公共安全。因此，为了维护国家对毒品的管制，保护人民健康及公共安全，必须对非法持有毒品的行为进行处罚。该罪的犯罪对象是我国法律规定的毒品，即鸦片、海洛因、冰毒、吗啡、大麻、可卡因，以及国务院规定的其他可以使人上瘾的麻醉药品和精神药品。在此我们需要注意的是，假设行为人基于其他原因，将假毒品误认为是真毒品，即便并没有实际持有毒品的行为，但只要实施了持有和保存的行为，也认为是行为人主观上明知是毒品，却故意违反国家禁毒法规，实施非法占有，属于刑法理论上的客体认识错误。对客体的错误认识不影响定罪，仍构成非法持有毒品罪。

第二，非法持有毒品罪的客观要件。该罪的客观方面是非法持有毒品数额巨大。一方面，它要求非法持有毒品的数量满足该罪在法律上最低的量刑标准；另一方面，持有毒品的行为须违反法律规定，假若行为人所持有的毒品系正当的途径获得则不违反，例如，某些少数民族地区经法律许可允许少量持有，又或者医院在取得有关部门的生产许可后，因病人的病情采用部分精神药品进行控制的行为，是一种合法的行为，并不构成该罪名。

所谓持有，是指行为人对毒品的实际控制。而这种持有并不要求行为人实实在在地把毒品带在身上。只要该毒品实际属于行为人控制就足够了，即便该毒品被其他人占有，但只要行为人能够对其产生事实上的支配作用依然成立，就时间而言，它还需要保持一种长时间较为稳定的支配状态，假如行为人只是持有很短的一段时间或者短暂地接触，则并不构成该罪名。占有是一种连续的行为，只有当毒品在一定时间内被行为人控制时，才构成占有。因此，还需要考虑到其占有的时间，假若行为人持有该毒品的行为只是暂时的、短期的，那就不能认定为占有的成立。并且，在该罪的认定上，持有毒品的数量是一个重要的构成标准，它应当满足国家对该类犯罪的数量条件，即非法持有鸦片 200 克以上、海洛因或甲基苯丙胺 10 克以上或其他毒品大量。

第三，非法持有毒品罪的主体要件。该罪的主体是一般主体，即具备刑事责任能力，持有毒品并且依法应负刑事责任的自然人。

第四，非法持有毒品罪的主观要件。主观上必须是故意且明确，也就是说，行为人必须知道他有通过非法手段获取的毒品。假设行为人并不知晓该毒品的存在，也没有意识到获取的物品是毒品，则并不成立该罪名。而在实践中，行为人非法持有毒品的动机是什么，目的是什么，往往各不相同，其具体的故意内容更是无限的。有人认为，非法持有毒品的行为，就主观上而言，应当符合具有走私、贩卖、运输等毒品的故意，才构成犯罪，但是，笔者认为，非法持有毒品罪的目的，恰恰是因为在现场发现犯罪人非法持有了一定数量的毒品，但是却无从考证犯罪人具有走私、贩卖、运输等毒品方面的故意，而犯罪人也并不配合，不愿意说明该毒品的来源和目的时，只能以该罪来追究犯罪人的责任。但是，如果司法机关能够查明犯罪分子有走私、贩卖、运输、制造毒品的目的，可以走私、贩卖、运输、制造毒品罪论处。

二、非法持有毒品罪刑罚适用存在的问题及原因

（一）自由刑适用中存在的问题及原因

1. 自由刑适用不均衡

从司法实践来看，对非法持有毒品罪适用自由刑存在两个问题：一是区域量刑失衡；二是同类案件差异较大。就地区间的自由量刑而言，存在量刑范围不同的现象。据网上统计，2010 年至 2014 年，全国累计审结的各类毒品案件数量约为 40 万起（非法持有毒品罪的占比约为 6.8%，有 2.7 万起左右），[1]重刑率达 24% 左右（有期徒刑 5 年以上），而其中大约 37% 来源于云南、广东、浙江、重庆、湖南这五个地区，[2]其他地区的量刑力度则普遍较低，这说明各个地区之间的毒品犯罪处罚力度是不同的，广东、云南等地在自由量刑方面的力度明显高于其他地区。不仅如此，在

---

〔1〕 参见《2015 年中国毒品形势报告》。

〔2〕 "2010 年—2015 年 5 月人民法院审理毒品案件的情况"，载 http://news.xinhuanet.com/，2015 年 6 月 24 日访问。

有期徒刑与毒品数量的平均比例相比，2010 年至 2014 年东部地区的比例约为 1 克/月：1.4 克/月，而西部地区的比例约为 1 克/月：2.15 克/月，相差近 1.5 倍。[1]由此可见，对非法持有毒品罪适用自由刑的差别很大。

不仅如此，即便在相似的案例中，处罚力度也存在着很大的差异。在这里，我们需要知道的是，这种犯罪的刑罚适用往往是基于毒品的数量。但在司法实践中，当毒品数量在同一范围内时，其自由刑的刑期仍有较大差异，即使有相同的价值，也会有不同的处罚，如［2014］台刑初字第133 号和［2015］仓刑初字第 685 号中，自由刑的刑期也有较大差异：这两个案件中的被告人非法持有的毒品分别为 20.03 克和 20.49 克，均被认定为累犯，情节高度相似。但在刑罚的判决上却相差近 1 年零 5 个月。由此可以看出，即使在类似的案件中，自由刑的适用也有很大的不同。

2. 自由刑适用不均衡的原因

第一，各个地区的毒品打击力度不同。从区域性泛滥的程度来看，各地毒品泛滥的程度各不相同，而这种犯罪的处罚力度往往与某一地区毒品泛滥的程度有关。例如，2010 年毒品案件数量最多的地区为广东地区，为全国唯一一个毒品犯罪案件数量超过 5000 件的省份，以至于同年广东地区不得不通过提高毒品数量的刑事起征点、重刑率等方式加强对毒品犯罪的打击力度。而从泛滥程度来看，与 2010 年相比较，2014 年黑龙江和辽宁两地的毒品增幅率分别达 142.95% 和 189.76%，[2]这表明东北地区毒品犯罪的程度正在逐步加深，打击毒品犯罪的力度要进一步加大。相反，与此同时，西北地区毒品犯罪增长较为平稳，既没有增速最高的省份，也没有数量明显增加的趋势。毒品犯罪并没有呈现出明显的严重泛滥趋势，因此在这一领域的刑罚相对轻缓。

第二，量刑规范不统一。在实践中，各地的量刑往往与当地实际情况相关，这容易导致同一地方同一刑罚、不同地方不同刑罚的情况发生。而且，现行法律对该罪的规定比较模糊，且规定的情节不能有效适用于各地

---

〔1〕 刘子刚："非法持有毒品罪刑罚适用实证研究"，西南政法大学 2017 年硕士学位论文。

〔2〕 "2010 年—2015 年 5 月人民法院审理毒品案件的情况"，载 http://news. xinhuanet. com/，2015 年 6 月 24 日访问。

的实际情况，这导致在量刑标准上比较模糊，很难形成一个相对统一的量刑标准，从而表现出不同地区对案件处理的差异。

（二）罚金刑适用中存在的问题及原因

1. 罚金刑裁量不规范

首先，罚金在打击毒品犯罪中具有明显的优势作用。罚金具有特殊的预防作用，并且在个案的适用中需要考虑被告人的社会危害性、经济收入、主观恶意、家庭状况等，不仅能在客观上使犯罪人的犯罪目的受到打击和阻碍，而且剥夺了犯罪人继续犯罪的资金，一定程度上防止了犯罪人再次犯罪。[1]然而，尽管我国《刑法》规定了非法持有毒品罪的数额和罚金，但不同地区不同法院判决的罚金数额差别比较明显，这在一定程度上制约了罚金刑的功能。[2]例如，2010年到2014年，东北地区此类案件的平均罚金为2万元，而同期西北地区的平均罚金为3000元，差别很大。而且，在司法实践中，以［2014］丰兴初字第2176号和［2016］粤0803兴初30号案件为例，两案被告人的涉毒犯罪数量基本相似，但由于犯罪地点不同，罚金数额在3000元至2万元不等，差了近7倍。罚金数额的差异性、不统一性，导致法官自由裁量权过大，罚金的适用呈现一定的混乱状态，影响了罚金在司法实践中的作用。

2. 罚金刑裁量不规范的原因分析

第一，罚金数额标准不统一。虽然我国《刑法》对罚金刑规定了一定的范围，但在实践中，由于每个案件的实际情况，往往需要法官考虑很多因素，如当事人的恶意性、社会危险性、经济能力等，这就导致法官的裁量权过大，对罚金刑适用的精细化呈现出一定的混乱状态。

第二，不同地区的经济发展水平不同。某个经济发展水平较高的地区，其犯罪人在面对同一数额时具备更高的支付能力，而反观某个经济发展水平较低的地区，其犯罪人往往并不能够承担相同的罚金，由此所带来的收益跟损失也是不同的，若在判刑时法官根据该地区经济水平判处罚金，并以此为标准的，那么其有时往往会高于其他地区，量刑明显重于其

---

[1] 李洁："罚金刑适用若干问题研究"，载《吉林大学社会科学学报》2000年第5期。

[2] 贾长森："论罚金刑执行困境的破解"，载《江苏警官学院学报》2015年第5期。

他地区。相反，如果我们过多地考虑地区之间的量刑平衡，使得各个地区之间的罚金数额较为相等，那么往往会因为地区经济条件、人均收入水平的差异性，对经济条件较好的犯罪人来说，同样的罚金数额就会太低了，这就导致刑罚的力度并不会对犯罪人起到应有的震慑作用，如此不仅不能有效打击犯罪，甚至还有可能导致犯罪。因此，为了在量刑标准与有效打击犯罪之间找到一个平衡点，刑罚重心应适度倾斜。

（三）量刑情节适用中存在的问题及原因

1. 情节认定的问题

在司法实践中，在该罪的情节认定上往往会存在较大的争议和困难，这就难以保证该罪在刑法适用中的公平，如在［2013］浦刑初字第4351号案件中，被告人周某某因多次因贩毒被判刑。后在其母亲的劝说下，周某某决心彻底戒毒。2013年9月9日，周某某主动向公安机关报案。他将净重113.63克的药品（经检测为甲基苯丙胺）交给了公安机关。一审判决中，法院认定，被告人周某某非法持有毒品甲基苯丙胺，达113.63克，其行为构成非法持有毒品罪。且周某某是累犯，依法应当从重处罚。鉴于公安机关尚未掌握犯罪事实，周某某便主动投案，积极悔改，自愿在法庭上认罪，遂决定减轻对其的处罚，认定被告人构成非法持有毒品罪，判处6年有期徒刑，罚金12 000元。

在上述案例中，对案件情节的认定存在很大的争议，因为行为人自身的犯罪行为具有隐蔽性和不可知性，并且在客观上并没有发生任何的危害结果的情况下，那么对于其主动投案的行为，应认定为自首还是犯罪中止呢？

一种观点认为，该罪名系行为犯，即持有便成立的状态，只要行为人非法持有毒品的事实存在，并且持续一段时间，就构成了非法持有毒品罪。但是，司法实践认为，该罪中非法持有是一个长久的过程。而当该种犯罪行为对社会的危害性一开始就不存在，或者经过行为人自身的原因，将其危害结果消除，有效地制止了危害结果的发生时，那么在实际上行为人是符合我国刑法关于中止犯的规定的，因此周某某的行为应当属于犯罪中止。因为他虽然具备该罪的客观要件，但是其行为本身并没有导致危害结果，因而应当免除处罚。

另一种观点认为，非法持有毒品罪是持有型犯罪，因此不存在犯罪中止，这就是需要我们要清楚持有型犯罪的特点。持有型犯罪并不要求犯罪人的行为产生某种危害，只要行为人持有该物品即成立犯罪，也不考虑行为人持有该物品的目的、方式、手段，因此，在本案中，周某某持有毒品的行为已经达成，就该罪而言已经构成既遂犯，其主动上交毒品的行为仅仅是作为量刑依据的参考，因而不存在犯罪中止。

上述两种意见的争论焦点在于被告人周某某是否主动放弃非法持有毒品，构成非法持有毒品罪。换言之，持有型犯罪是否存在犯罪中止？根据刑法的一般理论，占有罪的特征是占有后的既遂，即当犯罪人的占有进入实施阶段时，占有状态形成，占有犯已达到既遂形态。该形态一成立就已经达成，在这种既遂的条件下，其犯罪形态便不可转换，无论其行为是否构成危害结果。危害结果不影响既遂犯的成立。当占有罪成立时，行为的结束与犯罪的完成之间没有明显的时间间隔，因此，犯罪中止的形成没有时间条件；同样，在实施犯罪后，也不可能再发生这种尝试和其他不完全的形式——占有。如果进一步探讨这个问题，持有型犯罪的犯罪中止，应当是在行为人准备实施的时候便主动放弃。比如，行为人通过非法持有毒品的方式，为贩卖毒品给他人牟取利益，但是在贩卖给他人前良心悔过或担心暴露而主动放弃，不再继续实施的，即构成犯罪中止。

2. 情节难以确认的原因

第一，该罪在形态上系持有型犯罪，在情节认定上不同于其他罪名。在持有型犯罪中，即一段时间的持有即成立，并不需要考虑用途或结果，即行为人只要持有便已经达成了既遂。[1]

第二，基于现实的量刑因素，对于犯罪人的行为需要从主观恶意、社会危害性等多方面考虑，但这些在该罪的法律规定中没有比较详细的划分，不同的法官对犯罪情节也没有统一的认识，但量刑情节上的社会危害性和人身危险性是法官从宽的主要依据。在上述案例中，最终二审法院改判对一审被告人周某某免予刑事处罚。

---

〔1〕 冯亚东：“试论刑法中的持有型犯罪”，载《中国刑事法杂志》2000年第1期。

三、非法持有毒品罪刑罚适用的完善建议

刑事判决的结果取决于法官推理论证和判断的结果，它是法官经过严格的分析判断后结合我国的法律制度确定刑罚的一个思维过程。具体适用于怎样的刑罚力度，取决于我国刑法规定的犯罪构成和罪名，这在我国的刑法体系中可以很明确地找到。而最终的量刑结果，只是对刑罚具体适用的一个明确和认定，它包括刑罚的种类、量刑的对象、执行的方式、执行的力度等多个方面。从现有的量刑方法来看，无论是理论上还是实践中，依旧存在着适用数量标准的方式和案例经验参考的方式，对于哪种方式孰优孰劣没有科学的结论，正如法律和道德，都存在优劣之分。事实上，法官对某个案件的判断，实质上也是一个逻辑推理的过程，无可厚非地会掺入法官个人的主观认识和判断。因此，可以看出，缺乏统一的量刑标准是有很多原因的。其中有很大一部分原因是法官有充分的自由裁量权。法官在司法活动中的自由裁量权，主要体现在法官根据案件的客观情况和主观因素对各个情节进行综合判断，并结合法律规则、法定量刑标准和量刑幅度来决定适用于何种刑罚。虽然从立法体系看，我国并未在法律条文中明确规定自由裁量权，但是我们还是可以从某些条款中看到对自由裁量权的认可，如《刑法》第 61 条实际上就是对自由裁量权的具体规定，而刑罚的确定实质上也可以理解为量刑的概念。而对于自由裁量权，我们的态度通常是要加以限制，而非任其发展。

（一）制定相对统一的量刑标准

通过制定相对统一的量刑标准来明确量刑的范围和力度，但不能忽视案件逻辑推理过程中存在的自由裁量权、司法经验、情节认定上的诸多要素。因此，客观地讲，统一的量刑标准不能绝对，特别是针对不同案件。在现实中，不能取消法官的自由裁量权，规定每项指控只有一个判断标准，这样既违背了法律的初衷，也不符合实际的要求。因此，我们不能对具体罪名制定量刑标准，也不需要，但是可以给法官对刑罚方式和力度的判断上提供一个相对于传统法律条文更为统一的标准。这一标准为大多数人所认可，符合实际需要。例如，什么样的案件可以取保候审（如过失

犯、未成年犯、盗窃罪中因债务纠纷和报复心理实施的犯罪），情节认定存在争议时适用何种标准（如持有型犯罪的被告人在无社会危害性下主动投案）。此外，还可以将供述、立功、供述态度、悔过作为适用一定刑罚的条件纳入统一量刑标准。当然，哪些情节和罪行更严重，哪些限制应适用于从轻处罚（例如，成年人抢劫，除有重大立功表现者外，不适用于缓刑，并可制定不少于多少年的量刑标准）应纳入统一的量刑标准。这种量刑标准最好以中级人民法院为主体，根据管辖的实际情况，维持在刑法量刑范围内，当然也应参照其他地区（市、省）的量刑。

（二）裁判结果要尊重民意

民意是指人民的意志或意见。刑法条文是广泛民意的体现。舆论是否应该受到尊重，也引起了理论界的广泛争论。大多数人同意这个观点。笔者认为，对于案件的判决结果，没有必要向个人反映。因为个人的民意并不会对司法的最终结果产生较大的影响，并且个人意见有时也可能存在错误，更何况个人意见还需要受到司法体系的约束。尊重民意并不是说司法裁判的结果根据人民的意见来判断。它应当是一个能够体现司法公正、审判公开、监督到位的方式。它实质应当是一种外部监督。舆论与法官判断的关系，实际上是"社会价值"与"个人价值"在糅合了不同价值观点中相互依存、相互思考从而共同前进的一个辩证过程。在庭审中引入民意不应该有偏见，法官应该有自身规则的衡量和取舍，否则，会适得其反。比如，在刘某案和宝马事故案中，有人对"片面的舆论扼杀了理性反对的声音——共识可以用过去的教训来杀人"的现象提出了反思，如果任由其武断行事，可能会引发一场灾难，最终演变成"暴力占多数"。质疑判决的浪潮无疑损害了司法机关的公信力。但不管这些观点是什么，至少给了我们一个现实的提醒：要尊重民意，以一定的组织形式接受群众监督，并把握好"度"。

（三）明确对自由刑的量刑起点

根据《刑法》第 348 条的规定，非法持有毒品罪的法定刑分为三级：第一级和第三级以毒品数量为依据，第二级以毒品数量+情节严重为依据。在实践中，大多数毒品犯罪判决都是以《刑法》第 348 条规定为法定刑的依据。因此，合理确定自由刑的量刑起点，仍应以毒品数量为法定刑第一级、第三级的判断标准，以毒品数量+情节严重为法定刑第二级的判断标准。

（四）明确罚金刑的量刑起点

目前，我国刑法中对该罪的罚金数额是没有明确标准的，而仅仅是在某个区间给予一定的数额标准，但是这种较大的数额区间往往给予法官过大的自由裁量权。即便在最高人民法院颁布的量刑指导意见中，对普通犯罪的量刑规定也仅限于自由刑，而忽视了罚金刑方面的作用。罚金刑虽然在刑法上属于附加刑，但是在实践中往往对禁毒立法、打击毒品犯罪有着独特的作用。为了充分发挥罚金刑在打击毒品犯罪中的重要作用，笔者认为，应根据司法实践对罚金刑的起刑点作出明确规定并进行系统的划分，以给司法实践中的自由裁量权更多参考。

（五）规范量刑情节的具体适用

为解决因情节认定标准不明确造成的量刑分化问题，一些地方检察执法机关出台了细则，对具体情节作出了明确规定，这在客观上对不同地区量刑规范化起到了积极的作用，但这些规范也受到地区的限制，只能在本辖区适用，不具有普遍的效力，部分内容还不完善，在理解和适用上存在分歧。鉴于非法持有毒品罪与走私、贩卖、运输、制造毒品罪在法律处罚上具有高度的相似性，应结合地方规范和量刑指南，制定该类犯罪的具体裁量标准。可以对毒品数量作出具体规定，如对范围在30%至50%、范围在51%至70%，犯罪记录、不良行为吸毒等要认定为"情节严重"，或者对自首、中止等加以明确和说明。总之，量刑情节要规范、详细。

四、结语

我国非法持有毒品罪量刑的统一困难重重，至少就当下而言很难得到改变，而这往往是基于客观实际来决定的，不论是该罪本身的性质，还是在实践中的情节认定，又或者司法条文的不完善，都需要考虑诸多条件。因此，在刑罚适用方面我们应当多考虑罪责刑相适应原则，在量刑方面多考虑人为因素，而非机械性运用法条以定罪。[1]

---

〔1〕 肖波："量刑规范化不是'按图索骥'"，载《人民法院报》2011年12月6日。

毒品犯罪的情境预防与研究

摘　要：毒品犯罪是近代人类共同面临的社会问题，它危害着全人类全社会，破坏着人类的社会稳定。一直以来，我国对毒品犯罪都采取社会预防、刑罚预防等措施，这对毒品犯罪起到了一定的积极作用，但是并没有完全遏制毒品犯罪的发生，毒品犯罪还处于高发的势头。近年来，情境预防的有效性得到了全世界的认可，因此在全世界得到积极的推广。情境预防，就是对一些高发生率的犯罪，直接通过管理、设计、调整的方式持久地改变环境，从而尽可能使犯罪人了解犯罪的难度增加，被捕的可能性增大，预期的收益性减少，以此来减少犯罪。情境预防的思路就是对情境因素进行分析，找出情境与犯罪的关系，通过控制情境来阻止犯罪情境的出现以预防犯罪。

毒品犯罪的情境与预防的路径是阻止犯罪的发生，抑制犯罪动机的产生，主要围绕减少犯罪这一情境预防开始，通过改造个体生活背景，引导个体的健康生活，从根本上预防犯罪；清理人际关系，清除掉不干净的人际交往，减少人际交往带来的犯罪预备；通过对个体的时间、空间、生活等物理情境进行控制，消除死角，减少接触，增强法律意识，来预防犯罪的发生。这些措施的目的是使那些"隐藏"的罪犯不敢犯或者不能犯，从而减少毒品犯罪。

关键词：毒品犯罪；情境预防；预防；阻止

一、毒品犯罪的情境因素

"情境"在学术界有很多不同的表述，[1]按照字面意思，是指在一定

---

[1]　有学者认为，"情境"可被理解为"情景、境地"或"情形、景象"，指的是个体环境，它包含着具体环境中的人文状况和自然环境，而情境预防中的"情境"指的是可以影响、诱导潜在犯罪人产生动机，决定及实施犯罪行为的直接环境中的各种人文状况和物理环境。

时间内各种情况的相对的或结合的境况。例如，戏剧情境、规定情境、教会情境、社会情境、物理情境等。要想探索毒品犯罪的情境因素，需要从两方面入手：一是社会情境因素；二是物理情境因素。这两种情境是触发毒品犯罪的主要因素，先是诱发毒品犯罪动机的形成，后就促使犯罪动机转化为犯罪行为。由此可见，影响毒品犯罪动机形成的主要是社会情境因素，具体就是生活背景、人际关系因素、生活事件因素；[1]影响毒品犯罪动机转化为毒品犯罪行为的主要是物理情境因素，具体就是时空、对象、社会控制疏漏因素。[2]

（一）社会情境因素

社会情境和社会环境有联系也有区别，也就是说，社会环境是个宏观的大背景，社会情境是在这一大背景下和社会个体发生心理联系的部分，每一个社会个体都生存在社会情境之下，并且与之互动。因此，社会情境能够影响社会个体的心理动机，在毒品犯罪中具体表现为基础生活背景、人际交往关系、生活事件（比如两性感情方面、家庭的意外方面、生活的困难方面）。

首先是基础生活背景：包括毒品犯罪个体的基本情况、家庭环境、居住环境。笔者查阅资料发现，农村和城镇毒品犯罪人员相差无几，城镇占比比农村多一点，但这只能说明农村和城镇均有毒品犯罪人员，只是农村地区更容易涉毒；观察年龄发现，30 岁是一个分水岭，30 岁以上涉毒的人员很少，30 岁以下涉毒的人员居多，这就说明毒品犯罪有一个低龄化的特征，年纪小的毒品犯罪人员容易受到社会情境因素的影响；另外，相关资料显示，毒品犯罪人员还有文化水平低下（尤其是初高中文化）、未婚、收入在 6000 元以下这些特征。所以，笔者认为，应该重点关注这些人员（农村地区、30 岁以下、初高中文化、未婚、收入在 6000 元以下的中低收入人员）。从家庭环境来看，笔者查阅资料发现，家庭存在完整和不完整两种状态，其中家庭不完整的涉毒较多，家庭不完整会让子女出现各种各

---

〔1〕 这里的生活背景因素不同于宏观的社会背景，而是与毒品犯罪密切相关、具有直接影响作用的因素。

〔2〕 这里对毒品犯罪情境因素的划分仅是相对而言。

样的情绪，最终导致涉毒；而毒品犯罪人员一般是独生子女和排行最小的孩子，因为两者都是家庭里最受宠溺的子女，正是这一因素，让他们容易滋生犯罪动机，甚至是毒品犯罪动机。最后是家庭父母的职业方面，相关资料显示，毒品犯罪人员的父母大多为中低下收入人群，并且以体力职业为主，因为这样的家庭经济条件，其往往会想到通过贩毒这个方式来获取金钱。另外，人际关系因素是社会情境因素中重要的一环，笔者查阅资料得知，毒品犯罪人员在涉毒之前，接触的朋友很多都是"毒友"，加上在日常生活中目睹他们涉毒、吸毒，很容易沦陷进去。可见，交友不慎最后酿成的后果是多么严重。最后是生活事件，有资料显示，社会个体在变成毒品犯罪人员之前，很多都经历了重大的生活事件，主要集中在两性感情受挫、家庭变故两方面。当重大生活事件发生后，行为人置身在这样一种情境之中，很容易迷失自我，既找不到方向，也找不到解决的办法，从而萌生犯罪动机，最后基于精神、身体的需求，就找到了毒品，或者是吸毒，或者是贩毒。

（二）物理情境因素

物理情境[1]不是静态的物理空间，是指犯罪动机形成后转化为犯罪行为的具体形式，在毒品犯罪中，具体表现为目标、时空、社会控制力量薄弱等因素。

（1）目标因素。在毒品犯罪中，目标就是毒品，当今世界中，毒品的种类越来越多，从最初的海洛因发展到现在的 K 粉、冰毒、摇头丸之类的新型化学毒品等。当前毒品犯罪人员接触得最多的毒品就是冰毒、K 粉这些新型毒品。因为这些新型毒品是粉状或片状，使用起来非常方便、快捷，容易上手，并且隐蔽性极好。对此可以看出，毒品在当前的毒品犯罪中种类有集中的特征，这在一定程度上为预防和打击毒品提供了一个方向。

（2）时间因素。时空指时间和空间。笔者查阅资料发现，从时间上看，毒品犯罪人员涉毒最多的月份是一年中的 7 月至 8 月、11 月至 12 月、1 月至 2 月，具有规律性。为什么在这三个时间节点涉毒最多？不难发现，

---

〔1〕 物理研究包括物质、能量、空间、时间及它们的相互作用。

7月至8月是一年中最热的月份，夏天的炎热使人们躁动，而酒吧、KTV等娱乐场所又处于营业旺季，这时候的毒品需求量大；11月至12月是一年结束的时候，这时候的人员流动性大，春运便利了毒品的运输，犯罪分子正是利用这一点进行转移毒品；1月至2月，正是春节——我国的传统节日，也是我们中国人最重视的节日，全国的监管都处于放松的模式，各个单位部门放假，而且亲朋好友聚在一起，犯罪分子就是利用这一点展开犯罪，或是吸毒，或是贩毒。

（3）空间因素。空间因素分为两种：一是现实空间因素，二是网络空间因素。我们先研究现实空间因素，笔者查阅资料发现，毒品犯罪发生地主要集中在宾馆酒店、私人住宅、娱乐场所等场所，这些场所具有共同的特点，那就是私密性。为什么这些场所总是受到毒品犯罪分子的青睐呢？因为毒品犯罪都是见不得光的，只能在私密的、隐蔽的空间进行。在这些场所，他们可以吸毒、贩毒，开展犯罪较为便捷。再来看网络空间因素。网络空间是一个虚拟的空间，它确实存在，但是摸不着，没有实体，只能为人们传递和交流各种信息。网络的发展为人们提供便利的同时，也为毒品犯罪分子提供了便利。笔者调研发现，网络毒品犯罪分子借助网络空间实施犯罪主要有两种形式：一是通过各种APP和聊天软件，使用只有他们自己才懂的"暗语"交流，然后线下交易；二是通过网络购物电商平台，在正常的交易下进行非法毒品交易。网络具有传播信息速度快、覆盖面积广、不受时间地点限制的特点，这为毒品犯罪提供了隐蔽、快捷、低风险的便利条件。

（4）社会控制疏漏因素。在毒品犯罪中，社会控制疏漏因素基本表现为以下方面：一是法制不完善。我国为了预防和打击毒品犯罪制定了一系列的法律法规，非常有效地打击了毒品犯罪，并且威慑着潜在的毒品犯罪。但是随着社会的发展，科学的进步，互联网时代的到来使得很多毒品犯罪转移到了网络上，而我国目前打击网络毒品犯罪的法律法规相对来说还不健全，这就导致相关部门的工作很难开展。二是监管不力。毒品犯罪有很多个环节，分别是制造、交易、流通转移、使用，所以要对每个环节都进行监管。但是实际上对这些环节都存在监管不力的情况，如对化学合成毒品原料物品管控不够，网络安全部门和技侦部门缺乏技术手段等。三是内部管理制度不严、公民法律意识淡薄。

二、毒品犯罪情境因素发挥作用的机理

在某种意义上，犯罪结果不是由某一个因素造成的，而是多种因素结合导致的。在毒品犯罪中，最终构成毒品犯罪的，一定是前文提到的社会情境因素和物理情境因素的结合，个体在具体情境的刺激下，产生了具有明确指向性的涉毒动机和将这种动机转化为现实的涉毒行为，最后构成了涉毒犯罪。摸索清楚这一作用机理，有利于把握毒品犯罪的具体过程，让预防有针对性，并且能够对症下药。

（一）社会情境因素发挥作用的机理

任何的犯罪都有犯罪动机，没有犯罪动机的犯罪是不存在的，或许只是一时头脑发热，或许是精心策划。所以，欲探寻犯罪行为的发生机理首先需要了解犯罪动机的形成过程，这亦是犯罪预防的前提。所谓犯罪动机，就是推动个人实行犯罪行为的内部动力。毒品犯罪也是犯罪，所以预防毒品犯罪的前提，就是要了解毒品犯罪动机的形成。例如，生活背景诱发的主体需要有两个方面，即精神需要和物质需要。对于涉毒者来说，他们的犯罪动机多是由于物质需要，因为很多涉毒者的收入不高，对物质的需求就刺激他们想要走上贩毒的道路来获取金钱精神需要的也有，例如，缺乏父母的关心，或者是父母过度的宠溺，然后就采取吸毒的方式来满足自己的精神需要。因此，个体在涉毒之前所处的基础生活背景不仅诱发出其较一般人更为迫切的物质与精神需要，而且还影响其认知水平，导致其难以控制需要或调节至合理的满足方式，进而使这种需要可能成为犯罪动机的基础。人际关系强化主体需要，近朱者赤，近墨者黑，很多的涉毒者身边和朋友圈，全都是"毒友"，大家一起贩毒、吸毒，在满足自己的精神需要的同时也满足了自己的物质需要。生活事件促使动机形成，前已述及，行为人在涉毒之前受人际交往因素的影响而使其需要增强，且已经显现出涉毒倾向，一旦有外界突发事件，便可能引起反应，决意用涉毒的方式满足需要，从而形成涉毒动机。根据前文的调查发现，大多数行为人在

第一次涉毒之前都经历过不同程度的重大生活事件，这些事件对行为人的生理、心理或者精神产生了严重的刺激，使他们对本来具有一定强度的物质或者精神需要产生了更为深度的依赖，甚至激化了需要，以至于非要满足不可，而他们的人际圈在这之前便已传递过毒品可以使这些需要得以满足的信息，于是个体的涉毒倾向转变为强烈的涉毒意图，且意在通过与毒品有关的手段满足需要，于是便形成了毒品犯罪动机。

（二）物理情境因素发挥作用的机理

在犯罪动机形成之后，并不一定会转化为犯罪行为，它还受限于当时的情境。因为很多犯罪动机在实施的过程中，会出现一些不可控制的情境因素，例如，被人发现，阻碍增加等。这时候还未实施犯罪行为的潜在犯罪人会对这些情境进行分析，选择有利于自己的情境实施犯罪。所以，准确把握这些情境因素作用于行为的过程，是犯罪预防的关键。

目标明确诱发犯罪动机，在毒品犯罪中，目标就是毒品。要想实施犯罪行为，第一步就是获取毒品。但毒品的种类那么多，哪一种才是"目标"呢？在我国，K粉和冰毒这类新型毒品就是毒品犯罪分子的首要目标，近年来，K粉和冰毒迅速同娱乐场所融合在一起，成了年轻人的首要选择，因为他们认为这是时尚和流行的标志。然后就是时空便利强化了犯罪动机。前文提到，毒品犯罪多发生在三个时间节点：7月至8月、11月至12月、1月至2月，在这里，笔者再详细地提一点，具体的时间段主要集中在20点到0点这一区间，夜晚时间，社会控制相对较弱，来自外界的监视也相对较少，为具有使用毒品、贩卖毒品等犯罪动机的人反馈了犯罪风险较低的信息。因为说到底毒品犯罪是见不得光的行为。最后就是社会控制疏漏促使行为的发生，前已述及，时间、空间情境因素可以给已经具有涉毒动机的潜在犯罪人传递"易得逞"信息，引导其行为。但这并不意味着在这些时空条件之下潜在犯罪人必然可以将动机转化为行为，其还必须考虑社会控制是否存在疏漏。如吸毒者不会选择在众目睽睽之下吸食毒品，毒贩不会在有警察检查的时刻交易毒品。可见，只有在社会控制存在疏漏的时候，他们才会将动机转化为行为。

三、毒品犯罪情境预防的路径

任何犯罪都是有犯罪动机的，没有犯罪动机的犯罪是不存在的。所谓犯罪动机，就是指刺激、促使犯罪人实施犯罪行为的内心起因或思想活动，它回答了犯罪人基于何种心理原因实施犯罪行为，故动机的作用是发动犯罪行为。我们首先需要了解犯罪动机的形成，在毒品犯罪的犯罪动机形成前进行预防。具体的预防可以从以下几个方面入手：改变家庭环境生活背景、改变人际关系、减少生活刺激、增大目标的获取难度、特殊时间节点的预防、全社会的参与预防、全面的社会控制。

（一）物理情境因素

1. 改变家庭生活背景

在许多毒品犯罪案例中，仔细观察比较犯罪人的生活背景，一定能从中发现一些特点。在观察涉毒人员的基本情况时（户籍所在地、年龄、文化程度、婚姻状况、收入等），笔者发现一个情况，那就是来自城镇和农村的涉毒人员差不多是一样的，这就说明不管是在农村还是城镇，都存在毒品犯罪；而在年龄方面，年纪越大，反而不容易涉毒，而年纪小的人更容易涉毒，这是因为年龄越小，对未知的事物越容易产生好奇，加上认知有限，容易受到蛊惑，最终走上犯罪；文化程度则有一个绝对值，初中文化的人员涉毒最多，初中文化的人员大部分法律意识淡薄；从婚姻状况上看，有资料显示，未婚人员居多，未婚人员没成家，容易被周围的吸毒环境和所谓的"好友"诱惑从而走上犯罪道路；收入状况是一个犯罪的前提，毒品的价格是高昂的，不是一般收入就能买得起的，而且吸食毒品的多是收入低下的人，他们往往生活中不得志、情感上不得意。基于以上内容，笔者查阅资料发现，犯罪个体的生活环境对犯罪个体来说是一个基本或者说是一个基础。要想减少毒品犯罪，就要从这个方面着手改变。因此，应该多关注不管是农村还是城镇、年龄较低、初中文化、未婚状态、中低收入的人群。

生活背景还包括家庭环境。家庭环境对一个人的影响是深刻的，从小生活在什么样的环境里，就会造就什么样的性格以及为人处世等。而且家庭环境对一个人的影响是潜移默化的，个人根本就不会发觉。有资料显示，父母长期不合，容易导致子女陷入焦虑、暴力、任性等不良习性之中，故而引发涉毒来"解脱"目前的家庭环境。俗话说家和万事兴，可见是有道理的。还有一种情况就是贫穷。在物质条件没有得到满足的情况下，其子女就会出现反社会人格，这个时候毒品犯罪相应出现，他们通过贩毒来获取金钱的满足。因此，应该多关注贫穷家庭和家庭不和的家庭，对于贫穷家庭现在有了相对应的政策——精准扶贫；但是家庭不和就需要发动人民群众的力量来应对，例如举报或者说主动坦白。

2. 改变人际关系

人际关系是指人与人之间通过交往与相互作用而形成的直接的心理关系。主要表现为人们心理上的距离远近、个人对他人的心理倾向及相应行为等。通俗地说，就是每一个人需要和其他人接触、生活、学习等，每个人的人际关系都不一样。犯罪个体也不例外，他们也是人。研究他们的人际关系，也能起到预防犯罪的作用，从而在根本上关掉毒品犯罪前奏。近朱者赤、近墨者黑。一个涉毒人员，他的身边一定会有这样的涉毒人员，或者贩毒，或者吸毒。犯罪个体在不良的朋友圈中，非常容易随波逐流，受到身边的人的蛊惑，甚至是在耳濡目染的情况下被"毒友"感染，就像传染病一样，最后产生毒品犯罪。由于属于没有被害人的犯罪，所以毒品犯罪中需要重点关注的对象就是毒品本身。行为人第一次获取毒品通常都是在身边的人手里获取的，比如朋友、亲戚等。因此，在犯罪个体的人际关系因素中加大调查和监管力度，一定能得到意想不到的收获，从而预防很多毒品犯罪，减少很多"毒友"。

第一，消除同伙诱惑。政府应建立工作系统密切关注无业青年或初中文化水平的青年等容易涉毒的人群，做好他们家属的工作，联合家属密切注意他们的周围环境，例如，注意其经常接触的人员以及家庭附近的娱乐场所内有无吸毒、贩毒人员，从根源上阻断他们与毒贩的来往。

第二，阻止不良模仿。"学好三年学坏三天"，意思就是学好可能一下子学不会，但是学坏的，一下就能学坏。一个人的朋友圈里有好有坏，模仿好人不可怕，就怕模仿了坏人。因此，为了避免这种情况发生，必须增强相关禁毒部门对轻微涉嫌涉毒行为的时效性，对涉毒行为进行整治，阻止不良模仿的发生。

3. 减少生活刺激

很多的犯罪都是源于生活的刺激，一个杀人犯可能是长期处于被别人欺负欺凌的状态；一个抢劫犯可能是长期处于贫穷的状态，而一个毒品犯受到的生活刺激就多了。对于一些涉毒人员来说，生活的刺激包括失恋、失业、冲突等，这些让他们陷入痛苦压抑的状态，最终导致他们走上毒品犯罪的道路。在日常生活中，每个人都有压力，如果承受下来了，压力就会变为动力，相反，如果承受不下来，压力就会变成负面的情绪。比如，许多吸毒者第一次吸毒，就是想利用毒品带来的快感麻痹自己，让自己暂时忘记生活压力带来的烦恼，但是殊不知，毒品碰不得，一旦接触就会越陷越深，最后无法自拔，导致家破人亡，妻离子散。因此，减少生活刺激，也是预防毒品犯罪的有效条件。具体的方法可以是提供外界的帮助（社区、政府、家人、朋友），对于不同程度的压力，让他们在外界的帮助下得到宣泄，正确面对压力，自觉抵抗毒品，特别是涉毒高危群体。

（二）社会情境因素

1. 增大目标的获取难度

增大对目标的获取难度是对犯罪的实施进行预防最有效的途径。银行里的钱，在层层保护下，获取难度极大，虽然还是有人想要去"得到"，但是最后都是无功而返，反而把自己弄进监狱。在毒品犯罪中也可以实施这种方法。毒品有很多种［鸦片、海洛因、甲基苯丙胺（冰毒）、吗啡、大麻、可卡因以及国家规定管制的其他能够使人形成瘾癖的麻醉药品和精神药品］，在许许多多的毒品中又有许多是由化学用品合成的。所以就需要有关部门加大对化学用品的监管力度，特别是对那些容易制作成毒品的化学用品，实行强制管理。行为人不能轻易地拿到这些东西，那么预防的效果就产生了。

还有就是另一角度，获取目标可能是在地球上的任何地方。毒品在各大毒贩的手上流转的时候，一定是用交通工具运输的，如果是靠步行，那太不现实了。所以我们可以对各大交通要道实施监管，在车辆、高速路口、火车站、高铁站、机场，发放毒品检测仪。凡是涉毒的高危地点，均加大预防力度，如此或可以一劳永逸。

2. 特殊时间节点的预防

时间在毒品犯罪中具有特殊的意义，毒品犯罪人选在某个时间实施犯罪，一定有其道理，他们一定是认为在这一时间节点犯罪容易得逞，并且风险较低。笔者阅查资料得知，毒品犯罪的集中月份主要是 7 月至 8 月、11 月至 12 月、1 月至 2 月，并且在月份上呈现一定的规律性。[1]。如果具体到某一个时间点的话，那肯定是晚上，因为任何犯罪都是见不得光的，毒品犯罪更是如此，毒品犯罪人一定会选择在夜深人静的时候实施犯罪。

3. 全社会的参与预防

要想达到甚至是超过预期的效果，全社会的参与也必不可少，不论是毒贩还是各类犯罪个体，他们都要生活在社会中，和社会接轨，不可能脱离社会。笔者注意到一个细节，以往在公共场所抽烟的大有人在，但是随着禁止吸烟的标志张贴出来之后，这种行为随之减少了很多，甚至可以说没有了。因此，可以在公共场所贴上禁毒的标识，让全社会参与进来，让全社会的公民一起预防毒品犯罪，提高大家的禁毒意识。[2]具体可以在KTV、酒吧、公园、宾馆、酒店、车站、机场、码头等毒品犯罪高危发生地张贴标识，警示人们预防毒品犯罪，唤醒全民的禁毒意识。这项措施强调的是通过宣传教育的方式使全社会形成对毒品"人人喊打"的局面，从而强化群众的监督力量，形成严密的社会控制。此外，还可以将禁毒教育纳入九年义务教育课程，根据中小学生的年龄特点编写专门的禁毒教材，同时应配备图画，这样孩子更容易接受禁毒知识，实现禁毒"从娃娃抓起"；针对大中学生，则可配置必修课程，由于毒品问题涉及医学、法律、道德、性知识等诸多方面，因而也势必涉及多个学科，这就要求在配置课程时注意与其他相关课程进行整合，以形成教育合力。对于社区居民，社

---

〔1〕 这里的规律性是相对而言，并不能严格代表整个毒品犯罪的时间情势，但总体而言可以在一定程度上为我们毒品犯罪预防研判时提供参考。

〔2〕 厉济民："略议社区毒品预防的问题"，载《法治论丛》2004 年第 3 期。

区可以围绕禁毒教育编排广场舞、广播操、广播、广告语等，通过寓教于乐的形式使得居民在健身中潜移默化地提升禁毒意识。相应地，积极开通社会匿名举报热线，将毒品犯罪活动压制在监视之下，使潜在犯罪人迫于监视压力而取消实施行为。

4. 全面的社会控制

吸毒、贩毒是见不得光的行为，如吸毒者不可能在众目睽睽之下吸毒，贩毒者不可能在警察面前贩毒，所以，在无处不在的社会控制下，犯罪分子就需要三思而后行了。

随着经济的发展，城市化的脚步越来越快，越来越多的高楼大厦拔地而起，人们都住进了高楼大厦，这就出现了一个问题：邻里的关系变得陌生。贩毒者可能就住在你家旁边，但是你不认识他，或者一年半载都没见过，这就给了毒品犯罪分子可乘之机。人与人之间变得陌生，社区之间的凝聚力减弱，这在无形之中削弱了监督的力量，而如果每个人都彼此监督，出现了异常情况就举报，那么毒品犯罪就没有生存的空间。因而，每一个社区都应该加大对毒品知识的宣传力度，对每家每户讲解宣传，以对每一个人产生影响。如此，潜在的毒品犯罪最终一定会在大家的努力下浮出水面。

目前社会上还存在的毒品问题就是法制不完善，监管力度不够，公民对于禁毒的意识淡薄等。不能忽视这些因素，正是因为这些因素，为犯罪分子提供了时间空间的便利，才让他们得以实施犯罪。

四、结语

如今，我国以及全世界的禁毒形势依旧十分严峻，毒品犯罪还是处于高发的趋势，给社会带来了一些恶劣的影响，引起了全社会的关注。但是要想根除这一弊病，光靠禁毒部门的努力肯定是不够的，需要全社会的努力，公民要增强禁毒意识，随处张贴各种标语警示，以在最大程度上预防毒品犯罪。但是，目前许多对此的研究方法和预防方法还是旧式的、传统的，所以没有取得很大的突破和改变。本文试图改变旧式的、传统的毒品预防方式，全新地介绍和讲解了新式的预防方式。鉴于笔者缺乏一线禁毒经验，而且也未接触过这方面的犯罪人或者毒品，可能有些方法只是纸上谈兵。因此，全文只是笔者的一种假设和想法，如果真的起到了作用，哪怕一丁点儿用，笔者也觉得很欣慰了。笔者希望通过本文对情境预防理论在毒品犯罪中的应用所进行的研究，构建毒品犯罪情境因素发挥作用的理论模型和情境预防的理论模型，引起更多人对毒品犯罪情境预防进行关注，从而探讨出更多切实可行的毒品犯罪情境预防措施，并运用于实际禁毒工作，以更好地发挥犯罪预防作用，有效减少毒品犯罪的发生，为构建稳定、健康社会贡献自己的一份绵薄之力。

论毒品代购行为的区别及其认定

摘　要：我国从古至今对毒品犯罪行为都是采取严厉打击的态度，很多的犯罪分子为了有效地逃避犯罪处罚，从而让毒品交易犯罪的行为变得十分隐蔽，如今大量的毒品交易在我们的现实生活当中已经很少出现，但是替他人代购毒品的行为已经成为常见的毒品交易类型，也就是毒品代购。因我国刑法未对毒品代购行为的处理方式方法作出规定，致使我国理论界针对毒品代购行为的处理难以定性，可谓是颇多争议、观点层出不穷。其一是在对行为人实施的行为进行区别认定方面，该行为人是否存在主观故意及其该主观故意所发挥的作用来评判；其二是对吸毒者至多用非法持有毒品罪处以刑罚，但却对毒品代购者处以重型的贩卖毒品罪，这显然是不公平的，所以对帮购毒品者手里持有不达标准数量毒品时应该与吸毒者一样认为是没有构成犯罪；其三是通过自己居间上的故意，从而实现托购人对毒品的需求，该行为人则是存在主观上的故意，让毒品在市场上畅通地流转，针对该行为人则应以贩卖毒品罪处以刑罚。毒品的流转往往伴随着特定法益会遭到侵害，这时我们应该考虑所遭受到侵害的特定法益是否达到了值得我们处以刑罚的程度，从而谨慎地对不同情形的交易过程进行类型化分析。如若行为人不以牟利为目的替他人代购毒品，我们则要区别毒品帮购者在毒品交易过程当中发挥的作用，对偶然为他人到指定货源地跑腿购买毒品却未达到数量标准的可以不以犯罪论处。而对于专门从事毒品代购的行为人，哪怕其在毒品交易中未牟利，但因其行为对社会产生了极大的威胁，使得毒品在市场上更好地流通，同时为贩卖毒品一方提供了便利，因而应以贩卖毒品的共犯予以刑罚处理。对于替他人购买毒品却事先商量在购得毒品后一同吸食者，由于毒品需要高价买入，可以视为牟利，以贩卖毒品罪处以刑罚。

关键词： 毒品代购行为；毒品代购区别认定；毒品犯罪

一、毒品代购行为的本质与实践

（一）毒品代购行为的特征及其与居间介绍的差别

1. 特征

在如今的国际大环境里，毒品犯罪对社会秩序、人们的身心健康产生了巨大的威胁。贩毒者为了躲避国家机关的查处，在一般的情形下不与购毒者进行毒品交易，故毒品交易的代购者就随之产生。由于毒品交易具备了良好的隐秘性，这让打击毒品交易的活动变得更加难以掌控。代购是指寻找他人替自己购买本身需要的商品，代购是代购者接受委托人的委托帮助委托人完成需求的行为，这样一来就产生了第三方的交易渠道，当然代购者通常是将购得的商品直接交予委托人。毒品代购则指毒品购买人给予毒品代购人嘱托，由毒品代购人履行嘱托将购买得到的一定数量、种类的毒品交付给毒品购买人的行为，毒品代购人与毒品购买人在本质上存在着委托关系。毒品代购者依附于购毒者的存在，毒品代购者的代购毒品行为存在的前提须有购毒者的委托。故而，毒品代购具有以下几个特征：

第一，毒品代购者对购毒者具有一定的依附性。在毒品代购交易当中，毒品代购者实施的是一种"代理"的行为，其与购毒者是代理与被代理的关系。毒品代购者实施的行为需要依附于购毒者的存在，购毒者需要对毒品代购者负责，毒品代购者本质上不具有独立的地位。

第二，在毒品代购当中，毒品代购者一般能够从购毒者身上获得一定的酬劳。毒品代购者事先与购毒者商量的代购行为，很大可能通过实施取得相当的利益。

第三，毒品的归属本质上属于购毒者。即使毒品来源于毒品代购者实施的一系列行为，但是代购行为本身的性质就已经决定了毒品代购者直接持有毒品，它只是一种从属的关系，毒品的归属仍应属于购毒者。

2. 差别

第一，两者交易的关系有所差别。在毒品代购中，假如是委托人指定代购人去指定的毒品卖家购买毒品，因毒品交易本质上具有隐蔽性，那么被人或利益诱惑侦查的情形可能会存在于贩毒人员身上，同时毒品托购人与贩毒人员之前就存在联系的可能。另一种情形是毒品托购人没有为毒品代购人提供毒品的卖家或者任何购买毒品的途径，而是让毒品代购人自己去联系毒品出处，此时贩毒人员与毒品托购人一般事先不存在任何的联系。而居间介绍毒品交易，它是在毒品交易还没开始时，由一人起到居间介绍的作用，为贩毒人员与购毒者搭桥牵线，再具体联络毒品交易的步骤细节。

第二，代购者在毒品交易当中是否牟利直接影响着对该行为性质的认定。同时这也是反映毒品代购者对毒品托购者存有依附性的有效根本。在居间介绍买卖毒品交易的案件中，代购者一般会从中牟取利益，促进毒品交易的过程完善，而因对其行为性质的认定没有任何影响，在实践当中一般是以共同犯罪论处。[1]而在毒品代购当中利益的获取与否能直接影响对毒品代购行为性质的认定，假如在其中有利益获取的存在，可视为加价贩卖毒品，其罪名应当为贩卖毒品罪。如若在其中没有利益的产生且持有毒品数量达到规定重量标准以上的，则对两者应当定为非法持有毒品罪。

第三，两者的行为方式不一。[2]居间介绍在一般情形下是不会直接持有毒品的，它只是为毒品交易双方提供交易事宜、信息、价格协调、毒品数量等；但是毒品代购必然会直接持有毒品，这是由代购毒品行为方式本质上直接决定的。

（二）毒品代购行为的基本类型

毒品代购行为可按代购的方式、目的、作用分为三种基本类型：

1. 从代购方式来讲，毒品代购可分为有偿代购与无偿代购

在有偿代购类型中又可以分为，把毒品以低价买入而又以高价卖出的

〔1〕 李静然："居间介绍买卖毒品的法律适用相关问题"，载《人民法院报》2016 年 6 月 29 日。

〔2〕 李静然："居间介绍买卖毒品的法律适用相关问题"，载《人民法院报》2016 年 6 月 29 日。

代购行为，和两者事先商议一同吸食，事后购得毒品或在购得毒品后截取小部分毒品等情形的毒品代购行为。无偿代购即代购者代购行为过程中没有获取任何利益，为购毒者无偿提供帮助，主观上的帮助恶意比较小。

2. 毒品代购人事先知晓购毒者的购毒目的，为购毒者提供购毒帮助，而且购毒者可能从事其他犯罪，其实施的代购行为存在主观上的故意，构成相应的罪名

3. 按照代购的作用，毒品代购可分为长期从事毒品代购的行为、拥有相对固定货源的代购行为和帮助购毒者拥有购买源单纯跑腿的购买行为

前两种行为存有帮助贩卖人员贩卖毒品的故意，加大了毒品在市场上的流通可能，加大了毒品对社会秩序、公民身心健康的威胁，代购者知晓他人存在贩卖毒品的事实却又积极为其提供帮助，主观上的恶性非常大。后一行为仅仅是为吸毒人员提供买卖行为，所起到的作用不大，哪怕该代购者没有帮助吸毒人员提供帮助也会有其他代购者为帮助吸毒人员提供买卖行为的帮助。

（三）现有的毒品代购行为形式及采用的处理方式

在我国如今的司法实践中，花样百出的毒品代购行为不断涌现，我国把明显赚取差价的毒品代购行为，明确地以贩卖毒品罪处理，因为以低价买入又以高价卖出毒品的，与贩卖毒品的本意相吻合。但是由于不同贩卖毒品交易的方式不断涌现，行为人经常采用能躲避法律法规的形式去开展毒品交易，如在毒品代购交易当中蹭吸毒品、不存在有赚取毒品差价、为支付购买毒品的资金等多种情形，司法实践中有以下几种认定情形：

1. 对事先存有商议的毒品代购蹭吸行为认定的不同

在2016年3月下旬的一天夜里，吸毒人员汪某找到代购人（被告人）傅某，希望通过傅某购买吸食的冰毒毒品，傅某开始是拒绝的态度，但在汪某提出愿意在傅某购得毒品后给予其一定的劳务费，并承诺多出来的毒品可以提供与其一同吸食时便同意了汪某的请求，且在购得毒品后与汪某一同吸食。该案的司法裁判观点为：傅某在为毒品托购者汪某完成了毒品代购后存在参与一同吸食毒品的行为，按照《全国禁毒会议武汉纪要》的

相关规定，其中并没有明确规定蹭吸毒品的行为就是属于牟利的行为，那么可以认定其从中未牟利。[1]而在 2013 年 5 月份，被告人（代购人）夏某通过他人介绍认识了吸毒者黎某某、蓝某某、黄某某。并先后几次为三个吸毒人员代购了毒品，每代购一次获取 350 元的劳务费，且与其三人一同吸食了毒品。之后夏某又涉嫌盗窃其三人金项链于某旅馆被抓获。在该案当中，被告人及其辩护人称被告人只是代购毒品，主观上并无从中获利的故意，而法院认为黎某在其中参与了吸食毒品，吸毒需要付出经济成本，黎某从中获得免吸毒品的机会也应当认定为获利行为，即黎某的行为属于有偿的代购行为，且客观上促进了毒品的流通，危害性毋庸置疑，故以贩卖毒品罪处理。

2. 以非法持有毒品罪论处的情形

2016 年 10 月，代购人（被告人）张某答应周某购买毒品的请求，约定地点与周某碰面，碰面后周某给张某 1100 元，其中 1000 元是给张某购买毒品的费用，100 元作为张某代购毒品来往的交通费用，并约定之后交付毒品。第二天，张某在代购毒品的过程中被公安民警抓获。经查发现，张某身上的一系列毒品重量共计 11 克，另有 3 颗白色晶体，其中一小颗用于张某个人吸食。在本案中，被告人张某从托购者手里拿到毒资后向贩毒人员购买毒品然后再交付给托购人的行为，法院认为完全符合毒品代购行为的要件。然而在我国规定的司法解释当中，以牟利为目的是构成贩卖毒品罪的前提，需通过变相提升毒品的价格，除了毒品本身需要花费的资金外，还要求再收取一定的"劳务费""介绍费"。该案中张某收取的周某的 100 元是用于代购毒品过程中来往的车费，属于必要开支；擅自截留的一小颗毒品也没有证据证明是用来贩卖给他人，故已经存有的证据并不能够证实张某实施的代购毒品行为是以牟利为前提条件的，而且他也没有通过变相提升毒品价格来牟取利益，因而以贩卖毒品罪处理张某是不合理的。

3. 代购毒品行为中为买家代购毒品的认定

2014 年 12 月，被告人王某接受了吸毒人员李某 4300 元，之后从贩毒人员刘某手中购得一包毒品（海洛因）交付给李某。李某从一包毒品中抽

---

[1] 参见《全国法院毒品犯罪审判工作座谈会纪要》。

取了少量毒品送给王某。在毒品交易完成后，二人被公安机关人员抓获，经查，李某手中的毒品重量达 3.6592 克，王某身上的毒品重量达 0.2888 克。在该案当中，法院认为王某明知道他人在实施毒品犯罪，却无视法律仍为李某代购毒品，不管其在代购毒品当中有无牟利，王某实施的行为都构成贩卖毒品罪，犯罪事实成立，按照法律规定须依法追究其刑事责任。而在另一个案件当中：2014 年 2 月，李某让张某为自己代购毒品（海洛因），张某先后从马某手里以每小包 120 元的价格替李某代购毒品 4 次，毒品重量共 0.8 克，以 700 元 7 小包的价格也代购过 3 次，毒品重量共 1.8 克。且在同年 12 月，李某再次找到张某，让张某再一次为自己代购毒品，让张某以 800 元 1 克的价格为自己代购 10 克的海洛因，张某却与马某商议要求每 1 克海洛因的价格定在 900 元，商议过后马某将 11 小包的毒品交给张某后离开。在该案当中，法院认为张某为他人代购毒品重量达 10.1 克，按照《大连会议纪要》的规定，行为人实施的代购行为如果在毒品代购的过程当中没有获得托购者给予的任何的酬劳，只是帮助了托购者购置了毒品，同时符合代购毒品数量最低标准的，以非法持有毒品罪对托购者与代购者予以处理。

二、毒品代购行为存在的定性差别及相关评价

（一）现存主要观点

1. 把毒品代购的行为都定性为贩卖毒品罪

重庆市黔江区人民法院法官杨露霜、刘玉青曾指出"在没有牟利的毒品代购行为当中，如何定性关键在于行为人的主观心态"。当行为人主观上知道他人实施的是毒品犯罪，却不惜承担法律责任仍然为他人提供居间介绍帮助、买卖代购毒品的，不管该行为人在其中是否牟利都应定性为该毒品犯罪的共犯。在毒品代购行为当中，只要行为人实施了主动寻找毒贩以及代购毒品的行为，就可以认定其主观上存在故意帮助的意思，或可能在事先就认识并且双方存在约定，又可能是吸毒者临时的委托再去联系毒品卖家。不管如何，毒品代购者在这个毒品交易当中对促进毒品的流通有着非常大的居间作用。对于此类毒品代购者实施的行为可以以毒品犯罪的

共犯论处。[1]

广州市越秀区人民检察院的检察官喻俊超也曾提出：如果毒品代购者实施的毒品代购行为是出于故意，在知道吸毒人员对毒品的需求后，帮助吸毒人员完成引线，并自己故意去撮合贩毒者与吸毒人员从而实现吸毒人员对毒品的需求的，理所当然应该以贩卖毒品罪论处。[2]

而检察官殷芳保对无偿代购行为的认定则更为直接明了，他认为无偿代购者与毒品代卖者在本质上是一样的，理应把毒品代购者与毒品代卖者一并认定为贩卖毒品罪的共犯。[3]

2. 至多认定为非法持有毒品罪的情形

检察官洪新波认为："针对帮助买主购买毒品的介绍行为，虽然介绍人只在客观上间接性地帮助了贩毒人员，但其在主观上的目的是帮助吸毒人员购得用于吸食的毒品，如果直接将其行为定为贩卖毒品罪，原则上太过于牵强；在这一过程中，如果吸毒人员没有央求介绍人帮忙购买毒品，则介绍人也不会帮助吸毒人员，从而也不会促进毒品在市场上的流通，这样一来对吸毒人员最多以非法持有毒品罪进行处罚，但对于帮助购买毒品的帮助犯以重的罪名贩卖毒品罪进行处罚的话，显然是不公平的。"[4]

3. 按照情形区分毒品代购

张洪成、黄瑛琦[5]等从毒品代购者的目的上来进行区别，即当代购者事实上明知托购者因为存在贩卖毒品问题而购买毒品或为自己需要吸食毒品而购买毒品。针对知晓他人用于贩卖给其他人的毒品的行为，处以贩卖毒品罪；具体而言，针对帮助吸毒人员的代购行为，其中获得利益的行为，以贩卖毒品罪论处；针对代购者不以牟利为目的实施的代购行为，在代购毒品的数量达到法律规定的标准时以非法持有毒品罪处理，反之不构成

〔1〕 杨露霜、刘玉青："未牟利代购毒品行为的审查与认定"，载中国法院网：https：//ww chinacout.org/index.shtml，2017 年 8 月 20 日访问。

〔2〕 喻俊超："关于毒品犯罪中'代购毒品'法律认定的探讨"，载《法制与社会》2010 年第 24 期。

〔3〕 殷芳保："不以牟利为目的的代购毒品也应认定为共犯"，载《检察日报》2014 年 5 月 21 日。

〔4〕 洪新波："贩卖毒品罪若干疑难问题司法认定"，载《法制与社会》2009 年第 30 期。

〔5〕 张洪成、黄瑛琦：《毒品犯罪法律适用问题研究》，中国政法大学出版社 2013 年版。

犯罪。

代购行为可分为有偿代购行为与无偿代购行为，前者中的代购者将代购得到的毒品转于购买毒品者并从中获得利益，实质上是一种贩卖毒品的行为，应认定为贩卖毒品罪。在后者当中，实施为他人代购的行为纯属偶然，绝非普遍，一般不认定为犯罪，但如果是同时为多个主体实施代购行为，那么主观上的恶性就不言而喻了，其产生的危害性毋庸置疑就达到了我国刑法规定的标准，这时候代购者就应被认定为贩卖毒品罪的共犯。

（二）现存分歧及其评价

针对贩卖毒品罪的观点的存在，它的直接依据就是认定毒品代购者在市场使毒品肆意地泛滥，如果说毒品代购者这一主体一开始就不存在，那么贩卖毒品的行为也就不会出现，但是这样的观点忽视了行为人的主观心理，在客观上有故意归罪的嫌疑。犯罪是侵犯了法律且需要承担法律责任的行为，仅从侵犯法律的层面就对毒品代购者作出严肃的处罚而不去周密地考虑法律担责的各方面原因是不合理的。再加上毒品代购的行为方式本来就繁多，单以贩卖毒品罪这样的罪名来处罚行为人显然太过于勉强，因而在完善的司法层面应当对具体的情形进行具体评价分析，使其更加缜密，更加具有说服力，更加完善。

三、存在分歧的缘由

1. 我国现行的法律规定过于模糊

由于毒品代购行为的出现较晚，我国现行的 1997 年《刑法》只规定了走私、贩卖、运输、非法持有毒品等罪名，并没有明确规定毒品代购在不同下情形应以什么罪名进行定罪，这就形成了一个难以攻克的问题。我国现行《刑法》只将行为人牟利与否作为贩卖毒品罪的构成要件，如果行为人主观上没有在毒品代购当中获得一定的利益的目的，则就不会被认定为贩卖毒品罪。这就自然而然地产生了对其行为认定不够确切的情形。

2. 毒品交易具有强烈的复杂性

随着经济社会的发展不断，毒品交易的手段日渐隐秘，毒品交易的方式手段显得越来越复杂，从而使得公安机关对其的打击难度增大，打击任务越来越重。

在我国，打击毒品犯罪的脚步一刻也不曾停止时，新型毒品交易的方式也不断涌现，因为大型的毒品犯罪活动目标过大，容易引起警方的注意，大宗量的毒品交易变得越来越少，然而，一些县城的吸毒者却有所增加，他们对毒品的需求仍然存在，只是不再像以前那么大了，多采取相互间进行毒品交易的方式，并且交易毒品数量少。我国相关的纪要规定，对毒品代购者在实施代购行为时有无牟利的目的的认定尤为重要，是否存有变相加价行为，如果有则直接以贩卖毒品罪的罪名予以处罚，这样一来在案件上的认定必然就会变得不再清晰，那么分歧就伴随而来。另外，我国对从现场得到的言词证据在毒品犯罪案件上的认定中是必不可少的，但由于毒品交易的过程是十分隐秘的，一般情形下并没有第三人在场，这样一来取证的难度愈加困难，再加上犯罪嫌疑人及其证人在陈述上一般都会不一致，从而使得在取证的过程当中会遇到很多困难。[1]

3. 对"牟利"的界定过于模糊

依据我国关于刑事案件追诉标准的相关规定，当毒品代购者实施了以牟利为目的的毒品代购行为，并且有足够的证据证明的，那么可以依法对毒品代购者进行追诉。[2]同时也对牟利进行了清晰的规定：只要毒品代购者是在毒品代购的过程中牟取了他人利益，毋庸置疑应当视其在毒品代购的活动当中有牟利的目的。

尽管如此，难免会有非财产性的利益产生，随之认定上的麻烦也就会增多。因而我国设定一个牟取利益限定的范围就显得尤为重要，比如毒品代购者与托购者在实施毒品交易之前是否有相关的约定，托购者是否在之前给过毒品代购者承诺，要给予毒品代购者可预期的利益。这样才能让我们在司法实践当中更好地辨别认定毒品代购者是否在毒品犯罪当中牟取到了利益。

同时司法实践当中也会出现这种情形：假如托购者与毒品代购者有事

---

〔1〕 杨莹："代购毒品行为的审查与认定"，载《青年与社会（上）》2015 年第 31 期。

〔2〕 参见《最高人民检察院、公安部关于公安机关管辖的刑事案件立案追诉标准的规定（三）》。

先约定并且直接给予了毒品代购者代购毒品的酬劳，这样便可以明确肯定毒品代购者在毒品代购的活动中牟利。但如果双方事先没有约定也没有给予酬劳，只约定了在结束交易后代购者可以吸食少量的毒品，那么代购者从中牟利的事实就不存在，也就不能予以定罪。

四、进行法律处理的必要性

（一）保护公民身心健康的需要

毒品不仅对人体健康存有危害，同时也对社会秩序的稳定有着巨大的威胁。毒品以多样化的形式存在，不管是我国清朝时期出现的鸦片，还是现在合成的新型毒品，它们带来的危害都是具有毁灭性的。就因为毒品的肆虐，很多人走上了不归路，在毁灭自身健康的同时也给家庭带来了巨大的冲击，甚至使家庭支离破碎。由于毒品本身的价格非常昂贵，需要强大的经济实力来维持，一旦吸毒者本身没有能够维持用于购买吸食毒品的金钱，他对毒品的需求得不到满足，再加上毒瘾的发作使他失去理智，他就会不惜代价，走上街头实施抢劫，进入公民的家中实施盗窃等违法犯罪活动，[1]这样一来，公民的身心健康、财产安全都会遭到损害，社会管理秩序也会遭到破坏。

与此同时，在我国目前的司法实践中，一部分贩毒人员都是自己驾车外出与他人实施买卖毒品交易，并且还是在吸毒之后驾车外出，这样的行为也给我们的公共安全带来了巨大的威胁。依照公安机关往年的统计，"毒驾"非常容易带来恶性的交通事故，"毒驾"造成的交通事故往往比"酒驾"造成的交通事故更为严重，造成的损失和危害也更大。吸毒者在吸食毒品后，对路面的实时情况不能清晰地辨析、对操纵行驶的方向不能清楚地辨别、对汽车的离合刹车不能有效地控制，这样一来就给道路安全带来了严重的影响，严重妨碍到行车的安全，致使公民的生命财产安全遭受到巨大的威胁。

此外，近几年在我国的司法实践当中也曾出现不少吸毒者在吸毒后实

---

〔1〕 赵秉志、黄芳编著：《香港特区国际刑事司法制度研究》，中国人民公安大学出版社 2004 年版。

施的暴力伤人事件。比如，2008 年发生在云南的一起暴力案件，行为人在吸食毒品后产生幻觉，认为路边年仅 14 岁的男童会谋害自己，于是就从车里拿出冰冷的刀刺向了这个男童，导致男童失血过多死亡。一个无辜生命就这样逝去了，实在让人惋惜，可这一切不都是毒品惹出来的祸乱吗？从中我们就可以看出，毒品在市场上的流通就是一个隐藏在黑暗当中的杀手，给人带来巨大的威胁，因而必须有所防范。

（二）节约司法成本的必要

长期以来，因为我国并没有将吸毒者的吸毒行为规定为实质上的犯罪，只是把经过医疗检测呈阳性的吸毒者处以行政处罚、进行强制戒毒，而这样的处理方式极大地消耗了我国的司法成本，如果不采取法律手段予以处理，吸毒的态势必将会愈演愈烈。而其中毒品代购者促进了毒品交易的发生，若同时对贩毒者、毒品代购者实施的违法行为予以严肃的法律处理，定可以很好地打击毒品在市场上的流通，同时也能起到"杀鸡儆猴"的作用。这样的法律处理不但能节约大量的司法成本，也大大地减少了我国司法工作者的工作量，法律处理的结果也更容易让我国公民接受。

（三）保护社会管理秩序的需要

一直以来，毒品犯罪活动对国际大环境的破坏性都是存在的。对于我国来说，毒品犯罪让我国社会经济造成的损失一直都在增加，由于吸毒者本身理性的丧失，他们不顾他人安危，做出一系列丧失理性的行为，给社会治安管理造成了巨大的阻碍，这也是造成我国治安不稳定的重要因素。同时毒品代购这样的行为加大了毒品在市场的流转，对我们的社会财富造成严重的损耗，使得每次扫毒后都需要承担巨额的经费和负担，严重的还会影响社会管理秩序的健康发展。所以，我们要对一切毒品犯罪行为给予严肃的法律处理，包括毒品代购这样的一系列违法行为，以期保障我们社会秩序的稳定发展。

五、将毒品代购行为分情形进行区别定性

（一）无偿代购少量毒品的情形

甲和乙是很好的朋友，乙系长期吸食毒品的吸毒人员。乙哀求甲帮自己购置少量的毒品，并告知其贩毒者丙的地址。甲出于与乙的朋友情分帮助乙购得了用于吸食的毒品，但是没有从中获取任何的利益。在这里我们应该对甲的代购行为如何定性呢？

笔者认为在本案件当中，乙明知丙是在贩毒，因为自己对毒品的需要而委托甲帮自己代购毒品，其中甲的代购行为在本质上与乙亲自去购买毒品的效果其实是相同的，但因实际上没有促进毒品在市场上的流通，甲不存在向乙贩卖毒品的故意，故不构成犯罪。虽然甲实施的行为不构成犯罪，却也是一种违法行为，这种行为加深了乙对毒品的需求，同时也加大了国家打击毒品犯罪问题的难度，故也应当对甲实施的毒品代购行为处以适当的治安处罚，以示惩戒。

（二）无偿代购大量毒品的情形

在我国的司法实践当中，一般都将参与毒品买卖的行为人处以非法持有毒品罪。这涉及毒品代购者是否在毒品代购行为中牟利或者是否多次替他人购毒达到我国规定的持有毒品数量标准，主观上是否具有比较大的恶性。对此有观点以为，无偿代购在本质上就是一种协助别人购买毒品的行为，假如是偶然一次为他人代购毒品，普通情况下不认定为犯罪，但是多次为他人代购毒品的，因为具备很大的客观恶性、对社会存有极大威胁，故而会将代购者按贩卖毒品罪的共犯处理。

（三）为吸毒人员寻找毒源且代购毒品的情形

张某和黄某系朋友关系，而黄某长期吸食毒品（海洛因）。在某一天，黄某毒瘾发作，但是又联系不上以前向其销售毒品的毒贩（已经被公安机关抓获）。于是黄某联系到张某，委托张某帮自己购买 0.5 克海洛因。张某觉得抹不开面便答应了黄某的委托，找到毒贩后帮黄某购置了用于吸食的毒品，在这一过程中，张某没有实施加价或者截留部分毒品行为，也没有从中牟利。针对张某的行为，该如何定性？

结合案例的情况来看，笔者认为张某协助黄某实施购买毒品行为表面上是代购，但本质上是一种"居间介绍"。这涉及两种不同的情形：一是张某一开始就认识案例当中的毒贩，在受到黄某的委托后直接联系到毒贩购买了毒品；二是张某一开始不认识任何毒贩，是通过自身打听了解到毒贩贩卖毒品的地方，帮黄某购买毒品。而在这两种不同的情形中，黄某自己是买不到毒品的，张某则是充当了代购者的身份，通过自身的努力协助了毒品交易的完善。因而在这一毒品交易活动当中，张某自身起到的作用是居间介绍。张某虽然不存有为毒贩销售的主动，但其积极寻找毒源的行为具有巨大的放任性，主观上有间接故意，客观上帮助了毒贩贩卖毒品。故对张某应当以贩卖毒品罪的共犯进行定性处罚。

（四）代购者自行扣留部分毒品用于吸食的情形

我国的司法实践中也曾出现过这样的案例：毒品代购者为托购者代购一定的毒品，虽然代购者在其中没有得到利益，但普遍会隐瞒托购者从中自行截留小部分的毒品供自己吸食。对此笔者认为毒品代购者在为他人代购毒品的过程中，私自扣留了部分毒品供自己吸食，同时是在托购者不知情的情形下，属于秘密盗取他人的财物，再加上毒品本身的价格昂贵，用金钱衡量的话需要高价购买，当代购者多次自行扣留达到数额较大的标准时，对代购者实施的行为应以盗窃罪进行追诉。在这里我们需要注意的是，不能因为代购者的行为有利益的产生就认定其构成贩卖毒品罪。即使可以将代购者隐瞒托购者自行扣留毒品的行为看作是获取了利益，但因为托购者在代购者私自扣留毒品的时候不知道具体情况的发生，故认定为贩卖毒品罪是不妥的。在毒品代购的过程中，代购者因托购者的存在而存在，他不具备独立的地位，购买得到的毒品始终归属于购毒者，所以代购者隐瞒托购者自行扣留部分毒品吸食的行为是以非法占有为目的，故代购者构成盗窃罪。

六、立法、司法的完善及建议

（一）立法上予以区别界定

虽然笔者建议在立法上区别界定毒品代购行为，但认为重新添加一条毒品代购这样的罪名是欠妥的。因为在毒品代购中，代购者没有独立的地位，他实施的一切行为都依附于托购者，他仅仅是在毒品代购当中充当"代理人"的角色。笔者认为可以运用共同犯罪的理论去解决司法实践中出现的这一问题，这样既不需要区分实践中的具体情形，也不会因贩毒者辩称只是代购，没有在毒品代购中赚取差价这样的借口来避开法律的处罚。同时笔者认为可以在我国《刑法》第 348 条中运用款项的形式将可能在毒品代购行为当中出现的各种情形进行必要的罗列，具体包括以下情形：①当出现事先约定代购蹭吸的情形，处以何种的处罚，应进行罗列。②当代购者实施了未牟利、多次代购的行为，处以怎样的实刑，应罗列于《刑法》第 348 条的款项当中。③明确解释"居间介绍"和介绍买卖毒品行为的区别，以条款的形式明确处以哪种处罚，让其清楚地出现在刑法条款当中。④将无偿为托购者主动寻找毒贩代购毒品的行为的情形、无偿为托购者代购少量毒品的行为的情形、事后隐瞒托购者自行扣留部分毒品吸食的行为的情形分别进行详细明确的解释，让《刑法》更加全面地适用到我们的司法实践当中，以有效打击各种毒品犯罪。

（二）司法上予以区别界定

我国的司法实践当中代购毒品经常会出现很复杂的情形，因而运用司法解释区分不同情形就显得很有必要，法律可以对"牟利"作出更加明确的界定，还可以对"代购"作出更加细致的解释，对专门从事毒品代购的行为，不论代购者在其中能否牟利，只要该行为促进了毒品在市场上的流通，就可以贩卖毒品罪的罪名处理。

我国在刑法条文当中对毒品犯罪只是类型化地进行区分界定，不能很好地体现犯罪行为的具体表现，而司法实践当中的犯罪行为的表现往往都是比较具体的，行为人会选择避开条文的规定方式去实施犯罪，对于这种情况，就需要更加细致的解释，如此才能对行为人实施的行为处以具体明确的处罚。

另外，刑法虽然具备了良好的稳定性，但是我们的社会一直在发生变化，若想使刑法一直适应这个不断变化的社会，必要的解释当然必不可少，因为我们面临着形形色色的案件，已经规定的法条可能不再具备良好的符合性。所以在司法上对毒品代购行为进行区别界定是非常有必要的。

同理，在我国的现行刑法条文当中看不到"代购"的字样，也看不到"居间介绍"的字眼，如果能够正确运用刑法的司法解释功能，有效、准确地适用法律，而不是让司法者一味地采取共同犯罪理论去解决实践问题，则有利于正确地对毒品代购行为进行认定。故当我国的司法和立法还未对毒品代购这样的行为进行详细规定时，仍然需要靠实现司法公平、公正、正义的角度去作出解释。

附录 1 毒品犯罪研究综述（国内部分）

随着我国经济的飞速发展，毒品犯罪行为也愈演愈烈，主要表现为由于各种新型毒品层出不穷，新型毒品案件频频发生，一些传统的毒品案件产生了更多新问题。据联合国统计，毒品贩运已经涉及170多个国家和地区，全球每年毒品交易额达8000亿美元以上，相当于世界贸易额的13%；吸毒者的数量在全球范围内以每年3%至4%的速度增长。全球共有吸毒人员1.55亿人至2.50亿人，占全球15岁至64岁人口总数的3.5%至5.7%，全球每年因滥用毒品致死的人数高达20万人，毒品和战争一起被列为危及人类生存的两大杀手。

我国四面遭受毒品的包围：南有"金三角"地区，西有"金新月"地区，北部又有来自朝鲜、俄罗斯毒品的渗透，东面有日本等地毒贩的进攻。受国际毒潮泛滥的影响，在我国已经绝迹近30年的毒品问题在20世纪80年代初死灰复燃；20世纪80年代末，毒品犯罪主要是过境贩毒，危害在局部地区；20世纪90年代以来，毒品犯罪在大部分地区发展蔓延；目前，我国制贩毒品以及走私、制毒化学品等问题都非常突出。

根据2008年至2018年国家禁毒委员会发布的《中国毒品形势报告》：就我国11年内毒品犯罪案件数量而言，2007年为38 730件，2008年为43 947件，2009年为50 928件，2010年为59 434件，2011年为69 244件，2012年为76 280件，2013年为95 216件，2014年为106 803件，2015年为139 024件，2016年为140 000件，2017年为150 000件。从以上统计的11年内毒品犯罪案件数量来看，我国毒品犯罪案件数量逐年增高，且每五年有翻一倍的趋势。而2007年到2017年期间，走私贩卖、制造毒品类案件占总案件数的86%左右，容留他人吸毒案件占总案件数的7%，非法持有毒品案占总案件数的4%，其他占3%。2007年毒品犯罪涉案人数共计 43 360 人，2016 则为 168 000 万人。其中，毒品犯罪案件和涉案人员数量，在 2014 年首次突破 100 000 万件（人）以上。除此之外，非法制造、买卖制毒物品设备、走私毒品犯罪案件的数量也不断上升，涉案人数比例有所增加。因而，毒品犯罪一直是学者们研究的重点问题。

笔者通过查阅文献，发现从不同角度研究有关毒品犯罪的专著有上百部；通过在知网上搜索"毒品犯罪"主题文献，查阅到有关毒品犯罪的文章共 2755 篇，其中有关贩卖毒品罪的文章 258 篇、有关非法持有毒品犯罪的文章 246 篇；通过在知网上搜索"毒品犯罪"主题硕博论文，查阅到有关毒品犯罪的硕博论文共 294 篇。通过查阅、收集、整理相关文献，笔者总结出我国当前毒品犯罪的研究内容主要有以下几个方面：

一、禁毒研究角度

从禁毒的角度研究毒品犯罪，主要成果有：刘建宏教授主编的 2014 年出版的《新禁毒全书》，共 6 卷。该丛书涵盖了 20 余年来中国（含港澳台地区）以及欧洲、美洲、亚洲、澳洲、非洲的毒品犯罪的总体现状和特点，重点介绍了大中华地区治理毒品犯罪的法律规范和实务工作，并以翔实数据和深刻分析总结了各国治理毒品问题的基本经验和教训。《新禁毒全书》第 1 卷为《全球化视角下的毒品问题》，该卷重点介绍了两个方面的核心内容，即在全球化趋势影响下，毒品在世界五大洲的种植、生产、制造、走私和贩运，以及由此而产生的全球范围内毒品滥用的问题。该卷从毒品的生产、制造源头入手，对全球毒品犯罪现状和特点进行剖析，在介绍全球毒品滥用形式的基础上，对中国的毒品滥用问题进行了针对性的分析，同时也对其他国家关于毒品吸食成瘾问题研究的主要理论予以详尽的介绍。《新禁毒全书》第 2 卷为《中国毒品犯罪及反制》，该卷分析了毒品犯罪的现状、特点以及犯罪原因，重点研究了对毒品犯罪的惩治。该卷的具体内容可以概括为以下几个部分：毒品犯罪在法律上的界定、各种毒品犯罪应当承担的相应的刑事责任、毒品案件的侦查（毒品的检测和鉴定）、毒品案件的刑事管辖以及证据的使用与诉讼程序。另外，该卷还对几个备受关注的问题进行了探讨，如毒品犯罪中毒品数量的计算及纯度折算问题、毒品犯罪中财产刑以及死刑的适用等问题。《新禁毒全书》第 3 卷为《中国吸毒违法行为的预防及矫治》，该卷集中研究减少毒品需求的政策，重在探讨对吸毒违法行为的预防及矫治措施。该卷从对吸毒行为的法律界定入手，对中国（含港澳台地区）毒品吸食者的现状、特点和使用毒品的成因作了深入的分析，不仅对具有中国特色的戒毒模式、社区戒毒、医疗戒毒和强制戒毒作了较为详尽的阐述，而且对中国（含港澳台地区）的戒毒措施也予以相应的介绍。此外，对中国（含港澳台地区）在吸毒预防方面的举措，如完善吸毒人员动态管控机制建设和深化"无毒社区"创建活动等亦有进一步的论述。《新禁毒全书》第 4 卷为《中国禁毒典型案例评析》，该卷汇集整理了自 1979 年《刑法》颁布以来涉及毒品犯罪的最具有代表性的一些案例。该卷对所引用的案例依其涉及的刑法条款内容分属刑罚总则或分则的不同加以分类讨论。其中涉及总则的疑难案例 18 个，涉及分则的疑难案例 40 个。这些案例基本上涉及了毒品犯罪案件方方面面的内容，对司法实践中处理一些复杂毒品案件起到了抛砖引玉的作用。《新禁毒全书》第 5 卷为《中国禁毒法律通览》，该卷收录了中国自 1949 年成立以来所颁布的主要禁毒法律、法规、规章、规范性文件以及司法解释，对中国禁毒法律法规体系进行了详细而有层次的梳理，为禁毒研究工作和实践提供了有益的参考。《新禁毒全书》第 6 卷为《外国禁毒法律概览》，该卷对欧洲、美洲、大洋洲主要国家，包括美国、英国、加拿大、澳大利亚、新西兰、荷兰、瑞典等国的禁毒立法体系、立法机构和立法内容作了介绍和评析，从而为中国学者进一步了解他国的禁毒立法提供了宝贵的资源。在《新禁毒全书》以前，我国出版了第一部《禁毒全书》，该书作为中华人民共和国成立之后第一部全面、系统地介绍毒品滥用和相关犯罪问题的学术专著，对毒品的种类和毒品的滥用、中国的禁毒历史与现状、毒品犯罪的惩治以及毒品犯罪的查处和禁毒法律法规，作了翔实的阐述。其他的相关文献有于燕军、张义荣、莫光耀主编的《禁毒学》，陈丽平的《中国禁毒立法近六十年风雨历程》（发表于《法制日报》2008 年 6 月 26 日）等。

二、毒品犯罪研究角度

以毒品犯罪为研究核心的主要有下列这些研究成果，如赵秉志教授主编的 1993 年出版的《毒品犯罪研究》，该书根据我国的毒品犯罪立法，紧密联系毒品犯罪情况和有关的司法实践，侧重探究我国毒品犯罪的惩治与防范，同时对我国台湾地区、国外以及国际刑法中的毒品犯罪及其惩治防范问题，进行了概要的研析。赵秉志教授等著的 2003 年出版的《毒品犯罪》，该书共分为两大部分，上编为"毒品犯罪总论"，其内容包括毒品犯罪概述、概念、构成特征和类型，下编为"毒品犯罪各论"，其内容包括非法持有毒品罪、走私制毒物品罪等。赵秉志教授总主编的 2007 年出版的《毒品犯罪专题整理》，该书将刑法学界近数十年来针对毒品犯罪研究的代表性成果汇编成册。杨鸿著的 2002 年出版的《毒品犯罪研究》，该书主要研究了毒品犯罪的理论与实践中的一些问题，其中涉及毒品犯罪的量刑、综合治理与防范等。还有张洪成著的 2011 年出版的《毒品犯罪争议问题研究》，黄琰、刘夏著的 2012 年出版的《我国毒品犯罪及死刑适用调研报告》，张洪成、黄瑛琦著的 2013 年出版的《毒品犯罪法律适用问题研究》，李运才著的 2013 年出版的《毒品犯罪的死刑限制与废止》，廖斌主编的 2016 年出版的《毒品违法犯罪防治研究》，刘婷著的 2016 年出版的《云南边疆民族地区毒品犯罪现状、原因与对策》，徐宏、李春雷著的 2016 年出版的《毒品犯罪研究》，张洪成著的 2017 年出版的《毒品犯罪刑事政策之反思与修正》等，上述作品分别从不同的角度对我国毒品犯罪进行了探究，不断推动学术界在毒品犯罪领域研究的进程。另外，在博士学位论文方面，近十年来，以毒品犯罪为研究核心的博士学位论文甚少，只有 3 篇，分别是郝冬婕的《毒品犯罪的现代发展与防控对策研究》、邹涛的《毒品犯罪预防体系研究——以国际禁毒公约为借鉴的网格化模型构建》、张洪成的《毒品犯罪争议问题研究》。针对毒品犯罪的硕士学位论文、期刊论文较多，在这里就不一一列举了。

三、非法持有毒品罪

对于非法持有毒品罪，我国也有不少学者致力于这方面的深入研究和探讨，但相较而言，其专门的论著不像刑法其他领域那样众多。2008 年至 2018 年，以非法持有毒品罪为题的硕士学位论文有 14 篇，如云南师范大学李曦霞所写的《非法持有毒品罪的实证研究——以云南省 975 个案例为研究对象》、西南科技大学李志峰所写的《非法持有毒品罪司法认定问题研究——以左某某、王某非法持有毒品案为例》、西南政法大学刘子刚所写的《非法持有毒品罪刑罚适用实证研究》、沈阳师范大学姜虹羽所写的《非法持有毒品罪疑难问题研究》、华东政法大学申学进所写的《论非法持有毒品罪》等；以非法持有毒品罪为题的博士学位论文仅有 1 篇，即西南财经大学徐翀所写的《非法持有毒品罪研究》；以非法持有毒品罪为主题的专著还没有，但很多毒品犯罪研究的专著中有涉及非法持有毒品罪的。以持有型犯罪为核心的专著有 3 本，如陈正云所著的《持有犯罪研究》等；至于各种学术期刊论文，涉及持有型犯罪或非法持有毒品罪文章的就浩如烟海了，这些学术研究，对非法持有毒品罪的各个方面都进行了各自的研究分析，推动着非法持有毒品罪研究深度和广度的发展。

四、贩卖毒品罪

对于贩卖毒品罪，我国有不少学者致力于这方面的深入研究和探讨，但相较而言，其不像刑法其他领域那样众多。2008 年至 2018 年，以贩卖毒品罪为题的硕士学位论文有 43 篇，如甘肃政法学院徐倩楠所写的《贩卖毒品罪司法认定相关争议问题研究》、西南大学夏子昊所写的《贩卖毒品罪既遂标准研究》、山东大学王芹芹所写的《贩卖毒品罪之 "贩卖" 界定》、西南科技大学马苗苗所写的《论贩卖毒品罪的司法认定——以陈某某贩卖毒品案为例》、吉林大学杨帆所写的《贩卖毒品罪认定问题研究》、内蒙古大学杜海平所写的《特殊类型贩卖毒品罪的认定问题研究》、辽宁大学孟敬依所写的《贩卖毒品罪的实践难题及其解决》等；以贩卖毒品罪为题的博士学位论文未有一篇；以贩卖毒品罪为主题的研究专著仅有一本，是高巍所著，由中国人民公安大学出版社于 2007 年出版的《贩卖毒品罪研究》；至于各种学术期刊论文，涉及贩卖毒品罪的研究较多，这些学术研究，对贩卖毒品罪的各个方面都进行了各自的研究分析，推动着贩卖毒品罪研究深度和广度的发展。

五、运输毒品罪

对于运输毒品罪，我国也有不少学者致力于这方面的深入研究和探讨，但相较而言，其不像刑法其他领域那样众多。2008 年至 2018 年，以运输毒品罪为题的硕士学位论文有 33 篇，如海南大学李筱岑所写的《运输毒品罪死缓适用的实证研究》、西南科技大学赵倩颖所写的《运输毒品罪研究》、湘潭大学王莹所写的《运输毒品罪疑难问题研究》、西南政法大学郭俊利所写的《运输毒品罪立法模式批判与重构》、海南大学郭婵娟所写的《运输毒品罪死刑适用实证研究》、贵州民族大学周芳所写的《运输毒品罪疑难问题研究》、云南大学谭山所写的《再论运输毒品罪若干问题》等；在博士学位论文方面，以运输毒品罪为主题研究的仅有 1 篇，即武汉大学曾彦所写的《运输毒品罪研究》；在专著方面，以运输毒品罪为主题的研究也仅 1 部，即武汉大学曾彦所著的《运输毒品罪研究》；至于各种学术期刊论文，涉及运输毒品罪的研究较多，这些学术研究，从运输毒品罪的各个角度研究运输毒品罪，推动着运输毒品罪研究的进程。

六、青少年毒品犯罪

以青少年毒品犯罪为对象的研究是我国学者研究的重点，但相比其他方面的毒品犯罪的研究还是有较大差距。笔者查阅相关资料，发现虽然以青少年犯罪为研究对象的研究成果较多，但以青少年毒品犯罪为研究对象的专著和博士学位论文还未有；以青少年毒品犯罪为主题研究的硕士学位论文有 5 篇，分别是中国青年政治学院韩其昌所写的《青少年毒品犯罪成因思考及预防对策——以山东省菏泽市开发区人民法院近十年涉毒案件为例》、吉林农业大学李丹所写的《长春市青少年毒品犯罪的成因及预防对策研究——以朝阳区为例》、华东政法大学杨丽芳所写的《海南省青少年毒品犯罪的现状与防控对策》、复旦大学龚飞君所写的《青少年毒品犯罪的现状与防范对策分析——以上海为例》、西南政法大学蔡春艳所写的《贵州省青少年毒品违法犯罪现状与治理对策》，上述论文研究的内容主要是关于青少年毒品犯罪的现状、成因和防控对策；以青少年毒品犯罪为研究对象的期刊仅有 17 篇，而且是近 30 年的研究成果。其中 2018 年发表的仅有 2 篇，分别是常进锋在《中国青年社会科学》发表的《预防与惩治青少年涉毒犯罪的法治路径述评》、胡剑在《北京青年研究》发表的《北京市青少年毒品犯罪对策分析》，2017 年 2 篇，2016 年、2015 年、2014 年各 1 篇，2010 年以前共发表 11 篇。上述文章主要是从青少年毒品犯罪的现状、成因、对策、预防措施、防控模式等几个方面进行探究。

七、女性毒品犯罪研究

女性毒品犯罪一直是我国学者关注的对象，但相比于毒品犯罪领域的其他方面而言，女性毒品犯罪是毒品犯罪领域里的小众领域，其研究成果不多。以女性毒品犯罪为研究对象的著作和博士学位论文当前处于空白状态；以女性毒品犯罪为研究对象的硕士学位论文只有 3 篇，分别是西南政法大学揭亚雄所写的《女性毒品犯罪实证研究》、山东大学白迎春所写的《女性毒品犯罪问题研析》、西南政法大学赵涓娟所写的《云南特殊女性群体贩毒犯罪的调查与分析》；以女性毒品犯罪为研究对象的期刊论文共有 13 篇，其中 2016 年有 2 篇，分别是沐鸽在《法制与社会》发表的《论女性未成年人毒品犯罪的特征与预防——以 C 市 A 区法院的实证调研为例》、张勇在《延安职业技术学院学报》发表的《试论女性涉毒犯罪的若干问题及防治对策》；2015 年有 2 篇，2013 年和 2010 年各 1 篇，2010 年以前有 7 篇。上述文章主要是关于女性毒品犯罪的现状、特征、预防、防控等方面的研究。

八、毒品犯罪的地方性研究

当前，也有不少学者从地域角度研究各地方的毒品犯罪，已有的有关毒品犯罪的地方性研究成果主要有：姚纬以毕节市毒品犯罪为研究对象，对毕节市的毒品进行了深入的调查研究。王丽丹对贵阳市花溪区毒品犯罪的现状及防控对策提出了自己的见解。张渝对重庆市梁平县 2007 年至 2010 年毒品犯罪形势进行了深入调查，归纳了该县毒品犯罪的主要特点，并在此基础上分析其原因，以准确把握这一地区毒品犯罪的具体状况，为该县的禁毒斗争提供针对意见，提高当地禁毒工作的有效性。立克雪海对四川省凉山彝族地区毒品犯罪的新动向进行了实地调查，并在此基础上提出了自己对毒品犯罪治理的对策建议。张良对广西桂林地区的毒品犯罪作了调研，了解到广西桂林地区打击毒品犯罪的实际情况，选取了典型的案例，分析了毒品犯罪的原因、现状、发展趋势和新特点，归纳和总结了我国与外国政府在实践中现有的合作机制、合作范围及存在的不足和建议。杨丽芳对海南地区的青少年毒品犯罪作了一定的研究，指出青少年毒品犯罪的特点及防控措施。张树海从辽宁打击毒品犯罪历史出发，通过调研总结了当前辽宁毒品犯罪的总体情况，详细分析了毒品犯罪的特点和影响毒品犯罪发生的原因，并进一步探索了预防和遏制毒品犯罪的方法和对策，对于推进辽宁禁毒工作具有重要的现实意义。赵涓涓从云南特殊女性出发展开对毒品犯罪的调查与研究。刘婷从云南边疆民族地区毒品犯罪的现状、原因角度出发，找出原因，提出了治理对策。殷建伟对广东合成毒品犯罪的打防提出了自己的对策建议。

九、全国性研究学会毒品犯罪研究机构情况概览

从全国范围来看，专门研究毒品问题的全国性研究学会并不多。国内主要的毒品问题全国性研究学会有司法部预防犯罪研究所、中国法学会刑法学研究会、中国犯罪学研究会（即中国法学会犯罪学研究会）和中国青少年犯罪研究会。

司法部预防犯罪研究所于 1984 年 9 月经国务院批准成立，由司法部直接领导。其主要从事预防犯罪、罪犯矫治、监禁刑与非监禁刑以及国外刑事司法等领域的研究，编辑和发行刊物《犯罪与改造研究》。司法部预防犯罪研究所中的主要研究人员有郭建安教授，其曾任司法部预防犯罪研究所所长、研究员学术委员会主任，兼任团中央《未成年人保护法》修订工作专家顾问组成员，中国政法大学恢复性司法研究中心特邀研究员，《亚洲犯罪学杂志》编辑，《国际被害人学观察》顾问编辑等职务；研究方向为犯罪预防、社区矫正制度、反洗钱制度、毒品犯罪等；出版有《吸毒违

法行为的预防与矫治》（法律出版社 2000 年版）。

中国法学会刑法学研究会是中国法学会下属的从事刑法学研究的全国性学术研究团体，其宗旨在于团结和组织全国从事刑法教学研究与实务的法学工作者、法律工作者，促进刑法学理论与实践的研究，开展刑法学学术交流活动，为推进依法治国、建设社会主义现代化法治国家服务。其主要研究人员有赵秉志、陈兴良、陈泽宪、黄京平、贾宇、柯良栋、郎胜、李洁、刘宪权、莫洪宪、曲新久、张军、朱孝清等。

中国犯罪学研究会成立于 1992 年，于 2002 年加入中国法学会，它是全国性的群众学术团体，由最高人民检察院主管，挂靠在国家检察官学院。其下设预防犯罪专业委员会、犯罪社会学专业委员会、犯罪与矫治心理学专业委员会、边疆地区犯罪对策专业委员会、罪犯改造专业委员会和未成年法制教育专业委员会、职务犯罪预防专业委员会等七个专业委员会。其主要研究人员有雷洁琼、康树华、郭翔、刘灿璞、冯树梁、王岱、王名迪。

中国青少年犯罪研究会于 1982 年 6 月成立。其主要从事青少年立法、少年司法制度建设和青少年法制宣传教育及青少年法律援助工作，填补了我国青少年犯罪研究的空白，初步建立了中国特色的青少年犯罪理论体系，为预防青少年违法犯罪作出了较大的贡献；其设有犯罪对策研究、犯罪预测预防研究、青少年法律保护、少年司法制度研究、学生越轨与预防研究、港澳台犯罪问题研究、犯罪社会学、犯罪比较研究、重新犯罪控制研究、社区控制研究等专业委员会。其编辑和发行刊物《青少年犯罪研究》，经常刊发涉及青少年毒品犯罪的论文。其主要研究人员有张黎群、郭翔、徐建、张健、戴宜生、张潘仕等。

十、专业性警官院校毒品犯罪研究机构情况概览

在我国，专业性警官院校是毒品问题研究的主要阵地，大多数院校设有禁毒学专业，有的甚至专门成立了禁毒学院，其研究成果也较多。

（一）侧重于禁毒问题研究的研究机构

在我国专业性警官院校中，对吸毒矫治及戒毒问题研究较多的有云南警官学院、中国人民公安大学及福建警察学院禁毒研究所，其中云南警官

学院依托于其特殊的地理位置，研究人员诸多、研究成果显著。

1. 云南警官学院

20 世纪 80 年代初，云南警官学院就在我国高校率先开设禁毒课程，1997 年设置了我国高校第一个禁毒专业，并率先于 2001 年成立了我国高校第一个禁毒学科系。目前，云南警官学院已成为"公安部禁毒警察训练基地""公安部禁毒类教材研发基地""联合国儿童基金会云南省青少年生活技能培训中心""云南省青少年学生毒品与艾滋病预防教育中心"。该学院禁毒系成立以来，受到了新华社、法新社、路透社等 13 家国际知名媒体的广泛关注和专题报道，在国内外享有一定知名度。该学院禁毒系主要承担了全国百所中学毒品及艾滋病预防教育骨干师资培训、云南省中小学生毒品艾滋病预防教育培训等项目，并编撰出版了《禁毒教程》《禁毒学》《公安民警预防艾滋病教育概论》《禁毒青年志愿者培训手册》《禁毒防艾知识 600 题》等一系列教育培训教材，并连续两年被云南省禁毒委员会授予年度禁毒人民战争先进单位荣誉称号。其研究人员诸多，主要有如下研究成果：云南警官学院侧重于国际禁毒问题研究的有骆寒青教授，其为禁毒学学科带头人、省级重点学科《禁毒学》主要专家、云南省哲学社会科学禁毒研究基地首席专家；研究方向为毒品犯罪；参编的教材有禁毒学专业教材《禁毒学》（群众出版社 2005 年版）、《珍爱生命大学生预防艾滋、拒绝毒品教材》（云南科技出版社 2005 年版）、《全国禁毒民警大练兵基本知识 100 问答》（中国人民公安大学出版社 2004 年版）等；主持的课题有国际合作项目《中澳艾滋病亚洲区域项目子项目减低危害技能培训》、省级重点课题《减低危害措施与中国法律冲突问题研究》、国家哲学社科西部重点计划《民族地区吸毒与艾滋病预防现状研究》、国际合作项目《减低危害措施参与式技能培训》、省级重点项目《吸毒与艾滋病预防宣传教育》、云南省高新技术开发项目《毒品三级预防软件开发》；代表性论文有《从被害人的被害性谈犯罪预防》《减低艾滋病危害措施与中国禁毒法律冲突问题初探》《论民族地区吸毒与艾滋病预防现状研究之必要性》《〈云南省禁毒条例〉释义》《对设立吸毒罪的设想》等。张义荣教授的研究方向为毒品犯罪；参编的著作有《禁毒教程》（警官教育出版社 1998 年版）、

《全国公安禁毒民警大练兵基本知识 100 问》（中国人民公安大学出版社 2004 年版）、《禁毒学》（群众出版社 2005 年版）、《毒品预防与控制（初级）》（中国人民公安大学出版社 2005 年版）、《中国禁毒志愿者手册》（中国言实出版社 2006 年版）；代表性论文有《对我国禁毒方针的思考》《论禁毒国际合作的几个问题》等。

云南警官学院侧重国内某地区禁毒问题研究的有杨丽君教授、马敏艾教授、昂钰教授和梁晋云副教授。杨丽君教授的研究方向为毒品犯罪；参编的教材有《学校毒品预防教育》（群众出版社 2006 年版）、《中国当代吸毒问题成因与治理》（群众出版社 2003 年版）、《毒品检验实验指导》（中国人民公安大学出版社 2000 年版）、《刑事化验教程》（群众出版社 2004 年版）等；主持的课题有中德、中英和中澳禁毒防艾国际合作项目《新型滥用药物萃取方法比较研究》《人体骨头内滥用药物的分布研究》、全国教育科学"十五"规划重点课题《中小学毒品预防教育研究》、云南省科技计划项目《云南省刑事科学技术重点实验室提升建设》、云南省哲学社会科学规划项目《中国—东盟建立自由贸易区进程中的"金三角"毒品经济转型研究》等；代表性论文有《禁毒学的概念、性质、对象、体系与相关学科的关系》《血清中 43 种滥用药物的固相萃取法研究》《反相高效液相色谱法测定血清中的佐匹克隆》等。马敏艾教授的研究方向为毒品犯罪；共主编教材 17 本、完成国家和省级课题 7 个、专著 7 本，发表论文 29 篇；代表性著作有《云南毒品问题现状、趋势及对策》（1995 年内部出版）、《毒品犯罪发展趋势与遏制对策》（警官教育出版社 1999 年版）等。昂钰教授的研究方向为刑事侦查学、禁毒情报；参编的教材有《禁毒学》（群众出版社 2005 年版）、《毒品预防与控制（初级）》（中国人民公安大学出版社 2005 年版）等；承担两项国家级项目、三项省部级项目的研究，其中有五项省部级项目获奖；代表性论文有《云南省思茅市毒品犯罪问题调查报告——云南边疆民族地区毒品犯罪问题研究课题》等。梁晋云副教授的研究方向为毒品犯罪；其曾于 1999 年 12 月至 2000 年承担中国社会科学院国家级课题《中国云南边疆地区境外毒情调研》，在境外"金三角"地区进行实地调研，任课题组常务副组长；代表性论文有《对冰毒犯罪及打击对策的思考》《"金三角"地区泰国北部毒品形势调查报告》《云南省孟连县毒品违法犯罪整治情况调查与对策研究》等。

云南警官学院侧重禁毒侦查问题研究的有莫关耀教授和王建伟副教授。莫关耀教授是云南警官学院侦查学学科带头人；研究方向为毒品犯罪；在毒品问题研究方面，参编的教材有《禁毒学》（群众出版社 2005 年版）、《毒品犯罪案件侦查教程》（中国人民公安大学出版社 2009 年版）等；主持的主要课题有国家社会科学项目《民族地区吸毒与艾滋病预防现状研究》、国际合作项目《减低毒品危害措施参与性技能培训》、云南省"省院省校"合作项目《禁毒学重点学科建设》等；代表性论文有《毒品案件主观认定中的自由心证》《对"勐海禁毒模式"的思考》等。王建伟副教授现任云南警官学院副教授；研究方向为毒品犯罪、犯罪侦查；参编的著作有《毒品预防与控制（初级）》（中国人民公安大学出版社 2005 年版）；代表性论文有《毒品案件侦查模拟实战教学研究》《贩毒案件的侦查程序和方法》《论毒品案件控制下交付的理论基础》等。

2. 中国人民公安大学

中国人民公安大学中对毒品问题研究较多的为崔敏教授和李文君副教授。崔敏教授现为中国人民公安大学特聘教授，博士生导师；研究方向为刑事证据、毒品犯罪；曾主持国家社科基金项目《毒品犯罪的发展趋势与遏制对策》，项目研究成果《毒品犯罪发展趋势与遏制对策》已经由警官教育出版社于 1999 年出版；李文君副教授的代表性论文有《我国毒品问题的现状与禁毒工作的难点》《中英青少年毒品预防教育比较研究》《禁毒法视野下的戒毒工作研究》《把握新形势以禁毒法施行为契机进一步推动禁毒人民战争深入开展》《毒品文化辐射研究》等。

3. 福建警察学院禁毒研究所

福建警察学院禁毒研究所中对毒品问题研究成果较多的为李双其教授、朱晓莉副教授和朱彬玲副教授。李双其教授的研究方向为侦查学、毒品犯罪，曾主持福建省教育厅课题《吸毒系统原因分析》；代表性论文有《吸毒原因系统分析——基于对 240 名吸毒者的全面研究》《男女吸毒原因比较研究——基于对 240 名吸毒者的全面调查》等。朱晓莉副教授的研究方向为毒品犯罪，代表性论文有《福建省苯丙胺类毒品犯罪的特点及侦控对策》《涉毒违法行为若干问题探讨——解读〈治安管理处罚法〉对涉毒违法行为的立法与处罚适用》《福建省娱乐场所涉毒问题现状及治理对策》等。朱彬玲副教授的研究方向为毒品犯罪，参编的著作有《为了这片净土——福建禁毒斗争的历史、现状和对策研究》（群众出版社 2003 年版）；代表性论文有《制造毒品犯罪案件的特点及现场勘查》《论我国戒毒体制的弊端及重构》《福建省吸毒问题及戒毒工作的调查与思考》《关于福建省苯丙胺类毒品犯罪情况的调查报告》《论加强毒品预防教育的重要性》等。

4. 湖南司法警官职业学院

湖南司法警官职业学院从 2006 年开始招生戒毒康复专业学生，其对吸毒矫治及戒毒问题也有一定的研究。其主要研究人员有李硕，研究方向为犯罪心理学、戒毒康复；参与湖南省省级课题《戒毒诊治评估体系》；主编的教材有《戒毒康复与预防复吸技术》《毒品基础知识与毒品鉴定》等。

（二）侧重于毒品犯罪案件侦查问题研究的研究机构

我国专业性警官院校大多开设有毒品犯罪案件侦查课程，对该问题研究成果比较多的为中国刑事警察学院禁毒学系和北京警察学院。

1. 中国刑事警察学院禁毒学系

中国刑事警察学院是我国最早招收禁毒专业本科生的学校，该校设有毒品犯罪案件侦查教研室和毒品检验教研室、戒毒教研室、禁毒展示室。

中国刑事警察学院禁毒学系中研究成果比较多的为肇恒伟教授、吴玉红教授、关纯兴教授和曾文远教授。肇恒伟教授的研究方向为禁毒学，参编的教材有禁毒学综合性教材《禁毒学教程》（东北大学出版社 2003 年版），主持的课题有公安部项目《禁毒工作评估指标体系研究》、辽宁省社科基金项目《辽宁毒品问题研究》，发表论文数十篇。吴玉红教授的研究方向为毒品、毒物分析；曾主持《毒物分析案例式教学法研究》的课题；关纯兴教授的研究方向为禁毒学，主持编写了国内较早的禁毒学综合性教材《禁毒学教程》，代表性论文有《强化制毒案件现场勘查五意识》《对我国强制隔离戒毒第一案引发的若干问题的思考——基于行政法的立场》《窝藏转移隐瞒毒品毒赃罪研究》《制造毒品罪认定及制造毒品犯罪现场证据搜集》《哈尔滨毒品犯罪特点及对策》《毒品案件办理程序疑难问题》《试论打击零星贩毒的对策》等。曾文远教授的研究方向为禁毒学，代表性论文有《认定包庇毒品犯罪分子罪若干疑难问题探析》《对我国强制隔离戒毒第一案引发的若干问题的思考——基于行政法的立场》《强制隔离戒毒性质初探》等。

2. 北京警察学院

北京警察学院中对毒品问题研究较多的为王若阳教授和魏玉芝教授。王若阳教授的研究方向为侦查学、刑事诉讼法学，出版有《毒品犯罪案件证据实务》（广东人民出版社 2003 年版），代表性论文有《英国预防和减少犯罪战略》《外地来京人员犯罪特点及对策》。魏玉芝教授的研究方向为毒品检测，主编的教材有《毒品学》（群众出版社 1999 年版），代表性论文有《论阿片类毒品依赖的神经生物学机理》《应用斑点酶标法检测吸毒者尿液中常见毒品》等。

（三）侧重心理学角度研究毒品的研究机构

从心理学角度研究毒品在我国起步较晚，但仍取得了一部分成果，如刘白驹的《精神障碍与犯罪》（社会科学文献出版社 2000 年版）、方贻儒主编的《迷失的乐园：烟、酒、毒品成瘾行为案例》（上海人民出版社 2003 年版）。在我国专业性警官院校中，从心理学角度研究毒品较多的是中央司法警官学院心理戒毒研究所。

中央司法警官学院心理戒毒研究所成立于 2006 年 11 月，主要研究人员有姜祖桢教授和李秋先老师。姜祖桢教授的研究方向为心理矫治、毒品犯罪，出版有《社区矫正理论与实务》（法律出版社 2010 年版）等，代表性论文有《社区戒毒模式及其运作机制研究》等。李秋先老师的研究方向为法学理论、毒品犯罪，代表性论文有《我国现阶段毒品犯罪原因分析》《遏制吸毒发展蔓延的对策分析》等。

（四）侧重某个地方或者省份毒品犯罪的综合研究的研究机构

在我国专业性警官院校中，有些依托当地的地理优势集中对本地区毒品犯罪情况进行实证研究或地方立法研究，其中研究成果较多的为广东警官学院和西北政法大学。

1. 广东警官学院

广东警官学院侦查系设有专门毒品犯罪侦查本科专业，出版有著作 90 多部，教材 86 种，其中 7 种教材分别获公安部优秀教材一、二等奖；"九五""十五"期间，承担省部级、厅局级、市厅级以上各类研究课题 49 项，校级重点课题 80 项。

广东警官学院中侧重地区毒品犯罪政策研究的为任克勤教授和周心捷教授。任克勤教授先后主持完成了广东省社科项目《广州毒品问题研究》、公安部项目《我国冰毒犯罪问题研究》等多项省部级课题，参与主持完成了地方立法《广东省易制毒化学品管理条例》；先后出版了《广州毒品问题研究》（警官教育出版社 1999 年版）、《新型毒品犯罪问题研究》（中国人民公安大学出版社 2009 年版）等；代表性论文有《改革开放前沿的跨境犯罪问题研究》等。周心捷教授的代表性论文有《2003，广州地区打击毒品犯罪的回顾与思考》《广东地区制贩苯丙胺类毒品犯罪的回顾和前瞻》等。

广东警官学院中侧重地区毒品犯罪侦查研究的为祝卫莉、秦总根和朱飞等老师。祝卫莉老师曾主持校级课题《毒品犯罪中的诱惑侦查研究》，代表性论文有《粤滇两省毒品犯罪特点之比较》《试论制贩新型毒品犯罪的特点、原因及对策》《诱惑侦查的概念研究综论》等。秦总根老师曾主持深圳市课题《深圳市吸毒人员与违法犯罪之间的关系》、公安部课题《中国冰毒问题研究》，出版有《有组织毒品犯罪问题研究》（中国人民公安大学出版社 2010 年版），代表性论文有《有组织毒品犯罪的运作方式探讨》《制造新型毒品犯罪的变化与打击对策探讨》《浅谈毒品案件侦查中化学的常识》《新型毒品的种类及其对人体的危害》《试论制贩新型毒品犯罪的特点、原因及对策》等。朱飞老师的代表性论文有《关于当前禁毒工作的若干问题思考》《毒品案件证据特点分析》《谈毒品案件的取证》《浅论我国当前毒品违法犯罪态势》等。

2. 西北政法大学

西北政法大学的褚宸舸教授对西北地区的毒品犯罪问题进行了比较系统的研究。褚宸舸教授曾主持校级课题《西北地区毒品违法犯罪研究》（2002

年至 2007 年），代表性论文有《中国禁毒立法三十年——以立法体系的演进与嬗变为视角》《我国禁毒立法的历史演进（1949—1998）》《当代中国毒品犯罪研究学术史和方法论述评——兼论毒品犯罪的知识社会学研究视角》《试论毒品犯罪的知识社会学研究视角》《晚清时期西北地区的毒品问题及其治理》《运用警察圈套缉毒非常必要》《陕西毒品违法犯罪的发展轨迹与现状》等。

　　通过查找、汇总相关资料，笔者对国内毒品犯罪领域的研究有了大体的了解。毒品犯罪在我国一直是学者们研究的重点，学者们通过不同的角度来研究毒品犯罪，形成了一系列毒品犯罪的研究成果。但笔者认为还存在以下一些不足：①最近几年毒品犯罪的研究成果较少，较新的研究成果大部分是近五年前的研究成果；②针对青少年毒品犯罪和女性毒品犯罪的研究较少，且不够深入；③在地方毒品犯罪的研究中，就某些地方的毒品犯罪研究不足，成果较少，研究不深入，如贵州省的毒品犯罪研究。

附录 2
最高人民法院发布 2019 年—2022 年
十大毒品（涉毒）犯罪典型案例

最高人民法院发布 2019 年十大毒品（涉毒）犯罪典型案例*

6 月 26 日是国际禁毒日，为充分昭示人民法院依法从严惩处毒品犯罪的政策立场，最高人民法院相关部门从全国法院范围内收集、整理了 10 件 2018 年以来审结的毒品犯罪和吸毒诱发次生犯罪的典型案例。其中 3 件是死刑案例，分别是：施某民、林某雄制造毒品案，赵某华贩卖、运输毒品案，李某富故意杀人案；另 7 件非死刑案例分别是：杨某昌贩卖、运输毒品、赵某增贩卖毒品案，李某贩卖毒品案，梁某元非法利用信息网络、非法持有毒品、汪某贩卖毒品案，谢某庆非法持有毒品、容留他人吸毒案，李某森非法生产、买卖制毒物品案，姚某良以危险方法危害公共安全、妨害公务案，李某贩卖毒品案。这些案例从多个角度体现了当前毒品犯罪案件的特点，也阐述了人民法院对相关类型毒品犯罪案件的法律适用和政策把握标准。

---

* "最高人民法院发布 2019 年十大毒品（涉毒）犯罪典型案例"，载中华人民共和国最高人民法院官网：https://www.court.gov.cn/，2022 年 6 月 26 日访问。

案例 1

施某民、林某雄制造毒品案
——纠集多人制造毒品数量特别巨大,罪行极其严重

（一）基本案情

被告人施某民,男,汉族,1973 年 1 月 27 日出生,无业。

被告人林某雄,男,汉族,1970 年 11 月 2 日出生,无业。

2015 年 6 月,被告人施某民、林某雄密谋合伙制造甲基苯丙胺（冰毒）,商定施某民出资 8 万元,负责购买主要制毒原料及设备等,林某雄出资 20 万元,负责租赁场地和管理资金。同年 7 月,施某民纠集郑某江、刘某、柯某（均系同案被告人,已判刑）参与制毒。郑某江提出参股,后通过施某民交给林某雄 42 万元。施某民自行或安排郑某江购入部分制毒原料、工具。林某雄租下广东省揭阳市揭东区锡场镇的一处厂房作为制毒工场,纠集林某滨、黄某光（均系同案被告人,已判刑）协助制毒,并购入部分制毒配料、工具。同月 20 日晚,施某民以每袋 7.8 万元的价格向吴某木、俞某富（均系同案被告人,已判刑）购买 10 袋麻黄素,并通知林某雄到场支付 40 万元现金作为预付款。林某雄将麻黄素运至上述制毒工场后,施某民、林某雄组织、指挥郑某江、刘某、柯某、林某滨、黄某光制造甲基苯丙胺。同月 23 日 23 时许,公安人员抓获正在制毒的施某民、林某雄等七人,当场查获甲基苯丙胺约 149 千克,含甲基苯丙胺成分的固液混合物和液体共计约 621 千克,以及一批制毒原料和工具。

（二）裁判结果

本案由广东省揭阳市中级人民法院一审,广东省高级人民法院二审。最高人民法院对本案进行了死刑复核。

法院认为,被告人施某民、林某雄结伙制造甲基苯丙胺,其行为均已构成制造毒品罪。施某民、林某雄分别纠集人员共同制造甲基苯丙胺,数量特别巨大,社会危害极大,罪行极其严重,且二人在共同犯罪中均起主要作用,系主犯,均应按照其所组织、指挥和参与的全部犯罪处罚。据

此，依法对被告人施某民、林某雄均判处并核准死刑，剥夺政治权利终身，并处没收个人全部财产。

罪犯施某民、林某雄已于2018年12月13日被依法执行死刑。

（三）典型意义

据统计，甲基苯丙胺已取代海洛因成为我国滥用人数最多的毒品种类，国内制造甲基苯丙胺等毒品的犯罪形势也较为严峻，在部分地方尤为突出。本案就是一起典型的大量制造甲基苯丙胺犯罪案件。被告人施某民、林某雄分别纠集人员共同制造甲基苯丙胺，专门租赁场地作为制毒场所，大量购置麻黄素等制毒原料及各种制毒设备、工具，公安人员在制毒场所查获成品甲基苯丙胺约149千克，另查获含甲基苯丙胺成分的液体和固液混合物约621千克，所制造的毒品数量特别巨大。制造毒品犯罪属于刑事政策上应予严惩的重点类型，人民法院根据二被告人犯罪的事实、性质和具体情节，依法对二人均判处死刑，体现了对源头性毒品犯罪的严厉惩处，充分发挥了刑罚的威慑作用。

案例2

赵某华贩卖、运输毒品案

——跨省贩卖、运输毒品数量巨大，且系累犯、毒品再犯，罪行极其严重

（一）基本案情

被告人赵某华，男，汉族，1963年3月1日出生，无业。1981年10月因犯盗窃罪被判处有期徒刑2年；1996年5月因犯贩卖毒品罪被判处有期徒刑1年；2005年3月7日因犯贩卖毒品罪被判处有期徒刑15年，剥夺政治权利5年，并处没收财产人民币2万元，2015年11月28日刑满释放。

2016年11月24日早晨，陆某琴（同案被告人，已判刑）雇车与被告人赵某华一起从上海市出发前往广东省。赵某华与严某某（在逃）联系后，严某某及其子严某鸿（同案被告人，已判刑）驾车在广东省粤东高速公路普宁市池尾出口接应赵某华等人。同月25日上午，赵某华、陆某琴分别让他人向陆某琴的银行卡汇款32万元、5万元。陆某琴从银行取款后，

赵某华、陆某琴将筹集的现金共计 40 万元交给严某某父子。后严某鸿搭乘赵某华等人的车,指挥司机驶入返回上海市的高速公路。途中,严某鸿让司机在高速公路某处应急车道停车,事先在该处附近等待的严某某将 2 个装有毒品的黑色皮包交给赵某华、陆某琴。当日 23 时 30 分许,赵某华等人驾车行至福建省武平县闽粤高速检查站入闽卡口处时,例行检查的公安人员从该车后排的 2 个黑色皮包中查获甲基苯丙胺(冰毒)11 袋,净重10 002.6 克,赵某华、陆某琴被当场抓获。

(二)裁判结果

本案由福建省龙岩市中级人民法院一审,福建省高级人民法院二审。最高人民法院对本案进行了死刑复核。

法院认为,被告人赵某华以贩卖为目的,伙同他人非法购买并运输甲基苯丙胺,其行为已构成贩卖、运输毒品罪。在共同犯罪中,赵某华联系毒品上家,积极筹集毒资且为主出资,参与支付购毒款、交接和运输毒品,起主要作用,系罪责最为严重的主犯,应当按照其所参与的全部犯罪处罚。赵某华伙同他人跨省贩卖、运输甲基苯丙胺 10 余千克,毒品数量巨大,罪行极其严重,且其曾两次因犯贩卖毒品罪被判处有期徒刑以上刑罚,在刑罚执行完毕后不足一年又犯贩卖、运输毒品罪,系累犯和毒品再犯,主观恶性深,人身危险性大,应依法从重处罚。据此,依法对被告人赵某华判处并核准死刑,剥夺政治权利终身,并处没收个人全部财产。

罪犯赵某华已于 2019 年 2 月 22 日被依法执行死刑。

(三)典型意义

近年来,内地省份的犯罪分子前往广东省购买毒品后运回当地进行贩卖,已成为我国毒品犯罪的一个重要特点。与此同时,公安机关加大了执法查缉力度,一些案件得以在运输途中被破获。本案就是一起典型的犯罪分子驾车从外省前往广东省购买毒品,携毒返程途中被查获的案件。被告人赵某华伙同他人跨省贩卖、运输甲基苯丙胺数量巨大,社会危害极大,且系共同犯罪中罪责最重的主犯,又系累犯和毒品再犯,主观恶性和人身危险性大。人民法院根据赵某华犯罪的事实、性质和具体情节,依法对其判处死刑,体现了对此类毒品犯罪的严惩。

案例 3

杨某昌贩卖、运输毒品、赵某增贩卖毒品案

—— 大量贩卖、运输新精神活性物质，依法从严惩处

（一）基本案情

被告人杨某昌，男，汉族，1972 年 3 月 25 日出生，个体经营者。

被告人赵某增，男，汉族，1982 年 8 月 19 日出生，公司法定代表人。

被告人杨某昌、赵某增长期从事化学品研制、生产、销售及化学品出口贸易工作。2015 年 4 月，杨某昌租用江苏省宜兴市中宇药化技术有限公司的设备、场地进行化学品的研制、生产及销售。其间，杨某昌雇用他人生产包括 N-（1-甲氧基羰基-2-甲基丙基）-1-（5-氟戊基）吲唑-3-甲酰胺（简称 5F-AMB）在内的大量化工产品并进行销售。同年 10 月 1 日，5F-AMB 被国家相关部门列入《非药用类麻醉药品和精神药品管制品种增补目录》，禁止任何单位和个人生产、买卖、运输、使用、储存和进出口。2016 年 1 月，赵某增与杨某昌在明知 5F-AMB 已被国家相关部门列管的情况下，仍商定杨某昌以每千克 2 200 元左右的价格向赵某增贩卖 150 千克 5F-AMB。同月 22 日，杨某昌根据赵某增的要求，安排他人将约 150 千克 5F-AMB 从宜兴市运送至浙江省义乌市，后赵某增将钱款汇给杨某昌。

2016 年 3 月 28 日，被告人杨某昌用约 1 千克 5F-AMB 冒充 MMBC 贩卖给李某某（另案处理），后在李某某安排他人寄出的邮包中查获 477.79 克 5F-AMB。

2016 年 8 月和 9 月，被告人杨某昌、赵某增先后被抓获。公安人员从杨某昌租用的中宇药化技术有限公司冷库内查获 33.92 千克 5F-AMB。

（二）裁判结果

本案由江苏省南京市中级人民法院一审，江苏省高级人民法院二审。

法院认为，被告人杨某昌明知 5F-AMB 被国家列入毒品管制仍予以贩卖、运输，其行为已构成贩卖、运输毒品罪。被告人赵某增明知 5F-AMB

被国家列入毒品管制仍大量购买,其行为已构成贩卖毒品罪。杨某昌贩卖、运输 5F-AMB 约 184 千克,赵某增贩卖 5F-AMB 约 150 千克,均属贩卖毒品数量大,应依法惩处。据此,依法对被告人杨某昌、赵某增均判处死刑缓期二年执行,剥夺政治权利终身,并处没收个人全部财产。

上述裁判已于 2019 年 2 月 22 日发生法律效力。

(三) 典型意义

新精神活性物质通常是不法分子为逃避法律管制,修改被管制毒品的化学结构而得到的毒品类似物,具有与管制毒品相似或更强的兴奋、致幻、麻醉等效果,被联合国毒品与犯罪问题办公室确定为继海洛因、甲基苯丙胺之后的第三代毒品,对人体健康危害很大。本案所涉毒品 5F-AMB 属于合成大麻素类新精神活性物质,于 2015 年 10 月 1 日被国家相关部门列入《非药用类麻醉药品和精神药品管制品种增补目录》。人民法院根据涉案新精神活性物质的种类、数量、危害和被告人杨某昌、赵某增犯罪的具体情节,依法对二被告人均判处死刑缓期二年执行,体现了对此类犯罪的从严惩处。

案例 4

李某贩卖毒品案

——利用网络向外籍人员贩卖大麻,依法惩处

(一) 基本案情

被告人李某,男,汉族,1980 年 3 月 9 日出生,无业。

被告人李某起意贩卖大麻后,在社交网络上发布大麻图片,吸引他人购买。浙江省苍南县某英语培训机构的一名外籍教员在社交网络上看到李某发布的大麻照片后点赞,李某便询问其是否需要,后二人互加微信,并联系大麻交易事宜。2017 年 11 月至 2018 年 10 月间,李某先后 31 次卖给对方共计 141 克大麻,得款 1.7 万余元。经鉴定,查获的检材中检出四氢大麻酚、大麻二酚、大麻酚成分。

（二）裁判结果

本案由浙江省平阳县人民法院审理。

法院认为，被告人李某明知大麻是毒品而贩卖，其行为已构成贩卖毒品罪，且多次贩卖，属情节严重，应依法惩处。鉴于李某归案后能如实供述自己的罪行，可从轻处罚。据此，依法对被告人李某判处有期徒刑 4 年，并处罚金人民币 1.6 万元。

宣判后，在法定期限内没有上诉、抗诉，上述裁判已于 2019 年 4 月 9 日发生法律效力。

（三）典型意义

大麻属于传统毒品，我国对大麻类毒品犯罪的打击和惩处从未放松。但目前，一些国家推行所谓大麻"合法化"，这一定程度对现有国际禁毒政策产生冲击，也容易让部分外籍人员对我国的全面禁毒政策产生某种误解。本案就是一起通过网络向国内的外籍务工人员贩卖大麻的典型案件。被告人李某在社交网络上发布大麻照片吸引买家，而购毒人员系外籍教员。在案证据显示，此人称在其本国吸食大麻并不违法。但李某明知大麻在中国系禁止贩卖、吸食的毒品，仍通过网络出售给他人，已构成贩卖毒品罪，且属情节严重，人民法院对其依法判处了刑罚。此类案件对在中国境内的留学生、外籍务工人员以及赴外留学的中国青年学生都有警示作用。

案例 5

梁某元非法利用信息网络、非法持有毒品、汪某贩卖毒品案
——非法利用网络平台组织视频吸毒，依法惩处

（一）基本案情

被告人梁某元，男，汉族，1974 年 1 月 2 日出生，无业。

被告人汪某，女，汉族，1970 年 10 月 1 日出生，无业。2015 年 8 月 27 日因犯非法持有毒品罪被判处拘役 3 个月，并处罚金人民币 1000 元。

2016 年底至 2017 年初，被告人梁某元加入名流汇、CF 中国网络平

台，在平台中以视频方式与他人共同吸食甲基苯丙胺（冰毒）。2017年3月，梁某元主动联系网络技术员"OV"，重新架设名流汇视频网络平台，通过名流汇的QQ群及QQ站务群对平台进行管理，交付网络维护费、服务器租赁费等，发展平台会员，并对平台内的虚拟房间进行管理。经查，该平台在此期间以虚拟房间形式组织大量吸毒人员一起视频吸毒，居住在苏州的陆某、梁某（已另案判刑）等人通过该平台达成毒品买卖意向并在线下交易毒品。

2017年5月9日，被告人梁某元在吉林省白山市被抓获，公安人员从其驾驶的汽车内查获甲基苯丙胺2包，净重11.28克。

被告人汪某自2016年起在组织吸毒活动的名流汇视频平台等非法网络中进行活动，并结识吸毒人员刘某某。2016年12月至2017年2月间，汪某先后3次通过微信收取刘某某支付的毒资共计4 500元，向刘某某贩卖甲基苯丙胺共24克，从中获利900元。

（二）裁判结果

本案由江苏省苏州市吴中区人民法院一审，苏州市中级人民法院二审。

法院认为，被告人梁某元利用信息网络设立用于组织他人吸食毒品等违法犯罪活动的网站、通讯群组，情节严重，其行为已构成非法利用信息网络罪；梁某元非法持有甲基苯丙胺数量较大，其行为又构成非法持有毒品罪。对梁某元所犯数罪，应依法并罚。被告人汪某明知是毒品而贩卖，其行为已构成贩卖毒品罪。汪某曾因犯非法持有毒品罪被判刑，现又犯贩卖毒品罪，系毒品再犯，应依法从重处罚。据此，依法对被告人梁某元以非法利用信息网络罪判处有期徒刑1年，并处罚金人民币1万元，以非法持有毒品罪判处有期徒刑9个月，并处罚金人民币2千元，决定执行有期徒刑1年6个月，并处罚金人民币1.2万元；对被告人汪某以贩卖毒品罪判处有期徒刑9年，并处罚金人民币2万元。

上述裁判已于2018年11月2日发生法律效力。

（三）典型意义

信息网络技术促进了经济发展，便利了社会生活，但网络自身的快速、大量传播等特点也容易被一些不法分子利用，使网络平台成为实施违法犯罪活动的场所和工具。近年来利用信息网络组织吸毒、交易毒品的案件时有发生，危害很大。为有效打击此类犯罪行为，2015 年 11 月 1 日施行的《刑法修正案（九）》增设了非法利用信息网络罪，2016 年 4 月 11 日实施的《最高人民法院关于审理毒品犯罪案件适用法律若干问题的解释》第 14 条也规定，利用信息网络设立用于组织他人吸食、注射毒品等违法犯罪活动的网站、通讯群组，情节严重的，以非法利用信息网络罪定罪处罚。本案被告人梁某元重新架设并管理维护视频网络平台，发展平台会员人数众多（加入会员需视频吸毒验证），以虚拟房间形式组织大量吸毒人员一起视频吸毒，并间接促成线下毒品交易，已有部分会员因犯贩卖毒品罪被判刑，其犯罪行为属于非法利用信息网络"情节严重"。被告人汪某通过非法网络平台结识吸毒人员后进行线下毒品交易，贩卖毒品数量较大。人民法院依法对二被告人判处了刑罚。

案例 6

谢某庆非法持有毒品、容留他人吸毒案
——容留多名未成年人吸毒，依法惩处

（一）基本案情

被告人谢某庆，男，汉族，1990 年 10 月 26 日出生，农民。

2018 年 3 月 26 日凌晨，被告人谢某庆在广西壮族自治区陆川县大桥镇家中，容留梁某某、吕某甲、吕某乙、王某甲及未成年人李某某、陈某、王某乙、吕某丙等 8 人吸食毒品。当日 14 时许，公安人员对该房间进行例行检查时，将谢某庆及上述 8 名吸毒人员抓获，当场从谢某庆的电脑台抽屉内查获 1 包甲基苯丙胺（冰毒），重 526.5 克。经依法对上述人员进行尿液检测，检测结果均呈氯胺酮阳性。

（二）裁判结果

本案由广西壮族自治区陆川县人民法院审理。

法院认为，被告人谢某庆非法持有毒品数量大，其行为已构成非法持

有毒品罪；谢某庆提供场所容留多人吸食毒品，其行为又构成容留他人吸毒罪。谢某庆非法持有甲基苯丙胺数量大，且容留多名未成年人吸毒，应依法惩处。鉴于其归案后如实供述自己的罪行，可从轻处罚。对其所犯数罪，应依法并罚。据此，依法对被告人谢某庆以非法持有毒品罪判处有期徒刑8年，并处罚金人民币5千元；以容留他人吸毒罪判处有期徒刑1年，并处罚金人民币2千元，决定执行有期徒刑8年6个月，并处罚金人民币7千元。

宣判后，在法定期限内没有上诉、抗诉，上述裁判已于2019年1月7日发生法律效力。

（三）典型意义

近年来，容留他人吸毒案件发案率较高，吸毒人员低龄化特征也较为明显。未成年人心智尚未成熟，一旦沾染毒品，极易造成身体和心理的双重依赖，进而诱发侵财、伤害等违法犯罪行为，对个人、家庭和社会都会造成很大危害。本案是一起容留多名未成年人吸毒的典型案件。被告人谢某庆本身系吸毒人员，其从一名毒品受害者演变成一名毒品传播者，一次容留4名成年人、4名未成年人在其家中吸毒，且非法持有毒品数量大。人民法院根据其犯罪的事实、性质和具体情节依法判处刑罚，体现了对未成年人的保护，也对预防未成年人违法犯罪有警示作用。

案例7

李某森非法生产、买卖制毒物品案
——非法生产、买卖邻酮，数量特别巨大，依法惩处

（一）基本案情

被告人李某森，男，汉族，1982年8月3日出生，农民。

2015年冬天，边某某（已另案判刑）与王某某结识并商定非法生产制毒物品邻氯苯基环戊酮（简称邻酮），王某某负责提供部分原料、指导设备安装及生产、联系买家等，边某某负责提供厂房、设备、资金、组织人员生产等。2016年3月，边某某纠集被告人李某森等人租用山东省惠民县

胡集镇一闲置厂房开始承建化工厂。其间，边某某与李某森商定，由李某森出资建厂生产，后期双方分红。同年 3 月至 6 月，李某森陆续出资 25 万余元，多次到工厂查看进度，并前往江苏省盐城市接送王某某。同年 6 月，李某森将生产出的 800 千克邻酮运至山东省淄博市临淄区，由边某某等人通过物流发往河北省石家庄市，后边某某给李某森 25.5 万元现金。同年 7 月 12 日，公安人员在上述工厂附近隐藏的车辆上查获邻酮 373 千克。

（二）裁判结果

本案由山东省惠民县人民法院一审，山东省滨州市中级人民法院二审。

法院认为，被告人李某森非法生产、买卖制毒物品邻酮的行为已构成非法生产、买卖制毒物品罪。李某森明知他人非法生产、买卖邻酮而积极参与投资建厂、接送人员等，生产、买卖邻酮共计约 1173 千克，情节特别严重，应依法惩处。据此，依法对被告人李某森判处有期徒刑 8 年，并处罚金人民币 8 万元。

上述裁判已于 2018 年 11 月 15 日发生法律效力。

（三）典型意义

近年来，受制造毒品犯罪影响，我国制毒物品犯罪问题也较为突出。为遏制制毒物品犯罪的蔓延，增强对源头性毒品犯罪的打击力度，2015 年 11 月 1 日起施行的《刑法修正案（九）》完善了制毒物品犯罪的规定，增设了非法生产、运输制毒物品罪。本案是一起比较典型的非法生产、买卖邻酮的案件。邻酮是合成羟亚胺的重要原料，而羟亚胺可用于制造毒品氯胺酮。本案被告人李某森犯罪所涉邻酮数量特别巨大，根据《最高人民法院关于审理毒品犯罪案件适用法律若干问题的解释》第 8 条的规定，其犯罪行为属情节特别严重。人民法院根据李某森犯罪的事实、性质和具体情节依法判处刑罚，体现了对源头性毒品犯罪的坚决打击。

案例 8

李某富故意杀人案

——有长期吸毒史，持刀杀死邻居夫妇2人，罪行极其严重

（一）基本案情

被告人李某富，男，汉族，1981年7月9日出生，农民。2007年7月19日因犯故意伤害罪被判处有期徒刑3年，缓刑5年；2013年3月11日因犯盗窃罪被判处有期徒刑11个月，并处罚金人民币2千元，同年11月7日刑满释放；2014年4月10日因犯盗窃罪被判处拘役3个月，并处罚金人民币1千元。

被告人李某富住四川省安岳县护龙镇聪明村，有长期吸毒史，因琐事对邻居伍某某（被害人，男，殁年53岁）、游某某（被害人，女，殁年52岁）夫妇素有不满。2016年6月14日18时许，李某富携带尖刀到伍某某家，见伍某某夫妇在堂屋看电视，即持刀捅刺伍某某的左肩部、右胸部等处数刀，捅刺游某某的胸部、腰背部等处数刀，致伍某某、游某某二人死亡。随后李某富返回家中烧毁了作案所穿裤子、胶鞋，清洗了作案工具尖刀，并将此事告知家人。李某富之父报警后，公安人员赶到李家将李某富抓获。经鉴定，李某富患有精神活性物质所致精神障碍，对其上述行为具有刑事责任能力。

（二）裁判结果

本案由四川省资阳市中级人民法院原审、四川省高级人民法院复核审。最高人民法院对本案进行了死刑复核。

法院认为，被告人李某富故意非法剥夺他人生命，其行为已构成故意杀人罪。李某富因琐事而起意行凶，到邻居家中杀死2名被害人，犯罪情节恶劣，后果和罪行极其严重，社会危害大，且其曾因犯盗窃罪被判处有期徒刑以上刑罚，刑罚执行完毕后5年内又犯故意杀人罪，系累犯，应依法从重处罚。虽然李某富有自首情节，但综合其犯罪的事实、性质和具体情节，不足以对其从轻处罚。据此，依法对被告人李某富判处并核准死

刑，剥夺政治权利终身。

罪犯李某富已于 2018 年 7 月 27 日被依法执行死刑。

（三）典型意义

毒品具有刺激兴奋、致幻等作用，可导致吸食者出现兴奋、狂躁、幻视、幻听、被害妄想等症状，进而导致自伤自残或对他人实施暴力犯罪。近年来，因吸毒诱发的故意杀人、故意伤害等恶性案件屡有发生，严重危害社会治安，教训十分深刻。本案就是一起因长期吸毒导致精神障碍，进而诱发故意杀人的典型案例。在案证据显示，被告人李某富有长期吸毒史，出现吸毒导致的幻想等症状，并伴有行为异常。李某富因琐事对邻居夫妇不满，案发当日持尖刀进入邻居家中杀死伍某某、游某某夫妇 2 人，犯罪情节恶劣，后果和罪行极其严重。经鉴定，李某富对其实施的行为具有刑事责任能力。李某富虽有自首情节，但根据本案的具体情况不足以从轻处罚。该案充分反映出毒品对个人和社会的严重危害，尤其值得吸毒者深刻警醒。

案例 9

姚某良以危险方法危害公共安全、妨害公务案

——吸毒后驾驶机动车任意冲撞，并撞击执行公务的警车，依法惩处

（一）基本案情

被告人姚某良，男，汉族，1972 年 10 月 10 日出生，务工人员。

2017 年 5 月 28 日下午至 29 日凌晨，被告人姚某良在云南省瑞丽市某公司宿舍内吸食甲基苯丙胺（冰毒）。29 日 5 时许，姚某良和姚某某驾驶一辆皮卡车从瑞丽市行至云南省芒市。当行至芒市人民医院路边时，姚某良怀疑姚某某对其不利，遂用长刀威胁姚某某并将姚某某赶下车，自己驾车在芒市城区行驶。其间，姚某良手持长刀对着路人及路上车辆挥舞。当日 7 至 8 时许，姚某良先后在芒市阔时路菜市场门口、造纸厂环岛驾车撞击车牌号为云 NC57××、云 NH89×× 的车辆，致二车受损。处警民警在造纸厂环岛附近驾驶警车追赶姚某良所驾车辆，并通过车载扩音器多次向姚某

良喊话，让其停车接受检查。姚某良拒不停车，在造纸厂环岛旁驾车撞向正在现场执行处警任务的辅警杨某某，杨某某及时躲避。后姚某良继续驾车在造纸厂环岛撞击民警杨某驾驶的车牌号为云N04××的警车，致该车受损。8时17分，姚某良驾车在造纸厂环岛撞击一辆电动车，致车上的潘某某、裴某某受伤，该车受损。民警来到姚某良驾驶的车辆旁让其停车，姚某良不听从民警指令，继续驾车前行。民警鸣枪示警无效后，开枪将姚某良击伤制服。经鉴定，潘某某、裴某某的伤情构成轻微伤；受损的3辆汽车、1辆电动车修理费共计7550元。

（二）裁判结果

本案由云南省芒市人民法院一审，云南省德宏傣族景颇族自治州中级人民法院二审。

法院认为，被告人姚某良吸食毒品后，在公共道路上以驾车任意冲撞的危险方法危害公共安全，其行为已构成以危险方法危害公共安全罪；姚某良以暴力方法阻碍国家机关工作人员依法执行职务，其行为又构成妨害公务罪。姚某良拒不听从民警指令，驾车撞向执行公务民警驾驶的警车，属暴力袭击正在依法执行职务的人民警察，应依法从重处罚。鉴于姚某良当庭自愿认罪，态度较好，有悔罪表现，可从轻处罚。对姚某良所犯数罪，应依法并罚。据此，依法对被告人姚某良以以危险方法危害公共安全罪判处有期徒刑4年；以妨害公务罪判处有期徒刑1年，决定执行有期徒刑4年6个月。

上述裁判已于2018年4月9日发生法律效力。

（三）典型意义

甲基苯丙胺类合成毒品具有中枢神经兴奋、致幻等作用，吸食后会产生感知错位、注意力无法集中、幻视幻听等症状，此种情形下驾驶机动车极易肇事肇祸，造成严重危害后果。本案就是一起吸毒后驾驶机动车危害公共安全并妨害公务的典型案例。被告人姚某良吸毒后不顾人民群众的生命财产安全，驾车在市区任意冲撞，致2人受伤、多辆汽车受损、多名群众受到惊吓，还拒不听从民警指令，驾车撞向执行公务民警驾驶的警车和辅警，暴力阻碍警察执法，造成恶劣社会影响。人民法院根据姚某良犯罪的事实、性质和危害后果等具体情节，对其依法判处了刑罚。

案例 10

李某贩卖毒品案

——对取证瑕疵能够作出合理解释的，可以依法采纳相关证据

（一）基本案情

被告人李某，男，汉族，1991 年 4 月 11 日出生，务工人员。2013 年 1 月 16 日因犯寻衅滋事罪被判处有期徒刑一年，同年 5 月 13 日刑满释放。

2017 年 4 月 5 日、7 日，被告人李某通过微信等方式与吸毒人员林某某商谈毒品交易事宜后，在福建省霞浦县一小区先后两次向林某某出售甲基苯丙胺（冰毒）各 1 包，收取毒资 250 元。同月 8 日 12 时许，李某在霞浦县松港街道欲再次向林某某出售甲基苯丙胺时被当场抓获。公安人员从李某身上查获 2 小包甲基苯丙胺，重 1.59 克，从李某住处卧室床头柜的抽屉内查获 10 小包甲基苯丙胺，共计重约 28.07 克。

（二）裁判结果

本案由福建省霞浦县人民法院一审，福建省宁德市中级人民法院二审。

法院在审理中发现本案取证程序存在一定问题，如，侦查人员搜查现场时未出示搜查证，现场勘查笔录和扣押物品清单对毒品包数和位置的记载不一致。对此，公安机关出具了工作说明，并有相关侦查人员当庭作出合理解释，再结合本案视听资料及搜查时在场的两名证人的证言，相关证据可以采纳。法院认为，被告人李某明知是毒品而贩卖，其行为已构成贩卖毒品罪。李某多次贩卖甲基苯丙胺共计约 30 克，且其曾因犯寻衅滋事罪被判处有期徒刑以上刑罚，在刑罚执行完毕后 5 年内又犯应当判处有期徒刑以上刑罚之罪，系累犯，应依法从重处罚。据此，依法对被告人李某判处有期徒刑 11 年 9 个月，并处罚金人民币 5 千元。

上述裁判已于 2018 年 10 月 8 日发生法律效力。

（三）典型意义

依法全面、规范地收集、提取证据，确保案件证据质量，是有力打击毒品犯罪的基础和前提。毒品犯罪隐蔽性较强，证据收集工作有一定特殊性，对于不属于非法取证情形的证据瑕疵，通过补查补正或者作出合理解释，可以依法采纳相关证据。本案侦查人员在搜查时未出示搜查证，现场勘查笔录与扣押清单中对毒品包数和查获毒品位置的记载不完全一致，但通过侦查机关出具说明、调取在场证人的证言、侦查人员出庭作证等方式，使得证据瑕疵得到合理解释，能够确认相关证据的真实性，体现了审判阶段对取证规范性的严格要求，有利于确保毒品犯罪案件的证据质量。

最高人民法院发布 2020 年十大毒品（涉毒）犯罪典型案例*

"6·26"国际禁毒日即将到来，为充分昭示人民法院依法从严惩处毒品犯罪的政策立场，最高人民法院相关部门从全国法院范围内收集、整理了 10 件 2019 年以来审结的毒品犯罪和吸毒诱发次生犯罪的典型案例。其中，3 件死刑案例分别是：吴某、吴某柱贩卖、运输、制造毒品案，周某林运输毒品案，张某故意杀人案；另 7 件案例分别是：刘某等贩卖、制造毒品案，祝某走私、运输毒品案，卞某晨等贩卖毒品、非法利用信息网络案，刘某铄贩卖毒品案，邹某生引诱他人吸毒、盗窃案，陈某胜容留他人吸毒案，吕某春等非法生产、买卖制毒物品案。这些案例从多个角度体现了当前毒品犯罪案件的特点，也阐述了人民法院对相关类型毒品犯罪案件的法律适用和政策把握标准。

案例 1

吴某、吴某柱贩卖、运输、制造毒品案
——纠集多人制造、运输、贩卖毒品数量特别巨大，罪行极其严重

（一）基本案情

被告人吴某，男，汉族，1972 年 8 月 17 日出生，农民。

被告人吴某柱，男，汉族，1964 年 10 月 23 日出生，农民。

2015 年 11 月，被告人吴某、吴某柱与吴某甲（在逃）、张某健（同案被告人，已判刑）等在广东省陆丰市预谋共同出资制造甲基苯丙胺（冰毒），吴某甲纠集陈某彬、吴某瑞（均系同案被告人，已判刑）参与。后吴某等人租下广东省四会市的一处厂房作为制毒工场，并将制毒原料、工

---

*　"最高人民法院发布 2020 年十大毒品（涉毒）犯罪典型案例"，载中华人民共和国最高人民法院官网：https://www.court.gov.cn/，2022 年 6 月 26 日访问。

人从陆丰市运到该处，开始制造甲基苯丙胺。

同年12月5日凌晨，被告人吴某、吴某柱和吴某甲指使张某健、陈某彬驾车将制出的24箱甲基苯丙胺运往高速公路入口处，将车交给吴某瑞开往广东省惠来县。吴某柱、陈某彬与吴某、吴某甲分别驾车在前探路。后吴某柱指使吴某瑞在惠来县隆江镇卸下7箱毒品交给他人贩卖，另转移4箱毒品到自己车上。吴某瑞将车开到陆丰市甲子镇，吴某乙（另案处理）取走该车上剩余的13箱毒品用于贩卖。

同月10日，被告人吴某经与吴某甲、吴某乙等密谋后，由张某健从制毒工场装载7箱甲基苯丙胺前往广东省东莞市，将毒品交给吴某乙联系的买家派来的接货人刘某某、张某某（均另案处理）。次日零时许，刘、张二人驾车行至广州市被截获，公安人员当场从车内查获上述7箱甲基苯丙胺，共约192千克。

同月10日左右，被告人吴某柱在陆丰市甲子镇经林宗庭（同案被告人，已判刑）介绍，与纪某某（在逃）商定交易550千克甲基苯丙胺，并收取定金港币20万元。同月16日22时许，吴某柱、林某庭、纪某某等在广东省肇庆市经"验货"确定交易后，陈某彬驾驶纪某某的车到制毒工场装载甲基苯丙胺，后将车停放在肇庆市某酒店停车场。次日凌晨，公安人员在四会市某高速公路桥底处抓获吴某等人，在制毒工场抓获吴某柱等人。公安人员在上述酒店停车场纪某某的车内查获15箱甲基苯丙胺，在制毒工场的汽车内查获6箱和3编织袋甲基苯丙胺，上述甲基苯丙胺共约830千克。公安人员另在制毒工场内查获约882千克含甲基苯丙胺成分的灰白色固液混合物及若干制毒原料、制毒工具。

（二）裁判结果

本案由广东省肇庆市中级人民法院一审，广东省高级人民法院二审。最高人民法院对本案进行了死刑复核。

法院认为，被告人吴某、吴某柱伙同他人制造甲基苯丙胺，并将制出的毒品予以运输、贩卖，其行为均已构成贩卖、运输、制造毒品罪。吴某、吴某柱纠集多人制造、运输、贩卖毒品，数量特别巨大，社会危害极大，罪行极其严重。在共同犯罪中，二被告人均系罪责最为突出的主犯，应当按照其所组织、指挥和参与的全部犯罪处罚。据此，依法对被告人吴某、吴某柱均判处并核准死刑，剥夺政治权利终身，并处没收个人全部财产。

罪犯吴某、吴某柱已于 2020 年 6 月 15 日被依法执行死刑。

（三）典型意义

近年来，我国面临境外毒品渗透和国内制毒犯罪蔓延的双重压力，特别是制造毒品犯罪形势严峻，在个别地区尤为突出。本案就是一起大量制造甲基苯丙胺后予以运输、贩卖的典型案例。被告人吴某、吴某柱纠集多人参与犯罪，在选定的制毒工场制出毒品后组织运输、联系贩卖，形成"产供销一条龙"式犯罪链条。吴某、吴某柱犯罪所涉毒品数量特别巨大，仅查获的甲基苯丙胺成品即达 1 吨多，另查获 800 余千克毒品半成品，还有大量毒品已流入社会，社会危害极大，罪行极其严重。人民法院依法对二人均判处死刑，体现了对制造毒品类源头性犯罪的严惩立场。

案例 2

周某林运输毒品案
——伙同他人运输毒品数量特别巨大，且系累犯，罪行极其严重

（一）基本案情

被告人周某林，男，汉族，1978 年 9 月 12 日出生，农民。2005 年 6 月 28 日因犯盗窃罪、非法持有枪支罪被判处有期徒刑 14 年，并处罚金人民币 13 万元，2012 年 10 月 30 日被假释，假释考验期至 2015 年 7 月 3 日止。

2015 年 7 月 12 日，被告人周某林与刘某生（同案被告人，已判刑）在云南省景洪市某小区租房用于藏匿毒品。同年 8 月，周某林经与毒品上家联系，伙同刘某生前往缅甸小勐拉"验货"，后二人两次驾驶事先专门购买的两辆汽车前往景洪市嘎洒镇附近接取毒品，运至上述租房藏匿。同月 10 日，公安人员在该租房内查获甲基苯丙胺片剂（俗称"麻古"）40 490 克，并于次日抓获周、刘二人。

（二）裁判结果

本案由云南省保山市中级人民法院一审，云南省高级人民法院二审。最高人民法院对本案进行了死刑复核。

法院认为，被告人周某林非法运输甲基苯丙胺片剂，其行为已构成运输毒品罪。周某林纠集同案被告人刘某生共同购买运毒车辆、租用房屋，共同前往境外查验毒品并接取、藏匿毒品，单独与上家联系，系主犯，且在共同犯罪中罪责更大，应当按照其所参与的全部犯罪处罚。周某林运输毒品数量特别巨大，社会危害极大，罪行极其严重，且其曾因犯罪被判处有期徒刑以上刑罚，在假释考验期满的当月再犯应当判处有期徒刑以上刑罚之罪，系累犯，主观恶性深，人身危险性大，应依法从重处罚。据此，依法对被告人周某林判处并核准死刑，剥夺政治权利终身，并处没收个人全部财产。

罪犯周某林已于 2020 年 4 月 21 日被依法执行死刑。

（三）典型意义

西南地区临近"金三角"，一直是我国严防境外毒品输入、渗透的重点地区，从云南走私毒品入境并往内地省份扩散是该地区毒品犯罪的重要方式，也是历来重点打击的源头性毒品犯罪。本案就是一起境外"验货"、境内运输并藏匿毒品的典型案例。被告人周某林伙同他人专门购车用于运毒、专门租房用于藏毒、出境查验毒品、联系上家接取毒品，涉案毒品数量特别巨大，且其曾因犯罪被判处重刑，假释期满后又迅即实施毒品犯罪，系累犯，主观恶性深，不堪改造。根据在案证据，周某林涉嫌为贩卖而运输毒品，这种情形不同于单纯受指使、雇用为他人运输毒品，量刑时应体现从严。

案例 3

刘某等贩卖、制造毒品案

——制造、贩卖芬太尼等多种新型毒品，依法严惩

（一）基本案情

被告人刘某，男，汉族，1978 年 11 月 5 日出生，公司经营者。

被告人蒋某华，女，汉族，1964 年 9 月 14 日出生，微商。

被告人王某玺，男，汉族，1983 年 2 月 2 日出生，公司经营者。

被告人夏某玺，男，汉族，1975 年 5 月 10 日出生，公司经营者。

被告人杨某，男，汉族，1989 年 10 月 12 日出生，无业。

被告人杨某萃、张某红、梁某丁、丁某，均系被告人王某玺、夏某玺经营公司的业务员。

2017 年 5 月，被告人刘某、蒋某华共谋由刘某制造芬太尼等毒品，由蒋某华联系客户贩卖，后蒋某华为刘某提供部分资金。同年 10 月，蒋某华向被告人王某玺销售刘某制造的芬太尼 285.08 克。同年 12 月 5 日，公安人员抓获刘某，后从刘某在江苏省常州市租用的实验室查获芬太尼 5017.8 克、去甲西泮 3383.16 克、地西泮 41.9 克、阿普唑仑 5012.96 克等毒品及制毒设备、原料，从刘某位于上海市的租住处查获芬太尼 6554.6 克及其他化学品、原料。

2016 年 11 月以来，被告人王某玺、夏某玺成立公司并招聘被告人杨某萃、张某红、梁某丁、丁某等人为业务员，通过互联网发布信息贩卖毒品。王某玺先后从被告人蒋某华处购买前述 285.08 克芬太尼，从被告人杨某处购买阿普唑仑 991.2 克，并从其他地方购买呋喃芬太尼等毒品。案发后，公安机关查获王某玺拟通过快递寄给买家的芬太尼 211.69 克、呋喃芬太尼 25.3 克、阿普唑仑 991.2 克；从杨某萃处查获王某玺存放的芬太尼 73.39 克、呋喃芬太尼 14.23 克、4-氯甲卡西酮 8.33 克、3，4-亚甲二氧基乙卡西酮 1 920.12 克；从杨某住处查获阿普唑仑 6 717.4 克。

（二）裁判结果

本案由河北省邢台市中级人民法院一审，河北省高级人民法院二审。

法院认为，被告人刘某、蒋某华共谋制造芬太尼等毒品并贩卖，其行为均已构成贩卖、制造毒品罪。被告人王某玺、夏某玺、杨某、杨某萃、张某红、梁某丁、丁某明知是毒品而贩卖或帮助贩卖，其行为均已构成贩卖毒品罪。刘某、蒋某华制造、贩卖芬太尼等毒品数量大，且在共同犯罪中均系主犯。刘某所犯罪行极其严重，根据其犯罪的事实、性质和具体情节，对其判处死刑缓期二年执行，剥夺政治权利终身，并处没收个人全部财产；蒋某华作用相对小于刘某，对其判处无期徒刑，剥夺政治权利终身，并处没收个人全部财产。王某玺、夏某玺共同贩卖芬太尼等毒品数量大，王某玺系主犯，但具有如实供述、立功情节，对其判处无期徒刑，剥夺政治权利终身，并处没收个人全部财产；夏某玺系从犯，对其判处有期徒刑10年，并处罚金人民币10万元。杨某贩卖少量毒品，对其判处有期徒刑2年，并处罚金人民币6万元。杨某萃、张某红、梁某丁、丁某参与少量毒品犯罪，且均系从犯，对四人分别判处有期徒刑1年8个月、1年6个月、1年4个月、6个月，并处罚金。

上述裁判已于2020年6月17日发生法律效力。

（三）典型意义

芬太尼类物质滥用当前正成为国际社会面临的新毒品问题，此类犯罪在我国也有所发生。为防范芬太尼类物质犯罪发展蔓延，国家相关部门在以往明确管控25种芬太尼类物质的基础上，又于2019年5月1日将芬太尼类物质列入《非药用类麻醉药品和精神药品管制品种增补目录》进行整类列管。本案系国内第一起有影响的芬太尼类物质犯罪案件，涉及芬太尼、呋喃芬太尼、阿普唑仑、去甲西泮、4-氯甲卡西酮、3，4-亚甲二氧基乙卡西酮等多种新型毒品，部分属于新精神活性物质。人民法院根据涉案毒品的种类、数量、危害和被告人刘某、蒋某华、王某玺、夏某玺犯罪的具体情节，依法对四人从严惩处，特别是对刘某判处死刑缓期执行，充分体现了对此类犯罪的有力惩处。

案例 4

祝某走私、运输毒品案
——通过手机网络接受他人雇用，走私、运输毒品数量大

（一）基本案情

被告人祝某，男，汉族，1996年5月5日出生，无业。

2018年12月，被告人祝某因欠外债使用手机上网求职，在搜索到"送货"可以获得高额报酬的信息后，主动联系对方并同意"送货"。后祝

某按照对方安排，从四川省成都市经云南省昆明市来到云南省孟连傣族拉祜族佤族自治县，乘坐充气皮艇偷渡出境抵达缅甸。

2019年1月下旬，被告人祝某从对方接取一个拉杆箱，在对方安排下回到国内，经多次换乘交通工具返回昆明市，并乘坐G286次列车前往山东省济南市。同月27日18时许，公安人员在列车上抓获祝某，当场从其携带的拉杆箱底部夹层内查获海洛因2包，净重2063.99克。

（二）裁判结果

本案由济南铁路运输中级法院一审，山东省高级人民法院二审。

法院认为，被告人祝某将毒品从缅甸携带至我国境内并进行运输，其行为已构成走私、运输毒品罪。祝某对接受雇用后偷渡到缅甸等待1月之久、仅携带一个装有衣物的拉杆箱即可获取高额报酬、途中多次更换交通工具、大多选择行走山路等行为不能作出合理解释，毒品又系从其携带的拉杆箱夹层中查获，可以认定其明知是毒品而走私、运输。祝某实施犯罪所涉毒品数量大，鉴于其系接受他人雇用走私、运输毒品，且具有初犯、偶犯等酌予从宽处罚情节，可从轻处罚。据此，依法对被告人祝某判处无期徒刑，剥夺政治权利终身，并处没收个人全部财产。

上述裁判已于2020年3月19日发生法律效力。

（三）典型意义

毒品犯罪分子为逃避处罚，以高额回报为诱饵，通过网络招募无案底的年轻人从境外将毒品运回内地，此类案件近年来时有发生，已成为我国毒品犯罪的一个新动向。本案就是一起典型的无案底年轻人通过手机网络接受他人雇用走私、运输毒品的案例。被告人祝某为获取高额报酬，在网络上接受他人雇用走私、运输毒品，犯下严重罪行。祝某归案后辩解其不知晓携带的拉杆箱内藏有毒品，与在案证据证实的情况不符。人民法院根据祝某犯罪的事实、性质和具体情节，依法对其判处无期徒刑，体现了对毒品犯罪的严惩。

案例 5

卞某晨等贩卖毒品、非法利用信息网络案
—— 非法种植、贩卖大麻，非法利用网络论坛发布种植大麻等信息

（一）基本案情

被告人卞某晨，男，汉族，1995 年 2 月 20 日出生，学生。

被告人卞某磊，男，汉族，1970 年 9 月 20 日出生，务工人员。

2017 年冬天，被告人卞某晨提供大麻种子给其父被告人卞某磊，卞某磊遂在其工厂宿舍及家中进行种植。自 2018 年 1 月起，卞某晨通过微信向他人贩卖大麻，后经与卞某磊合谋，由卞某晨联系贩卖并收款，卞某磊将成熟的大麻风干固化成大麻叶成品后通过快递寄给买家。至同年 10 月，卞某晨贩卖大麻至少 18 次共计 294 克，获利 13 530 元，其中卞某磊参与贩卖至少 11 次共计 241 克。案发后，公安人员在卞某磊处查获大麻植株 12 株、大麻叶 16 根。

另查明，"园丁丁"是一个从事大麻种植经验交流、大麻种子及成品买卖、传授反侦查手段等非法活动的网络论坛。被告人卞某晨于 2015 年 1 月 7 日注册账号"白振业"加入"园丁丁"论坛，系该论坛版主，负责管理内部教程板块，共发布有关大麻知识及种植技术的主题帖 19 个，回帖交流大麻种植技术 164 次。

（二）裁判结果

本案由浙江省诸暨市人民法院审理。

法院认为，被告人卞某晨、卞某磊明知大麻是毒品而种植、贩卖，其行为均已构成贩卖毒品罪。卞某晨、卞某磊多次贩卖大麻，属情节严重，且二人系共同犯罪，应当按照各自参与的全部犯罪处罚。卞某晨利用信息网络发布涉毒品违法犯罪信息，情节严重，其行为又构成非法利用信息网络罪。卞某晨、卞某磊归案后均能如实供述犯罪事实，且认罪认罚，可从轻处罚。对卞某晨所犯数罪，应依法并罚。据此，依法对被告人卞某晨以贩卖毒品罪判处有期徒刑 4 年，并处罚金人民币 2.5 万元，以非法利用信

息网络罪判处有期徒刑 1 年 4 个月，并处罚金人民币 5 千元，决定执行有期徒刑 4 年 9 个月，并处罚金人民币 3 万元；对被告人卞某磊以贩卖毒品罪判处有期徒刑 3 年 9 个月，并处罚金人民币 2.5 万元。

宣判后，在法定期限内没有上诉、抗诉，上述裁判已于 2019 年 10 月 29 日发生法律效力。

（三）典型意义

随着信息化时代的到来，各类网络平台、自媒体等发展迅速，在社会生活中扮演十分重要的角色。同时，一些违法犯罪分子利用网络平台便于隐匿身份、信息传播迅速、不受地域限制等特点，创建或经营管理非法论坛、直播平台等，实施涉毒品违法犯罪活动。本案就是一起被告人种植、贩卖大麻并利用非法论坛发布相关违法犯罪信息的案例。被告人卞某晨指使其父卞某磊种植大麻，二人配合进行贩卖，卞某晨还长期管理传播种植大麻方法、贩卖成品大麻的非法论坛，同时犯两罪。人民法院依法对二被告人判处了相应刑罚。

案例 6

刘某铄贩卖毒品案
——国家工作人员实施毒品犯罪，依法严惩

（一）基本案情

被告人刘某铄，男，汉族，1985 年 9 月 15 日出生，江苏省灌云县林牧业执法大队职工。

2019 年八九月的一天晚上，被告人刘某铄在江苏省灌云县伊山镇王圩村卖给王某明甲基苯丙胺（冰毒）约 0.5 克。同年 10 月，刘某铄又在该县老供电公司门口卖给周某甲基苯丙胺约 0.3 克。

（二）裁判结果

本案由江苏省灌云县人民法院审理。

法院认为，被告人刘某铄明知是毒品而进行贩卖，其行为已构成贩卖毒品罪。刘某铄身为国家工作人员贩卖少量毒品，属情节严重。鉴于其有如实供述、认罪认罚等情节，可从轻处罚。据此，对被告人刘某铄判处有期徒刑 3 年，并处罚金人民币 1 万元。

宣判后，在法定期限内没有上诉、抗诉，上述裁判已于 2020 年 3 月 28 日发生法律效力。

（三）典型意义

国家工作人员本应更加自觉地抵制毒品，积极与毒品违法犯罪作斗争，但近年来出现了一些国家工作人员涉足毒品违法犯罪的情况，造成了不良社会影响。本案被告人刘某铄系灌云县自然资源和规划局下属事业单位职工，具有国家工作人员身份，根据《最高人民法院关于审理毒品犯罪案件适用法律若干问题的解释》第 4 条的规定，其属贩卖少量毒品"情节严重"。人民法院对刘某铄依法判处 3 年有期徒刑，体现了对此类犯罪的严惩。

案例 7

邹某生引诱他人吸毒、盗窃案
——引诱他人吸毒并唆使他人共同盗窃，依法惩处

（一）基本案情

被告人邹某生，男，汉族，1987 年 10 月 9 日出生，农民。

被告人邹某生系广东省化州市某村村民，意图引诱同村村民邹某某（另案处理）一起吸毒。2018 年 9 月的一天，邹某生向邹某某借款购买海洛因后，当晚来到邹某某家，称吸食海洛因可消除邹某某腿部术后疼痛。邹某某表示其不会吸毒，邹某生便将海洛因放在锡纸上加热，让邹某某吸食烤出的烟雾。此后，邹某某遇腿部疼痛时便让邹某生购买海洛因一起吸食。

同年 11 月的一天晚上，被告人邹某生和邹某某毒瘾发作，但无钱购买毒品。经邹某生提议，二人潜入同村一村民家窃得一台液晶电视机。次日，邹某生将电视机销赃得款 400 元，用其中 100 元购买海洛因，与邹某某一起吸食。

（二）裁判结果

本案由广东省化州市人民法院审理。

法院认为，被告人邹某生引诱他人吸食毒品，其行为已构成引诱他人吸毒罪；邹某生以非法占有为目的，伙同他人入户盗窃财物，其行为又构成盗窃罪。鉴于邹某生如实供述自己的罪行，并当庭认罪悔罪，可从轻处罚。对邹某生所犯数罪，应依法并罚。据此，对邹某生以引诱他人吸毒罪判处有期徒刑 1 年 2 个月，并处罚金人民币 2 千元；以盗窃罪判处有期徒刑 7 个月，并处罚金人民币 1 千元，决定执行有期徒刑 1 年 6 个月，并处罚金人民币 3 千元。

宣判后，在法定期限内没有上诉、抗诉，上述裁判已于 2019 年 4 月 30 日发生法律效力。

（三）典型意义

吸毒成瘾不仅损害身体健康，高额的支出也会造成经济困境，诱使吸毒者实施盗抢等侵财犯罪。我国刑法对引诱、教唆、欺骗他人吸毒罪没有设置数量、情节等入罪条件，故实施此类行为的一般均应追究刑事责任。本案就是一起引诱他人吸毒后又共同实施侵财犯罪的典型案例。被告人邹某生以吸毒可以消除病痛为由引诱同村村民吸食海洛因，为购买毒品又唆使其共同入户盗窃财物，较为突出地体现了吸毒诱发犯罪的危害。人民法院根据邹某生犯罪的事实、性质和具体情节，依法对其判处了刑罚。

案例 8

陈某胜容留他人吸毒案

——容留多名未成年人吸毒，依法严惩

（一）基本案情

被告人陈某胜，男，土家族，1999 年 9 月 14 日出生，在校学生。

2018 年 5 月 12 日晚，被告人陈某胜为给女朋友黄某某（未成年人）庆祝生日，在湖北省荆州市荆州区一音乐会所的房间内容留张某某、林某某及 14 名未成年人吸食氯胺酮（俗称 "K 粉"）。当日 22 时许，公安人

员在该房间将陈某胜、黄某某及上述 16 名吸毒人员查获。经尿检，陈某胜及 16 名吸毒人员的检测结果均为氯胺酮阳性。

另查明，2017 年 12 月 18 日被告人陈某胜受他人邀约参加聚众斗殴犯罪。

（二）裁判结果

本案由湖北省荆州市荆州区人民法院审理。

法院认为，被告人陈某胜容留多名未成年人吸食毒品，其行为已构成容留他人吸毒罪，并应从重处罚；陈某胜积极参加聚众斗殴，其行为又构成聚众斗殴罪。对其所犯数罪，应依法并罚。据此，依法对被告人陈某胜以容留他人吸毒罪判处有期徒刑 3 年，并处罚金人民币 1 万元；以聚众斗殴罪判处有期徒刑 3 年，决定执行有期徒刑 5 年 6 个月，并处罚金人民币 1 万元。

宣判后，在法定期限内没有上诉、抗诉，上述裁判已于 2019 年 8 月 3 日发生法律效力。

（三）典型意义

毒品具有成瘾性，一旦沾染，极易造成身体和心理的双重依赖。近年来我国容留他人吸毒案件发案率较高，吸毒人员低龄化特点也较突出。未成年人心智尚未成熟，更易遭受毒品侵害。本案是一起容留多名未成年人吸毒的典型案例。被告人陈某胜系在校学生，为女朋友庆祝生日时容留前来聚会的多名未成年人一同吸毒，已从单纯的毒品滥用者转变为毒品犯罪实施者。人民法院根据陈某胜犯罪的事实、性质和具体情节，依法从严判处刑罚。

案例 9

吕某春等非法生产、买卖制毒物品案
——非法买卖溴代苯丙酮、生产麻黄素，情节特别严重

（一）基本案情

被告人吕某春，男，汉族，1968 年 2 月 24 日出生，无业。2008 年 1

月 10 日因犯贩卖毒品罪被判处有期徒刑 15 年，并处罚金人民币 10 万元，2015 年 7 月 6 日刑满释放。

被告人高某成，男，汉族，1981 年 12 月 2 日出生，务工人员。2014 年 6 月 30 日因犯运输、制造毒品罪被判处有期徒刑 1 年 6 个月，并处罚金人民币 1 万元，同年 11 月 23 日刑满释放。

被告人郑某，男，汉族，1982 年 5 月 25 日出生，农民。2003 年 11 月 11 日因犯抢劫罪被判处有期徒刑 6 年，并处罚金人民币 2 千元。

2017 年 3 月，被告人吕某春为生产麻黄素，通过网络联系被告人郑某购买 1-苯基-2-溴-1-丙酮（俗称溴代苯丙酮）200 千克。后吕某春雇用被告人高某成参与生产，并购买制毒工具和其他原材料。2018 年 1 月 20 日，公安人员在山东省青岛市市北区永乐路 93 号将吕某春、高某成抓获，并在该处查获麻黄素 5.65 千克、含有麻黄素的液体 104.65 千克及其他化学制剂。后郑某被抓获归案。

（二）裁判结果

本案由山东省青岛市市北区人民法院一审，山东省青岛市中级人民法院二审。

法院认为，被告人吕某春非法购买、生产用于制造毒品的原料，情节特别严重，其行为已构成非法生产、买卖制毒物品罪；被告人高某成非法生产用于制造毒品的原料，情节特别严重，其行为已构成非法生产制毒物品罪；被告人郑某非法出售用于制造毒品的原料，情节特别严重，其行为已构成非法买卖制毒物品罪。吕某春、高某成在共同犯罪中均系主犯，且均系累犯、毒品再犯，应依法从重处罚。三人均如实供述主要犯罪事实，酌予从轻处罚。据此，依法对被告人吕某春判处有期徒刑 10 年 6 个月，并处罚金人民币 3 万元；对被告人高某成判处有期徒刑 9 年 6 个月，并处罚金人民币 2 万元；对被告人郑某判处有期徒刑 8 年 6 个月，并处罚金人民币 2 万元。

上述裁判已于 2019 年 7 月 3 日发生法律效力。

（三）典型意义

受多种因素影响，当前我国制毒物品违法犯罪问题较为突出。本案是一起比较典型的非法生产、买卖制毒物品的案例。溴代苯丙酮是合成麻黄素的重要原料，而麻黄素可用于制造毒品甲基苯丙胺，二者都是国家严格管控的易制毒化学品。根据《最高人民法院关于审理毒品犯罪案件适用法律若干问题的解释》第 8 条的规定，被告人吕某春、高某成、郑某三人实施制毒物品犯罪均属情节特别严重，人民法院依法判处相应刑罚，体现了对此类毒品犯罪的坚决惩处。

案例 10

张某故意杀人案
——有长期吸毒史，杀死无辜儿童，罪行极其严重

（一）基本案情

被告人张某，男，汉族，1989 年 7 月 16 日出生，湖南省新邵县市场监督管理局职工。

被告人张某自 2012 年开始吸毒，曾多次被戒毒和送医治疗。2016 年 12 月 21 日 16 时许，张某驾车经过湖南省新邵县酿溪镇雷家坳村财兴路地段时，见王某某（被害人，男，殁年 7 岁）背着书包在路边行走，遂将其骗上车。当日 21 时许，张某驾车来到新邵县坪上镇坪新村一偏僻公路上，停车后将熟睡的王某某抱下车，持菜刀连续切割、砍击王的颈部，致王颈部离断死亡。张某将王某某的头部和躯干分别丢进附近草丛后逃离现场。

（二）裁判结果

本案由湖南省邵阳市中级人民法院一审，湖南省高级人民法院二审。最高人民法院对本案进行了死刑复核。

法院认为，被告人张某故意非法剥夺他人生命，其行为已构成故意杀人罪。张某杀害无辜儿童，犯罪手段残忍，情节特别恶劣，罪行极其严重，应依法惩处。据此，依法对被告人张某判处并核准死刑，剥夺政治权利终身。

罪犯张某已于 2020 年 6 月 17 日被依法执行死刑。

（三）典型意义

吸毒行为具有违法性和自陷性。医学研究表明，长期吸毒可能对人体

的大脑中枢神经造成不可逆的损伤。对于因吸毒导致精神障碍的，一般不作为从宽处罚的理由。本案就是一起被告人长期吸食毒品致精神障碍，杀害无辜儿童的典型案例。被告人张某明知吸毒后会出现幻觉等精神异常，且曾多次被戒毒、送医，却仍继续长期吸毒。张某诱骗独行的 7 岁儿童，并将其杀害，致其尸首分离，犯罪手段残忍，情节特别恶劣，罪行极其严重。人民法院依法判处张某死刑，体现了对吸毒诱发的严重暴力犯罪的严惩。

最高人民法院发布 2021 年十大毒品（涉毒）犯罪典型案例[*]

编者按：“6·26”国际禁毒日来临之际，为充分昭示人民法院依法从严惩处毒品犯罪的政策立场，最高人民法院从全国法院范围内收集、整理了 10 件 2020 年以来审结的毒品犯罪和吸毒诱发次生犯罪的典型案例。其中，2 件死刑案例分别是：李某峰走私、贩卖、运输毒品、组织越狱案，唐某东制造毒品案。另 8 件案例分别是：张某东等贩卖毒品案，谢某等贩卖毒品案，陈某豪贩卖毒品案，王某贩卖、制造毒品案，陈某龙等贩卖毒品、以危险方法危害公共安全案，马某云等非法生产、买卖、运输制毒物品案，林某伟强奸、引诱他人吸毒、容留他人吸毒案，沈某功故意杀人、容留他人吸毒案。这些案例体现了我国境内与境外毒品问题、传统与新型毒品危害、网上与网下毒品犯罪相互交织等特点，阐明了对相关类型毒品犯罪案件的法律适用和政策把握标准。

案例 1

李某峰走私、贩卖、运输毒品、组织越狱案
——缓刑考验期内实施毒品犯罪，数量特别巨大，
羁押期间组织越狱，罪行极其严重

（一）基本案情

被告人李某峰，男，汉族，1974 年 2 月 19 日出生，无业。2014 年 3 月 19 日因犯非法买卖制毒物品罪被判处有期徒刑 3 年，缓刑 4 年，并处罚金人民币 20 万元，缓刑考验期至 2018 年 9 月 2 日止。

2017 年 1 月，被告人李某峰在缅甸购得甲基苯丙胺片剂（俗称“麻

---

* “最高人民法院发布 2021 年十大毒品（涉毒）犯罪典型案例”，载中华人民共和国最高人民法院官网：https://www.court.gov.cn/，2022 年 6 月 26 日访问。

古"），指使同乡李某林、邓某武（均系同案被告人，已判刑）与其共同重新包装后藏匿在事先改装的货车货厢底部夹层内，又雇用秦某胜（同案被告人，已判刑）运输毒品。同月 23 日，李某峰安排同乡刘某春（另案处理）将上述货车从缅甸偷开入境至云南省沧源县某偏僻处停放，又指使李某林将秦某胜送到该处。秦某胜接取上述藏有毒品的货车后，按照李某峰书写的车辆行驶路线，驾驶该车前往湖南省，同日 17 时许途经沧源县城时被公安人员抓获。公安人员在该货车夹层内查获甲基苯丙胺片剂 38 包，共计 374 544 克。

被告人李某峰被抓获后，在看守所羁押期间产生越狱之念，纠集同监室在押人员朱某华、周某（均已另案判刑）参与，并自制塑料锐器等工具。2018 年 1 月 6 日 17 时许，李某峰等三人准备越狱，因看守所值班民警发现异常而未实施。次日 17 时 20 分许，三人趁放风之机，使用事先准备的工具挟持值班民警，打开两道监区门，欲从送饭通道逃跑，但因通道铁门外部上锁而未果，后与值班民警发生打斗，被赶来的武警等抓获。

（二）裁判结果

本案由云南省普洱市中级人民法院一审，云南省高级人民法院二审。最高人民法院对本案进行了死刑复核。

法院认为，被告人李某峰走私、贩卖、运输甲基苯丙胺片剂，其行为已构成走私、贩卖、运输毒品罪；李某峰纠集在押人员越狱，其行为又构成组织越狱罪。李某峰走私、贩卖、运输毒品，数量特别巨大，社会危害极大，罪行极其严重，在羁押期间组织同监室在押人员自制工具、挟持管教人员，暴力越狱，主观恶性极深，人身危险性极大，应依法惩处。李某峰在走私、贩卖、运输毒品和组织越狱共同犯罪中均起组织、指挥作用，均系主犯，应当按照其所组织、指挥的全部犯罪处罚。李某峰曾因犯非法买卖制毒物品罪被判刑，在缓刑考验期内又犯罪，依法应撤销缓刑，数罪并罚。据此，依法对被告人李某峰以走私、贩卖、运输毒品罪判处死刑，剥夺政治权利终身，并处没收个人全部财产；以组织越狱罪判处有期徒刑 7 年；撤销缓刑，数罪并罚，决定执行死刑，剥夺政治权利终身，并处没收个人全部财产。

罪犯李某峰已于 2020 年 9 月 29 日被依法执行死刑。

（三）典型意义

我国毒品主要来自境外。云南是"金三角"地区毒品主要的渗透入境地和中转集散地，大宗走私、贩卖、运输毒品犯罪多发，是遏制境外毒品向内地扩散的前沿阵地。本案就是一起境外购毒、走私入境、境内贩运的典型案例。被告人李某峰在境外购毒，指使并伙同他人共同藏毒，安排他人将毒品走私入境，雇用司机运往内地，毒品数量特别巨大，羁押期间组织在押人员暴力越狱，且其曾因犯非法买卖制毒物品罪被判刑，缓刑考验期内又犯罪，主观恶性极深，人身危险性极大，不堪改造。人民法院依法对李某峰判处死刑，体现了对源头性毒品犯罪的严惩立场。

案例 2

唐某东制造毒品案

——纠集多人大量制造毒品，罪行极其严重，且系累犯

（一）基本案情

被告人唐某东，男，汉族，1973 年 11 月 24 日出生，农民。2012 年 6 月 26 日因犯抢劫罪被判处有期徒刑 1 年 6 个月，并处罚金人民币 2 千元，因患病暂予监外执行，刑期至 2013 年 11 月 29 日止。

2016 年 5 月 4 日，被告人唐某东与郭某柏、蔡某炜（均系同案被告人，已判刑）在四川省成都市商议制毒事宜，唐某东安排郭某柏协助其制造甲基苯丙胺（冰毒），蔡某炜提供其在四川省资中县某村的住房作为制毒窝点并找人将制毒原料和工具送往该处。后蔡某炜、郭某柏分别纠集黄某良（同案被告人，已判刑）、郭某（另案处理）参与。同月 8 日，蔡某炜与黄某良、郭某驾车将从唐某东处接取的制毒原料、工具等运至制毒窝点。次日，唐某东提供制毒核心技术，负责配置制毒原料等，安排郭某柏、蔡某炜、黄某良、郭某制造甲基苯丙胺。同月 10 日，唐某东安排郭某柏、蔡某炜负责后期结晶、冷却等制毒工序后，与黄某良、郭某离开制毒

窝点。同月 13 日，公安人员在制毒窝点将郭某柏、蔡某炜抓获，当场查获甲基苯丙胺 8114 克、含有甲基苯丙胺成分的固液混合物 16 970 克以及大量制毒辅料和工具，并于当晚在成都市将唐某东抓获。

（二）裁判结果

本案由四川省内江市中级人民法院一审，四川省高级人民法院二审。最高人民法院对本案进行了死刑复核。

法院认为，被告人唐某东非法制造甲基苯丙胺，其行为已构成制造毒品罪。唐某东伙同他人非法制造毒品，数量巨大，社会危害极大，罪行极其严重，且其曾因犯抢劫罪被判刑，在刑罚执行完毕后 5 年内又犯本罪，系累犯，主观恶性深，人身危险性大，应依法从重处罚。唐某东提供制毒原料、辅料、工具、技术并负责制毒关键环节，安排他人具体操作，在共同犯罪中起主要作用，系地位和作用最为突出的主犯，应按照其所参与的全部犯罪处罚。据此，依法对被告人唐某东判处死刑，剥夺政治权利终身，并处没收个人全部财产。

罪犯唐某东已于 2021 年 5 月 24 日被依法执行死刑。

（三）典型意义

近年来，我国制造甲基苯丙胺等合成毒品犯罪突出，甲基苯丙胺已成为国内滥用人数最多的毒品，防控形势严峻。本案就是一起大量制造甲基苯丙胺的典型案例。被告人唐某东纠集多人制造甲基苯丙胺，不仅是制毒原料、工具、核心技术的提供者，还是制毒关键环节的操作者，对毒品的顺利制造起着决定性作用。本案查获的甲基苯丙胺成品达 8 千余克，另查获毒品半成品近 17 千克，社会危害极大，且唐某东系累犯，主观恶性深，人身危险性大。人民法院依法对唐某东判处死刑，体现了对制造类毒品犯罪的严厉惩处。

案例3

<h1 style="text-align:center">张某东等贩卖毒品案</h1>

——诊所医务人员向吸毒人员出售精神药品

（一）基本案情

被告人张某东，男，汉族，1969年11月13日出生，乡村诊所经营者、医生。

被告人郭某聪、林某泉、刘某盛、江某勤、赖某辉、朱某伟、蔡某辉、叶某美、蔡某军、张某霞、林某如，均系诊所经营者、医务人员；被告人周某淳、陈某炜，均系农民。

2016年至2017年9月间，被告人张某东在其经营的福建省平和县文峰镇文美村"文美卫生室"，向被告人周某淳、陈某炜和罗某强、林某正、陈某辉等吸毒人员出售奥亭牌复方磷酸可待因口服溶液（以下简称可待因口服液，每包10毫升，含磷酸可待因9毫克）共计375次，得款110 957.8元。

2015年底至2018年3月间，被告人郭和聪等11名医务人员分别在福建省漳州市城区、乡镇、农村各自经营的诊所内，向被告人周某淳等吸毒人员出售可待因口服液，次数为4次至267次不等，得款在2150元至82 812元之间。被告人周某淳将部分购得的可待因口服液向被告人陈某炜、罗某强、林某正等多名吸毒人员出售共计91次，得款41 420元，陈某炜将部分购得的可待因口服液向陈某辉出售共计12次，得款900元。

（二）裁判结果

本案由福建省平和县人民法院一审，福建省漳州市中级人民法院二审。

法院认为，被告人张某东等14人非法贩卖国家规定管制的能够使人形成瘾癖的精神药品，其行为均已构成贩卖毒品罪。张某东等14人多次向吸毒人员贩卖毒品，情节严重，应依法惩处。对于张某东，鉴于其认罪认罚，可从轻处罚，依法判处有期徒刑5年2个月，并处罚金人民币6万元。对于郭某聪等13名被告人，根据各自犯罪的事实、性质、情节和对社会的危害程度，依法判处有期徒刑 4 年 7 个月至有期徒刑 3 年，缓刑 3 年 6 个月不等的刑罚，并处罚金。

上述裁判已于 2020 年 7 月 10 日发生法律效力。

（三）典型意义

国家列管的药用类精神药品和麻醉药品，具有药品与毒品双重属性，长期服用会形成瘾癖。近年来，该类药品流入非法渠道、被作为成瘾替代品滥用的情况时有发生，在一些农村地区尤为明显。本案就是一起诊所医务人员向吸毒人员出售精神药品的典型案例。被告人张某东作为乡村诊所医生，本应利用医学知识积极抵制毒品，却在日常诊疗中非法出售国家列管的精神药品复方磷酸可待因口服溶液，犯罪隐蔽性强，社会危害大。被告人郭某聪等人同是利用其在乡镇、农村等地经营诊所的便利，非法出售该类药品，影响恶劣。人民法院依法对张某东等人进行惩处，体现了对诊所医务人员非法贩卖精神药品犯罪的严厉打击。

案例 4

谢某等贩卖毒品案
——利用网络联系订单，以比特币形式收取毒资，通过物流寄递毒品

（一）基本案情

被告人谢某，男，汉族，1991 年 8 月 29 日出生，无业。

被告人叶某骏，男，汉族，1993 年 5 月 12 日出生，无业。

2020 年 5 月，被告人谢某、叶某骏经预谋，在云南省租赁土地种植大麻。同年 9 月至 10 月，二人收获大麻后，由谢某通过 TELEGRAM 软件联系毒品订单，以比特币形式收取毒资，由叶某骏使用虚假姓名，通过快递将大麻邮寄给浙江等地的毒品买家。二人贩卖大麻约 10 次，非法获利 4 万余元。后公安人员将二人抓获，并从叶某骏处查获大麻 3332.96 克。

（二）裁判结果

本案由浙江省诸暨市人民法院审理。

法院认为，被告人谢某、叶某骏向他人贩卖大麻，其行为均已构成贩

卖毒品罪。谢某、叶某骏多次贩卖毒品，情节严重，应依法惩处。二人结伙贩卖毒品，系共同犯罪，应当按照其所参与的犯罪处罚。鉴于二人归案后均如实供述犯罪事实，认罪认罚，可从轻处罚。据此，依法对被告人谢某判处有期徒刑 3 年 6 个月，并处罚金人民币 1.3 万元；对被告人叶某骏判处有期徒刑 3 年 3 个月，并处罚金人民币 1 万元。

宣判后，在法定期限内没有上诉、抗诉。上述判决已于 2021 年 5 月 11 日发生法律效力。

（三）典型意义

随着互联网技术和物流业的发展，犯罪分子利用网络、物流实施毒品犯罪的情况日渐增多，毒品交易手法更趋隐蔽、多样化。本案就是一起犯罪分子使用"互联网+虚拟货币+物流寄递"手段贩卖毒品的典型案例。比特币是一种认可度较高的虚拟货币，具有匿名性等特点，在本案中被用于毒品交易支付。谢某、叶某骏利用网络联系毒品订单，以比特币形式收取毒资，使用虚假姓名寄递毒品，隐蔽性强。人民法院依法对二被告人判处了相应刑罚。

案例 5

陈某豪贩卖毒品案
——利用微信在酒吧等处多次出售新型毒品

（一）基本案情

被告人陈某豪，男，汉族，1999 年 6 月 1 日出生，无业。

2018 年 3 月至 6 月，被告人陈某豪通过微信联系等方式，在江苏省苏州市姑苏区酒吧、酒店等处向吕某聪、宋某能、张某出售毒品氟硝西泮片剂（俗称"蓝精灵"）24 次，共计 104 粒，违法所得 4110 元。陈某豪归案后，其亲属帮助退缴全部违法所得。

（二）裁判结果

本案由江苏省苏州市姑苏区人民法院审理。

法院认为，被告人陈某豪非法贩卖国家规定管制的能够使人形成瘾癖的精神药品氟硝西泮，其行为已构成贩卖毒品罪。陈某豪多次在酒吧等地向他人贩卖毒品，情节严重，应依法惩处。鉴于陈某豪归案后如实供述犯罪事实，认罪认罚，且其亲属代为退缴全部违法所得，可从轻处罚。据此，依法对被告人陈某豪判处有期徒刑 3 年，并处罚金人民币 5 千元。

宣判后，在法定期限内没有上诉、抗诉。上述判决已于 2021 年 2 月 19 日发生法律效力。

（三）典型意义

氟硝西泮是国家列管的精神药品，俗称"蓝精灵"，与酒精作用后危害更大。近年来，"蓝精灵"在酒吧等娱乐场所较为流行，青少年群体是其侵害的主要目标。本案就是一起利用微信在酒吧等地多次出售氟硝西泮的典型案例。被告人陈某豪明知吕某聪等人购买氟硝西泮片剂是提供给酒吧客人饮酒时使用，仍多次贩卖，情节严重。人民法院根据陈某豪犯罪的事实、性质、情节和对社会的危害程度，依法对其进行了惩处。

案例 6

王某贩卖、制造毒品案

——将新型毒品伪装成饮料销往多地娱乐场所

（一）基本案情

被告人王某，男，汉族，1979 年 6 月 2 日出生，成都陆柒捌贸易有限公司（以下简称陆柒捌公司）法定代表人。

2013 年 7 月，被告人王某注册成立陆柒捌公司并担任法定代表人。2016 年开始，王某多次以陆柒捌公司名义购买 γ-丁内酯，将 γ-丁内酯与香精混合，命名为"香精 CD123"。2016 年 5 月，王某在隐瞒"香精 CD123"含 γ-丁内酯成分的情况下，委托广东康加德食品实业有限公司为"香精 CD123"粘贴"果味香精 CD123"商品标签，委托裕豪食品饮料有限公司按照其提供的配方和技术标准，将水和其他辅料加入"果味香精 CD123"，制成"咔哇氿"饮料。后王某将"咔哇氿"饮料出售给总经销商四川玩道酒业有限公司，由该公司销往深圳、贵阳、广州等地的娱乐场所，各级经销商亦自行销售。至 2017 年 8 月，王某购买 γ-丁内酯共计 3575 千克，裕豪食品饮料有限公司收到"果味香精 CD123"共计 1853 千克，王某销售"咔哇汆"饮料共计 52 355 件（24 瓶/件，275 毫升/瓶），销售金额 11 587 040 元。

2017 年 9 月 9 日，公安人员将被告人王某抓获，从其家中及陆柒捌公司租用的仓库查获"咔哇汆"饮料共计 723 件 25 瓶。各地亦陆续召回"咔哇汆"饮料 18 505 件。经鉴定，从裕豪食品饮料有限公司提供的"果味香精 CD123"、在王某家中和仓库查获的以及召回的"咔哇汆"饮料中检出含量为 80.3 微克/毫升至 44 000 微克/毫升不等的 γ-羟丁酸成分。

（二）裁判结果

本案由四川省成都市青羊区人民法院一审，成都市中级人民法院二审。

法院认为，被告人王某制造毒品 γ-羟丁酸并销售，其行为已构成贩卖、制造毒品罪。王某明知使用 γ-丁内酯作为生产原料会产生毒品 γ-羟丁酸成分，购买并使用 γ-丁内酯调制成混合原料，委托他人采用其指定的工艺和配比，加工制成含有 γ-羟丁酸成分的饮料并对外销售，贩卖、制造毒品数量大，社会危害大。据此，依法对被告人王某判处有期徒刑 15 年，并处没收个人财产人民币 427 万元。

上述裁判已于 2020 年 9 月 28 日发生法律效力。

（三）典型意义

近年来，新型毒品犯罪呈上升趋势，与传统毒品犯罪相互交织。新型毒品形态各异，往往被伪装成饮料、饼干等形式，极具隐蔽性和迷惑性，易在青少年中传播。本案就是一起制造、贩卖新型毒品的典型案例。被告人王某批量制造含有国家列管精神药品 γ-羟丁酸成分的饮料，大量销往全国多地娱乐场所，社会危害大。人民法院根据王某的犯罪事实、性质、情节和对社会的危害程度，依法对其判处了刑罚。

案例 7

<h1 style="text-align:center">陈某龙等贩卖毒品、以危险方法危害公共安全案</h1>

——为抗拒缉毒警察抓捕，驾车肆意冲撞，危害公共安全

（一）基本案情

被告人陈某龙，男，苗族，1981 年 3 月 12 日出生，无业。2002 年 11 月 18 日至 2017 年 3 月 1 日因犯贩卖毒品罪、故意伤害罪、容留他人吸毒罪、非法持有毒品罪，先后六次被判处有期徒刑 6 个月至 4 年不等的刑罚，2018 年 12 月 31 日刑满释放。

被告人李某，男，汉族，1986 年 2 月 18 日出生，无业。2013 年 5 月 20 日因犯抢劫罪被判处有期徒刑 3 年，并处罚金人民币 1 千元；2018 年 9 月 25 日因犯容留他人吸毒罪，被判处有期徒刑 6 个月，并处罚金人民币 1 千元，2018 年 12 月 12 日刑满释放。

2019 年 6 月至 7 月，被告人陈某龙四次向他人贩卖甲基苯丙胺 5 克、甲基苯丙胺片剂 17 颗。被告人李某明知陈某龙贩卖毒品，仍两次驾车陪同陈某龙贩卖。

同年 7 月 22 日 12 时许，被告人陈某龙乘坐被告人李某驾驶的车辆行至湖南省沅陵县沅陵镇某街道时，被前来抓捕的公安人员拦截。公安人员出示警官证，要求二人停车。陈某龙指挥李某倒车逃避抓捕，与其后方的出租车相撞。公安人员上前制止，陈某龙、李某拒绝停车，不顾周围群众安全多次冲撞，致 3 名公安人员轻微伤，并致一辆摩托车以及两户居民楼大门损坏，损失共计 3189 元。后公安人员抓获二人，当场从陈某龙身上查获甲基苯丙胺片剂 0.5 克，从其所乘车上查获甲基苯丙胺 0.2 克。

（二）裁判结果

本案由湖南省沅陵县人民法院审理。

法院认为，被告人陈某龙、李某贩卖甲基苯丙胺、甲基苯丙胺片剂，其行为均已构成贩卖毒品罪；陈某龙、李某为逃避抓捕，驾驶机动车在公共场所肆意冲撞，危害公共安全，其行为均又构成以危险方法危害公共安

全罪。对二人所犯数罪，均应依法并罚。陈某龙在贩卖毒品、以危险方法危害公共安全共同犯罪中，均起主要作用，系主犯，李某在贩卖毒品共同犯罪中系从犯，在以危险方法危害公共安全共同犯罪中系主犯，应按照二人所参与的犯罪处罚。陈某龙多次贩卖毒品，情节严重，且系累犯、毒品再犯，李某系累犯，均应依法从重处罚。二人均如实供述犯罪事实，具有坦白情节，可从轻处罚。据此，依法对被告人陈某龙以贩卖毒品罪判处有期徒刑 4 年，并处罚金人民币 5 千元，以以危险方法危害公共安全罪判处有期徒刑 3 年，决定执行有期徒刑 6 年，并处罚金人民币 5 千元；对被告人李某以贩卖毒品罪判处有期徒刑 2 年，并处罚金人民币 2 千元，以以危险方法危害公共安全罪判处有期徒刑 3 年，决定执行有期徒刑 4 年，并处罚金人民币 2 千元。

宣判后，在法定期限内没有上诉、抗诉。上述判决已于 2020 年 9 月 15 日发生法律效力。

（三）典型意义

一些毒品犯罪分子为逃避法律制裁，不惜铤而走险，暴力抗拒抓捕，既增加了缉毒工作风险，也严重威胁人民群众生命财产安全。本案就是一起毒贩为抗拒抓捕而驾车冲撞，危害公共安全的典型案例。被告人陈某龙、李某为逃避制裁，在公共场所驾驶机动车肆意冲撞，造成多名缉毒民警受伤、多名群众受到惊吓、财产遭受损失，社会影响恶劣。人民法院依法对二人进行了惩处。

案例 8

马某云等非法生产、买卖、运输制毒物品案
——非法生产、买卖、运输制毒物品，情节特别严重

（一）基本案情

被告人马某云，男，汉族，1969 年 12 月 8 日出生，个体户。1992 年 9 月 5 日因犯盗窃罪被判处死刑缓期二年执行，剥夺政治权利终身，2007 年 1 月 30 日被假释，假释考验期至 2008 年 6 月 20 日止。

被告人刘某安，男，汉族，1968 年 6 月 6 日出生，某公司法定代表人。2019 年 5 月 8 日因犯污染环境罪被判处有期徒刑 9 个月，并处罚金人民币 1 万元，2019 年 6 月 28 日刑满释放。

被告人胡某虎、周某珠，均系个体户；被告人李某龙、许某年、王某林、祁某刚，均无业。

2019 年三四月份，被告人马某云、胡某虎共谋出资生产制毒物品盐酸羟亚胺。马某云委托被告人李某龙寻找场地并负责生产，聘请被告人许某年作为技术员指导生产，胡某虎负责提供生产工艺图纸。后李某龙租用山西省介休市一公司作为生产窝点，与许某年等人组织工人生产盐酸羟亚胺。同年 12 月，马某云、胡某虎从被告人刘某安处购买易制毒化学品溴素 5010 千克及甲苯 12 000 千克，运至上述窝点。马某云等人生产盐酸羟亚胺共计 2723.67 千克，出售 1470 千克，其中，马某云 15 次参与出售 1470 千克，胡某虎 6 次参与出售 630 千克，李某龙 7 次参与出售 900 千克，被告人周某珠 4 次参与出售 615 千克，被告人王某林 4 次参与出售 300 千克，被告人祁某刚 2 次参与出售 100 千克，马某云、胡某虎、李某龙、周某珠、王某林还参与运输盐酸羟亚胺。

2020 年 6 月 15 日，公安人员在江苏省建湖县马某云岳父家查获马某云、胡某虎藏匿的盐酸羟亚胺 1253.67 千克、含有羟亚胺和邻氯苯基环戊酮成分的固液混合物 260.69 千克。

（二）裁判结果

本案由江苏省盐城市亭湖区人民法院审理。

法院认为，被告人马某云、胡某虎、李某龙非法生产、买卖、运输制毒物品，情节特别严重，其行为均已构成非法生产、买卖、运输制毒物品罪。被告人许某年非法生产制毒物品，情节特别严重，其行为已构成非法生产制毒物品罪。被告人周某珠、王某林非法买卖、运输制毒物品，情节特别严重，其行为均已构成非法买卖、运输制毒物品罪。被告人刘某安、祁某刚非法买卖制毒物品，情节特别严重，其行为均已构成非法买卖制毒物品罪。在共同犯罪中，马某云、胡某虎、李某龙均系主犯，应按照其参与的全部犯罪处罚，许某年、周某珠、王某林、祁某刚系从犯，应依法从轻或者减轻处罚。刘某安系累犯，应依法从重处罚。八人均如实供述犯罪事实，可从轻处罚。除刘某安外，其余七人均退缴违法所得，可酌情从轻处罚。据此，依法对被告人马某云判处有期徒刑 12 年，并处罚金人民币 100 万元；对被告人刘某安判处有期徒刑 9 年，并处罚金人民币 40 万元；对被告人胡某虎、李某龙、许某年、周某珠、王某林、祁某刚分别判处有期徒刑 10 年 6 个月至 5 年不等的刑罚，并处罚金。

宣判后，在法定期限内没有上诉、抗诉。上述判决已于 2021 年 2 月 11 日发生法律效力。

（三）典型意义

近年来，受制造毒品犯罪增长影响，制毒物品流入非法渠道的形势十分严峻。本案就是一起非法生产、买卖、运输制毒物品的典型案例。溴素、甲苯可用于制造盐酸羟亚胺，盐酸羟亚胺可用于制造毒品氯胺酮，均是国家严格管控的易制毒化学品。根据《最高人民法院关于审理毒品犯罪案件适用法律若干问题的解释》第 8 条的规定，被告人马某云等八人实施制毒物品犯罪均属情节特别严重，人民法院依法判处相应刑罚，体现了对源头性毒品犯罪的坚决惩处。

案例 9

林某伟强奸、引诱他人吸毒、容留他人吸毒案
——引诱留守女童吸毒后强行奸淫，依法严惩

（一）基本案情

被告人林某伟，男，汉族，1972 年 5 月 24 日出生，无业。1996 年 2 月 9 日因犯流氓罪被判处有期徒刑 5 年；2000 年 4 月 20 日因犯盗窃罪被判处有期徒刑 3 年，合并余刑，决定执行有期徒刑 4 年 6 个月。

2016 年上半年的一天，被告人林某伟将同村的被害人林某（女，时年 10 岁）带至家中，诱骗林某吸食甲基苯丙胺。林某吸食后感觉不适，林某伟让林某躺到床上休息，后不顾林某反抗，强行对林某实施奸淫。林某伟威胁林某不许将此事告知家人，并要求林某每星期来其家一次。后林某伟

多次叫林某来其家中吸食毒品，并与林某发生性关系。林某吸毒上瘾后，也多次主动找林某伟吸毒，并与林某伟发生性关系。2019 年 10 月 1 日，林某伟被公安人员抓获。

另查明，2016 年初至 2019 年 6 月，被告人林某伟多次在家中等地容留多人吸食甲基苯丙胺。

（二）裁判结果

本案由湖南省邵阳市中级人民法院一审，湖南省高级人民法院二审。

法院认为，被告人林某伟引诱他人吸食甲基苯丙胺，其行为已构成引诱他人吸毒罪；林某伟利用幼女吸毒后无力反抗及毒品上瘾，与之发生性关系，其行为又构成强奸罪；林某伟多次容留他人吸食甲基苯丙胺，其行为还构成容留他人吸毒罪。林某伟引诱幼女吸毒，并长期奸淫幼女，情节恶劣，应依法从重处罚。对其所犯数罪，应依法并罚。据此，对被告人林某伟以强奸罪判处无期徒刑，剥夺政治权利终身；以引诱他人吸毒罪判处有期徒刑 3 年，并处罚金人民币 1 万元；以容留他人吸毒罪判处有期徒刑 2 年，并处罚金人民币 1 万元，决定执行无期徒刑，剥夺政治权利终身，并处罚金人民币 2 万元。

上述裁判已于 2021 年 1 月 21 日发生法律效力。

（三）典型意义

成瘾性是毒品最基本的特征。吸食者一旦产生依赖，容易遭受侵害。尤其是未成年人，心智发育尚不成熟，自我保护能力欠缺，更易遭受毒品危害。本案就是一起引诱留守女童吸食毒品后实施强奸犯罪的典型案例。被告人林某伟引诱年仅 10 岁的幼女吸食甲基苯丙胺并成瘾，以此长期控制、奸淫幼女，还多次容留他人吸毒，社会危害大。人民法院依法判处林某伟无期徒刑，体现了对侵害未成年人犯罪予以严惩的坚定立场。

案例 10

沈某功故意杀人、容留他人吸毒案
——因吸毒致幻杀害亲属，依法惩处

（一）基本案情

被告人沈某功，男，汉族，1973 年 3 月 4 日出生，高校教师。

2018 年以来，被告人沈某功因吸食大麻导致精神障碍，由妻子赵某玲（被害人，殁年 40 岁）照顾。其间，沈某功仍吸食大麻。2019 年 12 月 13 日傍晚，沈某功在其住处因吸食大麻产生幻觉，持羊角锤等工具击打赵某玲的头部，致赵严重颅脑损伤死亡。沈某功毁坏赵某玲尸体后，以割腕、跳楼等方式自杀未果。同月 16 日 11 时许，沈某功在住处让他人帮忙报警，后被处警的公安人员控制。经鉴定，沈某功在作案期间患有精神活性物质所致精神障碍。

另查明，2016 年至 2019 年 11 月，被告人沈某功多次容留多人在其住处吸食大麻。

（二）裁判结果

本案由浙江省杭州市中级人民法院一审，浙江省高级人民法院二审。

法院认为，被告人沈某功在吸食毒品致精神障碍的情况下将妻子杀害，其行为已构成故意杀人罪；沈某功提供场所容留他人吸毒，其行为又构成容留他人吸毒罪。鉴于沈某功杀人后委托他人代为投案，归案后如实供述杀人事实，并主动供述公安机关尚未掌握的容留他人吸毒事实，具有自首情节，可从轻处罚。对其所犯数罪，应依法并罚。据此，对被告人沈某功以故意杀人罪判处死刑缓期二年执行，剥夺政治权利终身；以容留他人吸毒罪判处有期徒刑 2 年，并处罚金人民币 5 千元，决定执行死刑，缓期二年执行，剥夺政治权利终身，并处罚金人民币 5 千元。

上述裁判已于 2021 年 3 月 30 日发生法律效力。

（三）典型意义

吸毒会引发神经系统损害，甚至会造成精神障碍和精神疾病，不仅损害身心健康，还易导致行为失控，诱发杀人、伤害、交通肇事等次生犯罪。本案就是一起被告人因吸毒致幻，杀害亲属的典型案例。被告人沈某功因长期吸毒导致精神障碍，多次就医后仍继续吸毒，其吸毒行为具有违法性和自陷性。沈某功杀死妻子并毁坏尸体，犯罪手段残忍，罪行严重，还多次容留多人吸毒，但同时具有自首情节。人民法院根据沈某功犯罪的事实、性质、情节和对社会的危害程度，依法判处其死刑缓期二年执行，体现了对吸毒诱发次生暴力犯罪的严惩立场。

最高人民法院发布 2022 年十大毒品（涉毒）犯罪典型案例[*]

在第 35 个"6·26"国际禁毒日到来之际，为进一步震慑犯罪分子，增强全民识毒、防毒、拒毒意识，最高人民法院相关部门收集、整理了 2021 年以来各地法院审结的 10 件毒品和涉毒犯罪典型案例。此次发布案例的主要特点：一是犯罪类型代表性强。毒品犯罪中既涵盖了走私、制造、大宗贩卖毒品和非法生产、买卖制毒物品等源头性犯罪，也包括"零包"贩卖毒品、容留他人吸毒等末端犯罪；涉毒犯罪则选取了毒品犯罪分子"自洗钱"以及因吸毒诱发的严重暴力犯罪。二是涉案毒品"三代并存"。除传统毒品海洛因和合成毒品甲基苯丙胺外，增加了新型毒品犯罪的占比，特别是涉合成大麻素、氟胺酮等新列管物质和泰勒宁等滥用麻精药品案件。三是情节典型手段多样。涉及暴力抗拒检查情节严重、引诱、教唆未成年人吸毒、通过贿买手段获取立功线索等情节以及"互联网+物流寄递"非接触式犯罪手段，且多名被告人均具有累犯、毒品再犯等法定从重处罚情节。这些案例从不同角度反映了当前我国毒品犯罪的特点，阐释了毒品犯罪案件的法律适用标准，昭示了人民法院依法从严惩处毒品犯罪的一贯政策立场。

案例 1

梁某景、黎某都制造毒品案

——纠集多人制造毒品，数量特别巨大，罪行极其严重

（一）基本案情

被告人梁某景，男，壮族，1976 年 8 月 2 日出生，无业。2010 年 1 月 8 日因犯故意伤害罪被判处有期徒刑 3 年，缓刑 5 年。

---

[*] "最高人民法院发布 2022 年十大毒品（涉毒）犯罪典型案例"，载中华人民共和国最高人民法院官网：https://www.court.gov.cn/，2022 年 6 月 26 日访问。

被告人黎某都，男，壮族，1983 年 7 月 10 日出生，农民。

2016 年底，被告人梁某景、黎某都商定共同制造甲基苯丙胺（冰毒）。后黎某都伙同郑某纯（同案被告人，已判刑）租赁制毒场地，并与郑某纯、陈某武（同案被告人，已判刑）共同完成制毒前期准备工作；梁某景购买制毒原材料，安排黄某鹏（同案被告人，已判刑）检修制毒工具反应釜。2017 年 4 月底至 5 月初，梁某景安排黎某都收集部分制毒出资，其中黎某都出资 70 万元，陈某武、梁某升（二审期间因病死亡）夫妇出资 90 万元，零岸（同案被告人，已判刑）出资 15 万元。零某良、凌某（均系同案被告人，已判刑）等人在梁某景、黎某都指使下，前往广东省东莞市将毒资交给梁某景，将制毒辅料运至广西壮族自治区南宁市，又从广东省梅州市将梁某景组织购买的氯麻黄碱运至南宁市，由陈某武驾车运至制毒场地。同年 5 月 28 日，梁某景先后安排农多想、黄某贵（均系同案被告人，已判刑）前往位于南宁市经开区那洪街道古思村的制毒场地，与黎某都、陈某武、郑某纯共同制造甲基苯丙胺。同月 31 日，公安人员在制毒场地抓获黎某都等人，当场查获甲基苯丙胺 419.2 千克、含甲基苯丙胺成分的固液混合物 143.92 千克及氯麻黄碱 148.42 千克、反应釜等。

（二）裁判结果

本案由广西壮族自治区南宁市中级人民法院一审，广西壮族自治区高级人民法院二审。最高人民法院对本案进行了死刑复核。

法院认为，被告人梁某景、黎某都伙同他人制造甲基苯丙胺，其行为均已构成制造毒品罪。梁某景、黎某都共谋制造毒品，梁某景纠集多人参与，管理毒资，购买制毒原料，黎某都大额出资，租赁制毒场地，直接参与制造，二人在制造毒品共同犯罪中均起主要作用，系主犯，罪责突出。梁某景、黎某都制造甲基苯丙胺，数量特别巨大，社会危害大，罪行极其严重。据此，依法对被告人梁某景、黎某都均判处并核准死刑，剥夺政治权利终身，并处没收个人全部财产。

罪犯梁某景、黎某都已于 2022 年 6 月 15 日被依法执行死刑。

（三）典型意义

制造毒品属于源头性毒品犯罪，历来是我国禁毒斗争的打击重点。近年来，广东等地的规模化制毒活动在持续严厉打击和有效治理之下，逐步得到遏制，但制毒活动出现了向周边省市转移的现象，国内其他地区分散、零星制毒犯罪仍时有发生，且犯罪手段呈现分段式、隐秘化等特点。本案是一起发生在广西的家族式重大制毒犯罪，参与人数多、制毒规模大，涉案人员大多具有亲属关系。同案人在梁某景、黎某都指挥下实施制毒犯罪，从广东购入制毒原料，跨省运输至广西农村地区进行制造。案发时在制毒场地查获甲基苯丙胺晶体 419.2 千克、含甲基苯丙胺成分的固液混合物 143.92 千克及制毒物品氯麻黄碱 148.42 千克，毒品数量特别巨大。梁某景、黎某都系该制毒团伙中罪责最为突出的主犯，罪行极其严重。人民法院依法对二人适用死刑，体现了突出打击重点、严惩源头性毒品犯罪的严正立场。

案例 2

冯某国运输毒品案
——暴力抗拒检查，持刀捅刺致执法人员重伤，
且系累犯，罪行极其严重

（一）基本案情

被告人冯某国，男，汉族，1987 年 5 月 6 日出生，农民。2012 年 12 月 26 日因犯拐卖妇女罪被判处有期徒刑 5 年，并处罚金人民币 3 千元，2017 年 3 月 9 日刑满释放。

2017 年 4 月、5 月，被告人冯某国与同村村民李某生、周某（均另案处理）先后从贵州省来到云南省镇康县南伞镇，共谋实施毒品犯罪。同年 6 月 1 日，三人携带毒品驾乘摩托车由镇康县南伞镇前往云南省保山市，23 时许途经镇康县勐堆乡铜厂北路时发现前方设卡检查，冯某国遂将毒品丢弃在路边。执法人员经检查，发现三人形迹可疑，遂沿三人驶来方向搜查，在约 30 米远路边处查获海洛因 1777 克。冯某国见罪行败露，即持刀捅刺追捕的执法人员督某后逃跑，致督某肠破裂，构成重伤二级。2018 年 1 月 10 日，冯某国在贵州省贵阳市被抓获。

（二）裁判结果

本案由云南省临沧市中级人民法院一审，云南省高级人民法院二审。最高人民法院对本案进行了死刑复核。

法院认为，被告人冯某国明知是毒品而伙同他人进行运输，其行为已构成运输毒品罪。冯某国从贵州省到云南省边境地区实施毒品犯罪，与另案被告人李某生、周某分工配合，共同运输毒品，应依法按照其所参与的全部犯罪处罚。冯某国运输海洛因数量大，并暴力抗拒检查，情节严重，社会危害大，罪行极其严重。冯某国曾因犯拐卖妇女罪被判处有期徒刑，刑罚执行完毕后 5 年内又实施本案犯罪，系累犯，应依法从重处罚。据此，依法对被告人冯某国判处并核准死刑，剥夺政治权利终身，并处没收个人全部财产。

罪犯冯某国已于 2021 年 9 月 9 日被依法执行死刑。

（三）典型意义

近年来，部分毒品犯罪分子为逃避法律制裁，不惜铤而走险，采用暴力手段抗拒检查、抓捕，增加了执法人员查缉毒品犯罪的风险，也对社会治安和人民群众的生命财产安全构成威胁。根据《刑法》第 347 条第 2 款的规定，走私、贩卖、运输、制造毒品，并具有以暴力抗拒检查、拘留、逮捕，情节严重情形的，处 15 年有期徒刑、无期徒刑或者死刑。《最高人民法院关于审理毒品犯罪案件适用法律若干问题的解释》第 3 条第 2 款规定，以暴力抗拒检查、拘留、逮捕，情节严重，是指造成执法人员死亡、重伤、多人轻伤等情形。本案中，被告人冯某国在罪行被执法人员察觉后，为逃跑持刀连续捅刺执法人员致其重伤，属于暴力抗拒检查情节严重的情形。冯某国曾因犯拐卖妇女罪被判刑，刑满释放后短期内即再次实施本案犯罪，系累犯。冯某国对抗执法权威的行为及其前科情节，均反映出其较深的主观恶性和较大的人身危险性，依法应在法定量刑幅度内从重处罚。人民法院对其依法严惩并适用死刑，警示妄图以暴力对抗手段逃避法律追究的毒品犯罪分子，切勿心存侥幸。

案例 3

邱某喜贩卖、运输毒品案
——通过非法手段获取他人犯罪线索并检举，不构成立功，
且系毒品再犯，罪行极其严重

（一）基本案情

被告人邱某喜，曾用名邱××，男，汉族，1976 年 5 月 5 日出生，农民。2004 年 1 月 12 日因犯走私毒品罪被判处有期徒刑 7 年，并处罚金人民币 5 万元。

2013 年 6、7 月份，被告人邱某喜欲从广东省广州市一名毒贩（身份不明）处购买毒品进行贩卖，并将此事告知元某银（同案被告人，已判刑），让元某银为其准备 30 万元现金。元某银同意，并提出从中购买一块毒品。同年 7 月 13 日，邱某喜携带元某银提供的 30 万元毒资，前往广州市交易毒品。后邱某喜将购得的毒品藏匿于其驾驶的丰田汽车后排座椅内，驾车返回安徽省临泉县，途中被公安人员抓获，当场查获海洛因 3481.4 克。邱某喜被抓获后，其亲属通过贿买手段获取范某某贩卖毒品犯罪线索，交由其检举揭发。

（二）裁判结果

安徽省阜阳市中级人民法院一审根据公安机关出具的立功材料，错误认定被告人邱某喜检举揭发他人犯罪属实，具有重大立功表现，据此从轻判处邱某喜无期徒刑。安徽省高级人民法院二审维持原判。裁判发生法律效力后，安徽省高级人民法院发现原审裁判认定事实和适用法律确有错误，经再审改判邱某喜死刑。最高人民法院对本案进行了死刑复核。

法院认为，被告人邱某喜明知是海洛因而伙同他人贩卖、运输，其行为已构成贩卖、运输毒品罪。在共同犯罪中，邱某喜提起犯意，纠集他人参与出资，自行完成购买、运输毒品行为，起主要作用，系主犯。邱某喜贩卖、运输毒品数量大，社会危害大，罪行极其严重，且其曾因犯走私毒品罪被判处刑罚，系毒品再犯，应依法从重处罚。邱某喜检举范某某贩卖

毒品的线索系通过贿买的非法手段获取，根据《最高人民法院关于处理自首和立功若干具体问题的意见》（以下简称《自首立功意见》）第 4 条的规定，不能认定为具有立功表现。据此，依法对被告人邱某喜改判并核准死刑，剥夺政治权利终身，并处没收个人全部财产。

罪犯邱某喜已于 2022 年 6 月 15 日被依法执行死刑。

（三）典型意义

刑法设立立功制度，主要目的在于通过对犯罪分子承诺并兑现从宽处罚，换取其积极揭露他人罪行，以便司法机关及时发现、查处犯罪，节约司法资源。同时，检举揭发他人犯罪也在一定程度上反映出犯罪分子弃恶从善的愿望，有利于促成其悔过自新。但是，构成立功要求犯罪分子检举线索的来源必须合法，否则就背离了立功制度创设的初衷和价值取向，且违反相关法律法规，破坏公序良俗。《自首立功意见》第 4 条规定，犯罪分子通过贿买、暴力、胁迫等非法手段，获取他人犯罪线索并"检举揭发"的，不能认定为有立功表现。本案中，被告人邱某喜携款向上家求购大量毒品并跨省长途运输，罪行极其严重，且系毒品再犯，论罪应处死刑。邱某喜到案后检举揭发范某某贩卖毒品线索，公安机关据此侦破范某某贩毒一案，范某某被判处无期徒刑以上刑罚。经再审查明，上述检举线索系邱某喜亲属通过贿买的非法手段获取后交由邱某喜检举揭发，根据《自首立功意见》的规定，即便检举线索查证属实，邱某喜的行为也不构成立功。人民法院依法启动再审，对邱某喜改判死刑，彰显了对严重毒品犯罪绝不姑息的态度和实事求是、有错必纠的决心。

案例 4

郑某涛等制造毒品、非法生产、买卖制毒物品案

——明知他人制造甲卡西酮而向其提供制毒原料；

非法生产、买卖制毒物品，情节特别严重

（一）基本案情

被告人郑某涛，曾用名郑××，男，汉族，1987 年 11 月 11 日出生，

农民。

被告人焦某波，男，汉族，1975年2月5日出生，个体经营者。

被告人李某龙，曾用名李×，男，汉族，1994年1月2日出生，无业。

被告人金某，男，汉族，1992年2月27日出生，农民。

被告人房某帅，男，汉族，1983年4月6日出生，无业。

被告人郑某，男，汉族，1979年3月18日出生，农民。

被告人郑某涛明知张某明、宋某斌（均另案处理）等购买溴代苯丙酮、苯丙酮等用于制造毒品，自2019年3月至10月间，在山东省滨州市、高青县、桓台县等地，多次向张某明等介绍购买或者贩卖溴代苯丙酮、苯丙酮等制毒原料，并介绍李某（另案处理）加入张某明等制毒、贩毒团伙。张某明等利用从郑某涛处购买的制毒原料生产甲卡西酮至少28.23千克。

2019年8月至11月，被告人郑某涛、金某、郑某在桓台县非法生产溴代苯丙酮、苯丙酮，并将生产的溴代苯丙酮分两次贩卖给陈某飞、王某毅（均另案处理）。2019年10月至2020年4月，被告人焦某波、李某龙、郑某涛、金某在山东省潍坊市非法生产溴代苯丙酮、苯丙酮，并交叉结伙多次向被告人房某帅和陈某飞、王某毅、韦某冰（另案处理）非法贩卖。其中，焦某波共计非法生产溴代苯丙酮1428千克、苯丙酮3700千克，李某龙共计非法生产溴代苯丙酮1428千克、苯丙酮2100千克，郑某涛共计非法生产、买卖溴代苯丙酮127.6千克，金某共计非法生产、买卖溴代苯丙酮54.2千克、苯丙酮21千克，郑某共计非法生产、买卖溴代苯丙酮17千克、苯丙酮21千克，房某帅共计非法买卖溴代苯丙酮24.3千克。

（二）裁判结果

本案由山东省桓台县人民法院一审，山东省淄博市中级人民法院二审。

法院认为，被告人郑某涛明知他人制造毒品而提供用于制造毒品的原料，其行为已构成制造毒品罪；郑某涛伙同被告人焦某波、李某龙、金某非法生产、买卖用于制造毒品的原料，情节特别严重，被告人郑某非法生产、买卖用于制造毒品的原料，情节严重，其行为均已构成非法生产、买卖制毒物品罪；被告人房某帅非法买卖用于制造毒品的原料，情节严重，其行为已构成非法买卖制毒物品罪。对郑某涛所犯数罪，应依法并罚。在非法生产、买卖制毒物品共同犯罪中，郑某涛起主要作用，系主犯；金某、郑某起次要作用，系从犯，应依法减轻处罚。郑某涛、焦某波、李某龙、房某帅买卖溴代苯丙酮部分事实系犯罪未遂，可比照既遂犯从轻处罚。郑某涛到案后协助抓获房某帅，构成立功；焦某波、李某龙、郑某、金某到案后如实供述主要犯罪事实，均可依法从轻处罚。焦某波、李某龙、金某、郑某、房某帅自愿认罪认罚，可依法从宽处理。据此，依法对被告人郑某涛以制造毒品罪判处有期徒刑 15 年，并处没收个人财产人民币 20 万元，以非法生产、买卖制毒物品罪判处有期徒刑 7 年，并处罚金人民币 10 万元，决定执行有期徒刑 19 年，并处没收个人财产人民币 20 万元、罚金人民币 10 万元；对被告人焦某波、李某龙、金某、房某帅、郑某分别判处有期徒刑 9 年 6 个月、9 年、5 年、3 年、1 年 9 个月，并处数额不等罚金。

淄博市中级人民法院于 2021 年 8 月 3 日作出二审刑事裁定，现已发生法律效力。

（三）典型意义

近年来，以制毒物品为原料，采用化学合成方法制造甲卡西酮等新型毒品的犯罪呈上升趋势。加大对制毒物品犯罪的打击力度，是从源头上遏制制造新型毒品犯罪的重要手段。本案是一起非法制造、买卖制毒物品，同时构成制造毒品共犯的典型案例。溴代苯丙酮、苯丙酮属于国家严格管控的制毒物品，被告人郑某涛等多次、大量非法生产、买卖溴代苯丙酮、苯丙酮等制毒物品，根据《最高人民法院关于审理毒品犯罪案件适用法律若干问题的解释》第 8 条第 2 款的规定，属于情节特别严重情形，人民法院依法对其判处 7 年以上有期徒刑。同时，当前制造毒品犯罪日益呈现团伙作案、分工精细、分段进行等特点，有必要予以全链条、全方位打击处理。明知他人制造毒品而向其提供制毒原料的，构成制造毒品罪的共犯，依法应予严惩。人民法院以制造毒品罪与非法生产、买卖制毒物品罪对郑某涛数罪并罚，决定执行有期徒刑 19 年，并处以高额财产刑，体现了坚决遏制毒品来源、严厉惩治此类犯罪的一贯立场。同时，人民法院对本案中犯罪情节较轻，或者具有从犯、立功、坦白等法定从宽处罚情节的被告人依法从轻、减轻处罚，全面贯彻了宽严相济刑事政策。

案例 5

万某能等贩卖毒品、洗钱案
——贩卖含有合成大麻素成分的电子烟油并"自洗钱"，依法数罪并罚

（一）基本案情

被告人万某能，男，汉族，1998 年 1 月 2 日出生，无业。

被告人黄某，男，汉族，2000 年 10 月 4 日出生，无业。

被告人刘某勇，男，汉族，2001 年 8 月 14 日出生，无业。

2021 年 7 月 1 日至 8 月 21 日，被告人万某能在明知合成大麻素类物质已被列管的情况下，为牟取非法利益，通过微信兜售含有合成大麻素成分的电子烟油，先后六次采用雇请他人送货或者发送快递的方式向多人贩卖，得款共计 4900 元。被告人黄某两次帮助万某能贩卖共计 600 元含有合成大麻素成分的电子烟油，被告人刘某勇帮助万某能贩卖 300 元含有合成大麻素成分的电子烟油。为掩饰、隐瞒上述犯罪所得的来源和性质，万某能收买他人微信账号并使用他人身份认证，收取毒资后转至自己的微信账号，再将犯罪所得提取至银行卡用于消费等。同年 8 月 23 日，公安人员在万某能住处将其抓获，当场查获电子烟油 15 瓶，共计净重 111.67 克。次日，公安人员在万某能租赁的仓库内查获电子烟油 94 瓶，共计净重 838.36 克。经鉴定，上述烟油中均检出 ADB-BUTINACA 和 MDMB-4EN-PINACA 合成大麻素成分。万某能、黄某到案后，分别协助公安机关抓捕吴某某（另案处理)、刘某勇。

（二）裁判结果

本案由江西省南昌市西湖区人民法院一审，南昌市中级人民法院二审。

法院认为，被告人万某能、黄某、刘某勇向他人贩卖含有合成大麻素成分的电子烟油，其行为均已构成贩卖毒品罪。万某能为掩饰、隐瞒毒品犯罪所得的来源和性质，采取收买他人微信账号收取毒资后转至自己账号的支付结算方式转移资金，其行为又构成洗钱罪。对万某能所犯数罪，应依法并罚。万某能贩卖含有合成大麻素成分的电子烟油，数量大，社会危害大。万某能、黄某、刘某勇到案后如实供述自己的罪行，万某能、黄某协助抓捕其他犯罪嫌疑人，有立功表现，黄某、刘某勇自愿认罪认罚，均可依法从轻处罚。据此，依法对被告人万某能以贩卖毒品罪判处有期徒刑 15 年，并处没收个人财产人民币 6 万元，以洗钱罪判处有期徒刑 10 个月，并处罚金人民币 5 万元，决定执行有期徒刑 15 年，并处没收个人财产人民币 6 万元、罚金人民币 5 万元；对被告人黄某、刘某勇均判处有期徒刑 8 个月，并处罚金人民币 1 万元。

南昌市中级人民法院于 2022 年 6 月 2 日作出二审刑事裁定，现已发生法律效力。

（三）典型意义

合成大麻素类物质是人工合成的化学物质，相较天然大麻能产生更为强烈的兴奋、致幻等效果。吸食合成大麻素类物质后，会出现头晕、呕吐、精神恍惚等反应，过量吸食会出现休克、窒息甚至猝死等情况，社会危害极大。2021 年 7 月 1 日起，合成大麻素类物质被列入《非药用类麻醉药品和精神药品管制品种增补目录》进行整类列管，以实现对此类新型毒品犯罪的严厉打击。合成大麻素类物质往往被不法分子添加入电子烟油中或喷涂于烟丝等介质表面，冠以"上头电子烟"之名在娱乐场所等进行贩卖，因其外表与普通电子烟相似，故具有较强迷惑性，不易被发现和查处，严重破坏毒品管制秩序，危害公民身体健康。本案被告人万某能六次向他人出售含有合成大麻素成分的电子烟油，被抓获时又从其住所等处查获大量用于贩卖的电子烟油。人民法院根据其贩卖毒品的数量、情节和对社会的危害程度，对其依法从严适用刑罚，同时警示社会公众自觉抵制新型毒品诱惑，切莫以身试毒。

毒品犯罪是洗钱犯罪的上游犯罪之一。洗钱活动在为毒品犯罪清洗毒资的同时，也为扩大毒品犯罪规模提供了资金支持，助长了毒品犯罪的蔓延。《刑法修正案（十一）》将"自洗钱"行为规定为犯罪，加大了对从洗钱犯罪中获益最大的上游犯罪本犯的惩罚力度。本案中，被告人万某能通过收购的微信账号等支付结算方式，转移自身贩卖毒品所获毒资，掩饰、隐瞒贩毒违法所得的来源和性质，妄图"洗白"毒资和隐匿毒资来源。人民法院对其以贩卖毒品罪、洗钱罪数罪并罚，以同步惩治上下游犯罪，斩断毒品犯罪的资金链条，摧毁毒品犯罪分子再犯罪的经济基础。

案例 6

古某引诱、教唆他人吸毒、容留他人吸毒案
—— 引诱、教唆、容留未成年人吸毒，且系累犯，依法严惩

（一）基本案情

被告人古某，男，汉族，1996 年 4 月 16 日出生，无业。2016 年 12 月 20 日因犯引诱、教唆他人吸毒罪被判处有期徒刑 4 年，并处罚金人民币 5 千元，2019 年 2 月 28 日刑满释放。

2020 年 10 月，被告人古某与严某某、李某某（均系未成年人）在四川省宜宾市南溪区罗龙镇严某某母亲家中居住，古某明知严某某、李某某没有吸毒史，在二人面前制作吸毒工具，询问二人是否愿意尝试吸毒，并示范吸毒方法，讲述吸毒后的体验，引诱、教唆二人吸食毒品，先后和严某某、李某某一起吸食了其提供的甲基苯丙胺（冰毒）。同年 11 月，古某多次在宜宾市南溪区南山一品二期其租住的房间内容留吸毒人员及严某某、李某某吸食甲基苯丙胺。

（二）裁判结果

本案由四川省宜宾市南溪区人民法院一审，宜宾市中级人民法院二审。

法院认为，被告人古某通过向他人宣扬吸食毒品后的感受等方法，诱使、教唆他人吸食毒品，其行为已构成引诱、教唆他人吸毒罪。古某多次

提供场所容留吸毒人员及未成年人严某某、李某某吸食毒品，其行为已构成容留他人吸毒罪。对古某所犯数罪，应依法并罚。古某引诱、教唆未成年人吸毒，且其曾因犯引诱、教唆他人吸毒罪被判处有期徒刑，刑满释放后5年内又实施本案犯罪，系累犯，应依法从重处罚。古某到案后如实供述自己的主要犯罪事实，可依法从轻处罚。据此，依法对被告人古某以引诱、教唆他人吸毒罪判处有期徒刑2年6个月，并处罚金人民币3千元；以容留他人吸毒罪判处有期徒刑1年1个月，并处罚金人民币3千元，决定执行有期徒刑3年4个月，并处罚金人民币6千元。

宜宾市中级人民法院于2021年9月18日作出二审刑事裁定，现已发生法律效力。

（三）典型意义

毒品具有较强的致瘾癖性，一旦沾染，极易造成身体和心理的双重依赖。未成年人好奇心强，心智发育尚不成熟，欠缺自我保护能力，更易遭受毒品危害。人民法院始终坚持将犯罪对象为未成年人以及组织、利用未成年人实施的毒品犯罪作为打击重点。本案是一起典型的引诱、教唆、容留未成年人吸毒案件。被告人古某在未成年人面前实施言语诱导、传授吸毒方法、宣扬吸毒感受的行为，造成两名本无吸毒意愿的未成年人吸食毒品的后果，且其多次提供场所容留未成年人吸毒，社会危害大。古某曾因引诱、教唆他人吸毒犯罪情节严重被判处有期徒刑4年，仍不思悔改，刑满释放不足1年又再次实施同类犯罪，系累犯，主观恶性深，人身危险性大。人民法院根据其犯罪事实、性质、情节和危害后果，依法对其从重处罚，贯彻了加大对末端毒品犯罪惩处力度的刑事政策，体现了对侵害未成年人毒品犯罪予以严惩的坚定立场。在通过刑罚手段阻断毒品危害殃及未成年人的同时，人民法院也呼吁广大青少年深刻认识毒品危害，守住心理防线，慎重交友，远离易染毒环境和人群。

案例 7

梁某立走私、贩卖毒品案
——多次走私大麻入境，并向多名吸毒人员贩卖，情节严重

（一）基本案情

被告人梁某立，男，汉族，1990 年 4 月 19 日出生，公司职员。

自 2021 年 3 月起，被告人梁某立多次以每克 50 元至 70 元不等的价格，在网上向境外人员购买大麻，并通过国际邮包寄递入境。梁某立收到大麻后，以每克 150 元至 180 元不等的价格贩卖给吸毒人员朱某、何某某、梁某某、郑某某等人（均另案处理）。同年 8 月 11 日，梁某立准备向吸毒人员朱某等人贩卖大麻时，在其位于广东省广州市海珠区海康街的住处被抓获。公安人员当场查获梁某立用于贩卖的大麻 361.43 克及作案工具电子秤、包装袋等。

（二）裁判结果

本案由广东省广州市荔湾区人民法院审理。

法院认为，被告人梁某立违反国家对毒品的管制规定，从境外购买大麻非法寄递入境，并贩卖给他人，其行为已构成走私、贩卖毒品罪。梁某立多次走私毒品并向多人贩卖，根据《最高人民法院关于审理毒品犯罪案件适用法律若干问题的解释》第 4 条第 1 项的规定，应认定为《刑法》第 347 条第 4 款规定的"情节严重"。梁某立到案后如实供述自己的罪行，可依法从轻处罚；自愿认罪认罚，可依法从宽处理。据此，依法对被告人梁某立判处有期徒刑 3 年 6 个月，并处罚金人民币 5 万元。

荔湾区人民法院于 2022 年 2 月 22 日作出刑事判决。宣判后，在法定期限内没有上诉、抗诉。判决现已发生法律效力。

（三）典型意义

大麻类毒品包括大麻植物干品、大麻树脂、大麻油等，最主要的活性成分为四氢大麻酚，对人体有麻醉、致幻等作用。大麻具有成瘾性，长期滥用可导致呼吸系统、免疫系统问题或精神疾病。我国将大麻类物质和四

氢大麻酚分别列为麻醉药品和一类精神药品进行严格管制。近年来，受境外部分国家大麻"合法化"的影响，一些留学生、海外归国人员、文娱从业人员产生大麻类毒品成瘾性低、危害性小的错误认知，出于猎奇心理或追求感官刺激而吸食大麻。随着国内管制不断加强，犯罪分子利用互联网从境外购买大麻，通过国际邮包少量、多次、分散寄递入境后，贩卖给滥用群体。本案是一起典型的与境外卖家勾连交易，通过国际快递走私大麻入境后在国内贩卖的案件。被告人梁某立为牟取高额利润，多次走私大麻入境，并向多名吸毒人员贩卖，既系源头性犯罪，又直接导致毒品进入消费环节，情节严重，社会危害大。人民法院依法对其从严惩处，体现了厉行禁毒的坚定立场，同时也提醒广大群众，特别是青少年群体充分认识大麻危害，提高对毒品的防范意识和鉴别能力。

案例8

周某伟贩卖、运输毒品案

——利用"互联网+物流寄递"手段多次向吸毒人员
贩卖麻精药品，情节严重

（一）基本案情

被告人周某伟，男，汉族，1993年5月22日出生，务工人员。

2021年3月，被告人周某伟明知艾司唑仑片、泰勒宁（氨酚羟考酮片）等系国家管制的精神药品，仍以牟利为目的，在微信、抖音、百度贴吧等网络社交平台寻找买家，通过闲鱼APP三次向吸毒人员贩卖，共计贩卖艾司唑仑片1盒（20片）、泰勒宁7盒（70片），并通过快递寄送上述精神药品。后公安人员将周某伟抓获，并从其租住处查获艾司唑仑片、酒石酸唑吡坦片、劳拉西泮片、佐匹克隆片等数百片。

（二）裁判结果

本案由福建省石狮市人民法院审理。

法院认为，被告人周某伟明知是国家管制的能够使人形成瘾癖的精神药品仍向吸毒人员贩卖、运输，其行为已构成贩卖、运输毒品罪。周某伟多次贩卖毒品，根据《最高人民法院关于审理毒品犯罪案件适用法律若干问题的解释》第4条第1项的规定，应认定为《刑法》第347条第4款规定的"情节严重"。周某伟到案后如实供述自己的罪行，可依法从轻处罚。据此，依法对被告人周某伟判处有期徒刑3年，并处罚金人民币3千元。

石狮市人民法院于2021年9月24日作出刑事判决。宣判后，在法定期限内没有上诉、抗诉。判决现已发生法律效力。

（三）典型意义

近年来，随着我国对海洛因、甲基苯丙胺等毒品犯罪的打击力度不断加强，部分常见毒品逐渐较难获得，一些吸毒人员转而通过非法手段获取处方麻精药品作为替代物滥用，以满足吸毒瘾癖，具有医疗用途的麻精药品流入非法渠道的情况时有发生。为加大监管力度，有关职能部门联合印发《关于将含羟考酮复方制剂等品种列入精神药品管理的公告》，规定自2019年9月1日起将含羟考酮的复方制剂（含泰勒宁）列入精神药品管理。《全国法院毒品犯罪审判工作座谈会纪要》明确规定，向吸食、注射毒品的人员贩卖国家规定管制的能够使人形成瘾癖的麻醉药品或者精神药品的，以贩卖毒品罪定罪处罚。同时，随着互联网技术、物流业的快速发展，犯罪分子依托互联网联络毒品交易并收取毒资、通过快递物流渠道交付毒品的现象日益突出。信息网络的跨地域性、匿名性特点，使得毒品犯罪手段愈趋隐蔽化、多样化，监管、打击难度不断加大。本案就是犯罪分子利用"互联网+物流寄递"手段向吸毒人员贩卖国家规定管制的处方麻精药品的典型案例。被告人周某伟在微信、抖音、百度贴吧等网络社交平台寻找联系买家，明知买家购买麻精药品作为成瘾替代物，仍通过闲鱼交易平台下单结算，再通过物流方式向各地买家寄送，犯罪手段隐蔽，社会危害性大。周某伟多次向吸毒人员贩卖毒品，情节严重。除已售出的麻精药品外，公安人员还从周某伟租住处查获大量国家管制的精神药品。人民法院对周某伟依法适用刑罚，体现了对利用信息网络实施非法贩卖麻精药品犯罪的严厉打击。

案例 9

何某安贩卖毒品案
——向吸毒人员贩卖氟胺酮，且系累犯，依法严惩

（一）基本案情

被告人何某安，男，汉族，1974 年 6 月 27 日出生，务工人员。2018 年 6 月 20 日因犯盗窃罪被判处有期徒刑 2 年 2 个月，并处罚金人民币 5 千元，同年 7 月 17 日刑满释放。

2021 年 9 月 2 日，被告人何某安在江西省萍乡市火车站一麻将馆内，以 5000 元的价格从"狗鸭"（身份不明）处购得约 5 克氟胺酮，后为增重将"消炎粉"掺杂到所购氟胺酮内形成混合物。次日，何某安在湖南省株洲市芦淞区将 15 克上述氟胺酮混合物贩卖给吸毒人员刘某、陈某，得款 7500 元。同月 6 日，何某安在萍乡市区密码酒店附近将约 11 克上述氟胺酮混合物贩卖给陈某，得款 5500 元。

（二）裁判结果

本案由湖南省攸县人民法院审理。

法院认为，被告人何某安明知氟胺酮是国家管制的能够使人形成瘾癖的麻精药品仍贩卖给他人，其行为已构成贩卖毒品罪。何某安曾因犯盗窃罪被判处有期徒刑，在刑罚执行完毕后 5 年内又实施本案犯罪，系累犯，应依法从重处罚。何某安到案后如实供述自己的罪行，可依法从轻处罚；自愿认罪认罚，可依法从宽处理。据此，依法对被告人何某安判处有期徒刑 1 年 9 个月，并处罚金人民币 1 万元。

攸县人民法院于 2021 年 11 月 25 日作出刑事判决。宣判后，在法定期限内没有上诉、抗诉。判决现已发生法律效力。

（三）典型意义

氟胺酮是对氯胺酮（俗称"K 粉"）进行化学结构修饰得到的类似物，从外观看两者同为白色结晶粉末状，具有相似的麻醉、致幻等效果，长期吸食氟胺酮会引发对人体脏器的永久损害，滥用过量甚至会导致死

亡。近年来，随着国家对涉氯胺酮犯罪的打击力度不断加大，不法分子逐渐将目标转向氟胺酮，将其作为氯胺酮的替代物非法吸食、贩卖，以逃避法律制裁。为防范氟胺酮等新精神活性物质蔓延，有关职能部门联合发布《关于将合成大麻素类物质和氟胺酮等 18 种物质列入〈非药用类麻醉药品和精神药品管制品种增补目录〉的公告》，决定从 2021 年 7 月 1 日起正式将氟胺酮纳入列管范围。该公告的施行为打击氟胺酮等新型毒品犯罪提供了依据。本案系一起典型的涉氟胺酮犯罪案件。被告人何某安曾因犯盗窃罪被判处刑罚，刑满释放后不思悔改，又两次向吸毒人员贩卖氟胺酮，系累犯，主观恶性深，人身危险性大。人民法院根据何某安的犯罪事实、性质、情节和对社会的危害程度，对其依法从严惩处，彰显了人民法院坚决打击新型毒品犯罪的严正立场。

案例 10

郑某故意杀人案
——吸毒致幻后杀死父母，罪行极其严重

（一）基本案情

被告人郑某，男，汉族，1981 年 7 月 12 日出生，无业。

被告人郑某系吸毒人员。2019 年 10 月 4 日，郑某在家中吸食了甲基苯丙胺（冰毒）。次日 1 时许，郑某无端怀疑妻子陈某有外遇，与其妻发生争执。4 时许，郑某来到父母卧室称其欲离婚，遭到其母范某某（被害人，殁年 66 岁）责骂，即持随身携带的仿制军刀捅刺范的头面部、颈部等处数刀，后又持刀捅刺瘫痪在床的其父郑某某（被害人，殁年 76 岁）颈部等处数刀。陈某劝阻郑某，郑持刀威胁陈下跪。后郑某见范某某未死，遂脚踢范某某头部，并再次捅刺范某某、郑某某数刀，致二人死亡。

（二）裁判结果

本案由四川省成都市中级人民法院一审，四川省高级人民法院二审。最高人民法院对本案进行了死刑复核。

法院认为，被告人郑某故意非法剥夺他人生命，其行为已构成故意杀

人罪。郑某吸食毒品产生幻觉，持刀捅刺父母数刀，将二人杀死，杀人犯意坚决，犯罪情节恶劣，手段残忍，后果和罪行极其严重，应依法惩处。据此，依法对被告人郑某判处并核准死刑，剥夺政治权利终身。

罪犯郑某已于 2022 年 5 月 24 日被依法执行死刑。

（三）典型意义

吸食毒品不仅给吸毒者本人造成难以逆转的身心损害，还容易诱发各类次生犯罪。长期吸食毒品花费大量钱财，吸毒者可能迫于经济压力"以贩养吸"，或者实施盗窃、抢劫等侵财犯罪。同时，因毒品具有中枢神经兴奋、抑制或者致幻作用，会导致吸毒者狂躁、抑郁甚至出现被害妄想、幻视幻听症状，进而肇事肇祸，严重危害社会治安和公共安全。本案中，被告人郑某自述长期吸毒，平时吸食冰毒、"摇头丸"等多种毒品，其曾因吸食毒品被行政拘留、社区戒毒，但仍不思悔改，又继续吸食毒品，致幻后无端怀疑妻子出轨，认为劝阻其离婚的母亲系"恶魔"，持刀杀死母亲和瘫痪在床的父亲，罪行令人发指。本案充分反映出毒品给吸食者本人、家庭和社会带来的严重危害。人民法院在严惩郑某罪行的同时，也告诫每一位公民自觉防范、抵制毒品，远离这一摧毁人性的真正"恶魔"。

参考文献

一、著作及译著类

1. ［德］弗兰茨·冯·李斯特著，［德］埃贝哈德·施密特修订：《德国刑法教科书》，徐久生译，何秉松校订，法律出版社 2000 年版。

2. ［德］约翰内斯·韦塞尔斯：《德国刑法总论》，李昌珂译，法律出版社 2008 年版。

3. 徐久生、庄敬华译：《德国刑法典》（2002 年修订），中国方正出版社 2004 年版。

4. 陈兴良：《教义刑法学》，中国人民大学出版社 2010 年版。

5. ［德］冈特·施特拉腾韦特、洛塔尔·库伦：《刑法总论 I——犯罪论》，杨萌译，法律出版社 2006 年版。

6. ［日］大谷实：《刑法总论》，黎宏译，法律出版社 2003 年版。

7. ［日］西田典之：《日本刑法总论》，刘明祥、王昭武译，中国人民大学出版社 2007 年版。

8. ［意］杜里奥·帕多瓦尼：《意大利刑法学原理》（注评版），陈忠林译评，中国人民大学出版社 2004 年版。

9. 孙万怀：《刑法学基本原理的理论展拓》，北京大学出版社 2011 年版。

10. 郦毓贝主编：《毒品犯罪司法适用》，法律出版社 2005 年版。

11. 欧阳本祺：《目的犯研究》，中国人民公安大学出版社 2009 年版。

12. 王志祥：《犯罪既遂新论》，北京师范大学出版社 2010 年版。

13. 蔡枢衡：《中国刑法史》，中国法制出版社 2005 年版。

14. 崔敏主编：《毒品犯罪发展趋势与遏制对策》，警官教育出版社 1999 年版。

15. 陈兴良：《共同犯罪论》（第 2 版），中国人民大学出版社 2006 年版。

16. 陈一云、王新清主编：《证据学》（第 6 版），中国人民大学出版社 2015 年版。

17. 褚福民：《刑事推定的基本理论——以中国问题为中心的理论阐述》，中国人民大学出版社 2012 年版。

18. 邓子滨：《刑事法中的推定》，中国人民公安大学出版社 2003 年版。

19. 冯军：《刑事责任论》，法律出版社 1996 年版。

20. 甘添贵：《罪数理论之研究》，中国人民大学出版社 2008 年版。

21. 高巍：《贩卖毒品罪研究》，中国人民公安大学出版社 2007 年版。

22. 高铭暄、马克昌主编：《刑法学》（第 5 版），北京大学出版社、高等教育出版社 2011 年版。

23. ［德］京特·雅科布斯：《规范·人格体·社会——法哲学前思》，冯军译，法律出版社 2001 年版。

24. ［德］格吕恩特·雅科布斯：《行为 责任 刑法——机能性描述》，冯军译，中国政法大学出版社 1997 年版。

25. 林钰雄：《新刑法总则》（第 3 版），元照出版有限公司 2011 年版。

26. 许玉秀：《主观与客观之间——主观理论与客观归责》，法律出版社 2008 年版。

27. 陈兴良、周光权：《刑法学的现代展开》，中国人民大学出版社 2006 年版。

28. 张明楷：《刑法学》（第 4 版），法律出版社 2011 年版。

29. 孙国祥：《刑法基本问题》，法律出版社 2007 年版。

30. ［日］山口厚：《刑法总论》（第 2 版），付立庆译，中国人民大学出版社 2011 年版。

31. ［德］恩施特·贝林：《构成要件理论》，王安异译，中国人民公安大学出版社 2006 年版。

32. 赵秉志：《刑法基本理论专题研究》，法律出版社 2005 年版。

33. 陈兴良主编：《刑法学》，复旦大学出版社 2003 年版。

34. 何秉松：《犯罪构成系统论》，中国法制出版社 1995 年版。

35. 刘之雄：《犯罪既遂论》，中国人民公安大学出版社 2003 年版。

36. 王政勋：《正当行为论》，法律出版社 2000 年版。

37. 高铭暄主编：《中国刑法学》，中国人民大学出版社 1989 年版。

38. 陈兴良：《本体刑法学》，商务印书馆 2001 年版。

39. 张永红：《我国刑法第 13 条但书研究》，法律出版社 2004 年版。

40. 陈兴良主编：《犯罪论体系研究》，清华大学出版社 2005 年版。

41. 熊琦：《德国刑法问题研究》，上海人民出版社 2008 年版。

二、期刊论文

1. 包涵："规范视野下毒品定义要素的批判与重构"，载《公安学研究》2019 年第 3 期。

2. 卢关伊、吴宁："药物成瘾强迫性用药及其神经机制研究进展"，载《中国药理学与毒理学杂志》2018 年第 8 期。

3. 陈京春："控制下交付案件中犯罪既遂与未遂的认定——以贩卖毒品罪为研究对象"，载《法学论坛》2012 年第 3 期。

4. 包涵："论毒品的定义要素与授权列管原则"，载《北京联合大学学报（人文社会科学版）》2017 年第 3 期。

5. 郭松："被追诉人的权利处分：基础规范与制度构建"，载《法学研究》2019 年第 1 期。

6. 古加锦："明知毒品的推定风险与证据证明"，载《西南政法大学学报》2017 年第 1 期。

7. 管馨宇："短缩的二行为犯中特定目的的地位问题探究——以'快播案'为切入点"，载《中南财经政法大学研究生学报》2017 年第 4 期。

8. 陆诗忠："对我国'犯罪既遂标准说'的反思——'犯罪对象侵害说'之倡导"，载《安徽大学学报（哲学社会科学版）》2012 年第 4 期。

9. 包涵："贩卖毒品罪的主观方面之辨——目的犯视角下'以牟利为目的'的批判与改良"，载《中国人民公安大学学报（社会科学版）》2015 年第 4 期。

10. 冯志远："贩卖毒品罪中'贩卖'的含义探析——兼论两种特殊涉毒行为的定性"，载《山东商业职业技术学院学报》2016 年第 1 期。

11. 胡海："对贩卖毒品罪既遂标准之从严刑事政策的审视与重构"，载《学术界》2016 年第 2 期。

12. 靳澜涛："论毒品定义要素的立法选择"，载《江南大学学报（人文社会科学版）》2017 年第 6 期。

13. 柳忠卫："中国共同犯罪立法模式的归属与选择——'双层递进式'共犯立法模式的提倡"，载《政法论丛》2017 年第 2 期。

14. 刘红艳："短缩二行为犯目的要素研究"，载《政治与法律》2014 年第 7 期。

15. 张云鹏："准法律推定质疑——与褚福民先生商榷"，载《辽宁大学学报（哲学社会科学版）》2013 年第 3 期。

16. 刘艳红："入出罪走向出罪：刑法犯罪概念的功能转换"，载《政法论坛》2017 年第 5 期。

17. 梅传强、张嘉艺："论毒品犯罪的共犯认定思路"，载《西南政法大学学报》2019 年第 3 期。

18. 马聪："论正犯与共犯区分之中国选择"，载《山东社会科学》2018 年第 3 期。

19. 邱帅萍："明知型共犯立法反思——以骗购外汇罪为视角"，载《政治与法律》

2017 年第 5 期。

20. 阮齐林："论盗窃罪数额犯的既遂标准"，载《人民检察》2014 年第 19 期。

21. 孙倩、赵晓耕："欧洲大陆国家的实质犯罪概念与俄中实质犯罪概念之不同"，载《广西政法管理干部学院学报》2014 年第 6 期。

22. 陈明蔚："邮寄型走私毒品犯罪的既遂标准"，载《人民司法（案例）》2016 年第 2 期。

23. 王开武："牵连犯原理司法适用困境研究——以一类特殊的毒品犯罪为研究起点"，载《社科纵横》2015 年第 2 期。

24. 王太宁："论制造毒品罪的既遂标准"，载《法学杂志》2011 年第 4 期。

25. 魏再金："司法实务中共犯认定的误区及其出路——论刑法第 350 条第 2 款的适用"，载《甘肃社会科学》2016 年第 4 期。

26. 魏东、金燚："贩卖毒品罪的几个争议问题研究"，载《西南石油大学学报（社会科学版）》2016 年第 5 期。

27. 温登平："论贩卖毒品犯罪的既遂与未遂"，载《山东警察学院学报》2018 年第 3 期。

28. 吴美满、刘琛："合成毒品中间体犯罪的定性与规制"，载《华东政法大学学报》2018 年第 2 期。

29. 魏汉涛："分歧与定性：毒品交易中的居间行为"，载《云南社会科学》2017 年第 6 期。

30. 许桂敏："扩张的行为与压缩的解读：毒品犯罪概念辨析"，载《河南省政法管理干部学院学报》2008 年第 5 期。